Faculté de Droit de Toulouse.

DROITS ET OBLIGATIONS

DES

OUVRIERS

SOUS

LE POINT DE VUE DE LA LOI CIVILE.

THÈSE DE DOCTORAT,

Par M. JEAN-ANTOINE DELOUME,

de Toulouse.

TOULOUSE,

IMPRIMERIE DE CHARLES DOULADOURE,

Rue Saint-Rome, 39.

1863.

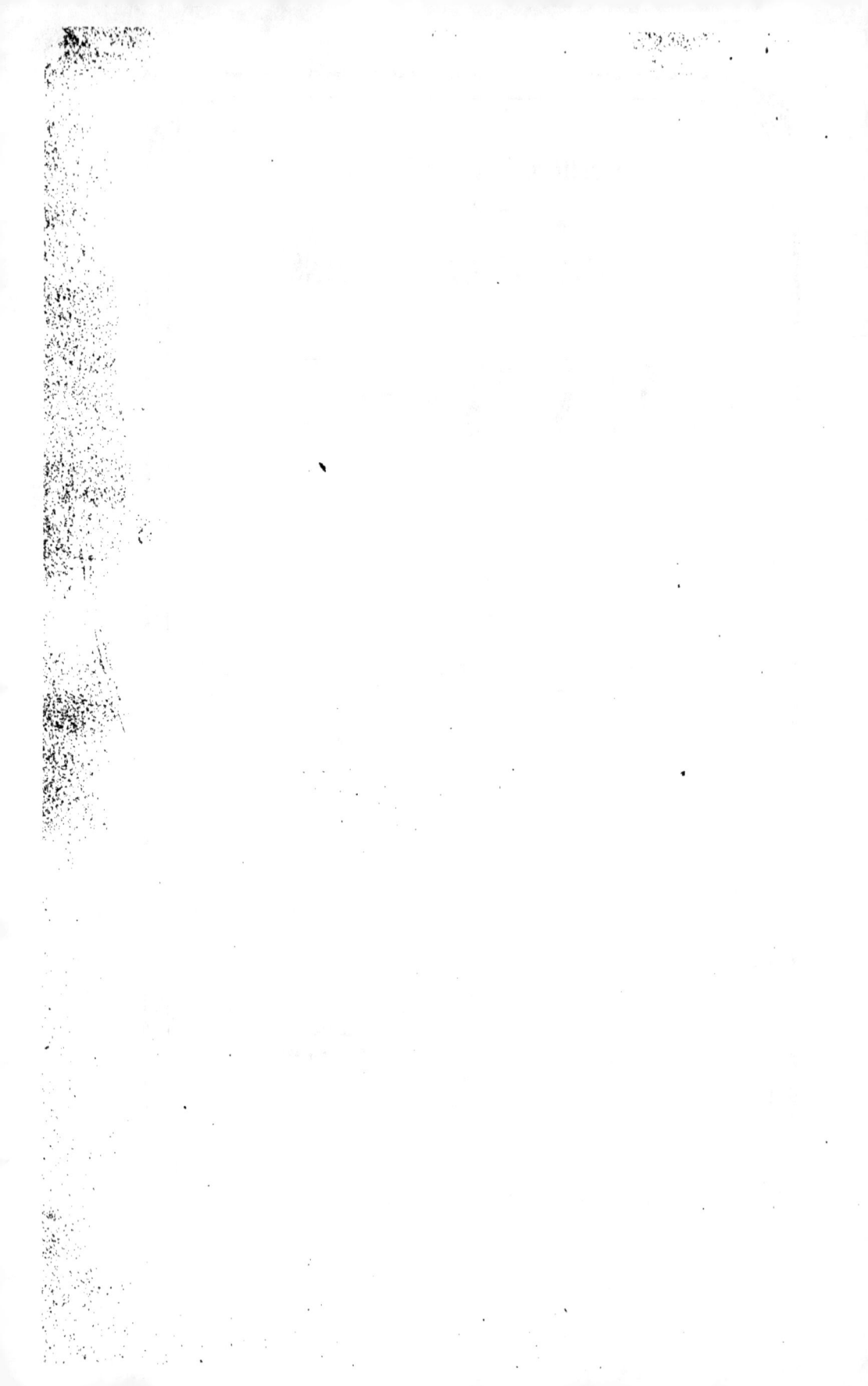

Faculté de Droit de Toulouse.

DROITS ET OBLIGATIONS

DES

OUVRIERS

SOUS

LE POINT DE VUE DE LA LOI CIVILE.

THÈSE DE DOCTORAT,

Par M. Jean-Antoine DELOUME,

de Toulouse.

TOULOUSE,

IMPRIMERIE DE CHARLES DOULADOURE,

Rue Saint-Rome, 39.

1863.

Memoriis dilectis.

Matri, Fratribus,

Meis.

Ⓒ

FACULTÉ DE DROIT DE TOULOUSE.

MM.

DELPECH ✼, Doyen, Professeur de Code Napoléon.
LAURENS ✼,   *id.*
CHAUVEAU ✼, Professeur de Droit administratif.
RODIÈRE ✼, Professeur de Procédure civile.
DUFOUR ✼, Professeur de Droit commercial.
BRESSOLLES, Professeur de Code Napoléon.
MASSOL, Professeur de Droit Romain.
DEMANTE,   *id.*
GINOULHIAC, Professeur de Droit Français, étudié dans ses origines féodales et coutumières.

HUC,
HUMBERT,   } *Agrégés.*
ROZY,
CASSIN,

M. DARRENOUGUÉ, Officier de l'Instruction publique, Secrétaire agent-comptable.

Président, M. RODIÈRE.

Suffragants, MM. {
MOLINIER.
DEMANTE.
HUC
ROZY.

La Faculté n'entend approuver ni désapprouver les opinions particulières du Candidat.

AVANT-PROPOS.

POSITION DU SUJET.

Le travail est la loi de l'humanité. Dieu nous a donné une intelligence et des organes, en nous enjoignant de les utiliser pour le bien ; c'est à ce prix que les sociétés comme les individus peuvent tendre vers le progrès.

Celui qui fait agir les forces de son âme, dirige ses efforts vers la vérité morale, la vérité philosophique, la vérité scientifique ; ou la beauté artistique, et ses efforts ne seront pas perdus pour le bien de l'humanité qui s'enrichit du travail de chacun de ses membres. Mais à côté de ces nobles efforts des facultés, qui font de l'homme le roi de la création, vient se placer aussi le travail de ceux qui luttent contre la nature physique avec les forces de leur corps. Il n'est pas, sans doute, de travail humain dans lequel l'intelligence n'ait une part active, mais il en est où les efforts de la nature physique l'emportent sur ceux de l'intelligence. Ce sont ces derniers travaux qui constituent le lot des hommes dont nous avons à nous occuper ici.

L'ouvrier, dit-on vulgairement, est celui qui gagne sa vie par le travail de ses mains ; cette définition est juste, car elle contient les traits qui caractérisent l'ouvrier, et qui sont, d'une part, la nature matérielle des efforts qui constituent son travail ; d'autre part, le but intéressé de ce travail. Elle a de plus l'avantage d'exprimer dans un langage figuré la réalité des choses, en disant que l'ouvrier gagne sa vie, car le travail matériel a été et sera de tout temps le lot des classes pauvres.

La nécessité presse le pauvre ; il faut que ses efforts lui fournissent, presque à son entrée dans la vie, de quoi subvenir à ses besoins ; il doit recourir pour cela aux travaux qui exigent le moins de préparations et de peines improductives.

C'est là ce qui distingue l'apprentissage de l'éducation proprement dite ; l'apprentissage exige peut-être dès le début quelques efforts d'intelligence, mais bientôt c'est l'effort physique qui domine, et l'apprenti est devenu ouvrier.

Mais nous n'aurions pas déterminé d'une manière précise les personnes dont nous avons à nous occuper ici, si nous nous bornions à ce que nous venons de dire.

En effet, l'ouvrier est celui qui dispose de son travail librement, et n'est soumis qu'aux obligations qu'il contracte volontairement.

Or ce n'est pas toujours dans de pareilles conditions que le travail s'exerce. Victimes de la violence, les esclaves occupent une large et funeste place dans l'histoire du travail. Vis-à-vis des esclaves, il n'y a ni droit ni obligations ; tout est contrainte. Nous n'avons donc pas à nous occuper de cette classe d'hommes, dont tant de voix éloquentes ont redit les malheurs.

Parmi ceux qui disposent librement de leur travail matériel, il est même une classe de personnes qui a été sou-

AVANT-PROPOS.

POSITION DU SUJET.

Le travail est la loi de l'humanité. Dieu nous a donné une intelligence et des organes, en nous enjoignant de les utiliser pour le bien ; c'est à ce prix que les sociétés comme les individus peuvent tendre vers le progrès.

Celui qui fait agir les forces de son âme, dirige ses efforts vers la vérité morale, la vérité philosophique, la vérité scientifique ; ou la beauté artistique, et ses efforts ne seront pas perdus pour le bien de l'humanité qui s'enrichit du travail de chacun de ses membres. Mais à côté de ces nobles efforts des facultés, qui font de l'homme le roi de la création, vient se placer aussi le travail de ceux qui luttent contre la nature physique avec les forces de leur corps. Il n'est pas, sans doute, de travail humain dans lequel l'intelligence n'ait une part active, mais il en est où les efforts de la nature physique l'emportent sur ceux de l'intelligence. Ce sont ces derniers travaux qui constituent le lot des hommes dont nous avons à nous occuper ici.

L'ouvrier, dit-on vulgairement, est celui qui gagne sa vie par le travail de ses mains ; cette définition est juste, car elle contient les traits qui caractérisent l'ouvrier, et qui sont, d'une part, la nature matérielle des efforts qui constituent son travail; d'autre part, le but intéressé de ce travail. Elle a de plus l'avantage d'exprimer dans un langage figuré la réalité des choses, en disant que l'ouvrier gagne sa vie, car le travail matériel a été et sera de tout temps le lot des classes pauvres.

La nécessité presse le pauvre; il faut que ses efforts lui fournissent, presque à son entrée dans la vie, de quoi subvenir à ses besoins; il doit recourir pour cela aux travaux qui exigent le moins de préparations et de peines improductives.

C'est là ce qui distingue l'apprentissage de l'éducation proprement dite; l'apprentissage exige peut-être dès le début quelques efforts d'intelligence, mais bientôt c'est l'effort physique qui domine, et l'apprenti est devenu ouvrier.

Mais nous n'aurions pas déterminé d'une manière précise les personnes dont nous avons à nous occuper ici, si nous nous bornions à ce que nous venons de dire.

En effet, l'ouvrier est celui qui dispose de son travail librement, et n'est soumis qu'aux obligations qu'il contracte volontairement.

Or ce n'est pas toujours dans de pareilles conditions que le travail s'exerce. Victimes de la violence, les esclaves occupent une large et funeste place dans l'histoire du travail. Vis-à-vis des esclaves, il n'y a ni droit ni obligations; tout est contrainte. Nous n'avons donc pas à nous occuper de cette classe d'hommes, dont tant de voix éloquentes ont redit les malheurs.

Parmi ceux qui disposent librement de leur travail matériel, il est même une classe de personnes qui a été soumise de tout temps, du moins en France, à des règles spéciales, et dont nous ne nous occuperons pas ; ce sont les domestiques. Les domestiques sont des serviteurs attachés à la personne du maître ; leur travail s'effectue à l'intérieur, et a pour but principal les avantages personnels du maître ou de sa famille ; rien d'ailleurs ne peut mieux déterminer leurs fonctions que leur nom. Ils sont attachés au service de la maison. (Domestiques, *Domus*.)

Quant aux ouvriers, nous nous sommes proposé de déterminer les obligations civiles qui naissent pour eux de leurs relations au sujet du travail. Cette étude comprendra la recherche des divers modes d'engagement de travail prévus par la loi civile, et les obligations qui en résultent pour l'ouvrier ; il faudra donc résoudre les questions de capacité civile des ouvriers à cet égard.

Après avoir déterminé ces obligations, nous devons examiner comment leur exécution est garantie, et par quels moyens leur existence peut être prouvée. Nous procéderons d'une manière analogue à l'égard des patrons, et ainsi, en même temps que nous établirons les obligations des ouvriers, nous établirons leurs droits.

Il est constant que nous ne pouvons avoir la prétention d'exposer ici toutes les situations juridiques dans lesquelles peuvent se trouver les ouvriers par rapport à leur travail. Nous voulons seulement développer les principes posés par les lois romaines et françaises, et suppléer, quand nous le pourrons, par induction à leur silence.

Nous n'hésiterons pas à critiquer la loi, lorsqu'elle nous paraîtra défectueuse ou incomplète, et il faut reconnaître que, notamment sous le rapport de la codification, la loi française nous fournira de trop nombreuses occasions do le faire à bon droit.

Combien il est à regretter que les principes relatifs aux obligations et aux droits civils des ouvriers ne soient pas soumis à des règles nettes et précises, en même temps que sages et libérales ! Les difficultés concernant les ouvriers ne portent que sur des objets de peu de valeur ; il en résulte que les interprétations jurisprudentielles elles-mêmes font défaut. Ces difficultés ne sont importantes que par leur nombre et par la situation pécuniaire de ceux qu'elles intéressent ; presque toutes s'arrêtent au juge du premier degré : quels principes y aura-t-il pour éclairer la conscience de ce juge, quand les décisions régulatrices de la jurisprudence lui feront défaut comme le texte de la loi ?

Lorsque, comme aujourd'hui, toutes choses tendent à relever la classe laborieuse, et à l'amener à une hauteur qu'elle n'a jamais atteinte dans l'histoire des sociétés, il faut que tout concoure pour lui faire sentir que la liberté est un bien dont il faut savoir être digne. Le pouvoir social doit s'appliquer à développer et à féconder au sein des classes ouvrières ces saines doctrines morales et religieuses qui sont le seul fondement de la société; mais il doit encore fixer les règles du Droit civil, en préciser le sens et la portée, parce qu'elles assurent la bonne foi des conventions, en garantissent l'accomplissement, et concourent ainsi au maintien de l'ordre et de la vraie liberté.

DROIT ROMAIN.

Sommaire.

1. L'échange des services contre d'autres services ou contre les choses, doit se produire dans les sociétés dès leur origine. — 2. Le louage se substitue ensuite à ce simple échange. — 3. Distribution du travail à suite de l'inégalité des fortunes. — 4. Exposé et plan de la première partie de ce travail.

1. — Dès qu'une société commence à s'organiser, les diverses aptitudes des hommes se manifestent à la suite de leur rapprochement et de la comparaison qui en résulte. Aussi l'échange des services doit-il être d'une origine aussi ancienne que l'échange des choses, et il doit en être de même de l'échange des choses contre les services.

2. — Toutes ces opérations doivent précéder, dans l'ordre du temps, et la vente et le louage qui supposent l'emploi de la monnaie ; mais à cause de la facilité qu'elle apporte dans les contrats, la monnaie ne tarde pas à y intervenir ; et de même que la vente se substitue à l'échange des choses, le louage doit se substituer à l'échange des services.

3. — Mais à mesure que ces divers actes deviennent plus fréquents, les différences de fortunes s'établissent nécessairement. Alors le travail le plus simple, le plus humble, devient le lot des classes les plus nombreuses et les plus pauvres. A Rome, ce travail se partageait entre les esclaves et les prolétaires, deux classes de gens qui devaient longtemps marcher côte à côte pour se confondre et former enfin de leur fusion les colons et les serfs.

1

4. — Nous l'avons déjà dit, nous n'avons pas à nous occuper des esclaves, mais seulement des ouvriers libres, qui manifestent leur existence dans l'histoire de Rome, dès ses commencements, et nous étudierons leurs droits et leurs obligations sous deux aspects différents.

Nous consacrerons un premier titre à une étude historique sur la situation juridique de l'ouvrier dans la société romaine. Dans un second titre nous examinerons les règles qui régissaient les engagements du travail à l'époque classique, règles que l'on peut considérer comme renfermant les principes constants du Droit romain dans cette matière.

TITRE PREMIER.

APERÇU HISTORIQUE SUR LA SITUATION JURIDIQUE DE L'OUVRIER DANS LA SOCIÉTÉ ROMAINE.

Sommaire.

5. — Les ouvriers se réunirent en corporations qui les rendirent menaçants dès la plus haute antiquité. — 6. Objet de cette étude. — 7. Les premières corporations sous Numa. — 8. Leur caractère. — 9. Constitution de Servius Tullius. — 10. État de l'industrie à cette époque. — 11. Influence des conquêtes. — 12. Développement des corporations, craintes qu'elles inspirent aux premiers empereurs. — 13. La corporation tend à absorber la liberté individuelle. — 14. Les mêmes phénomènes se manifestent dans les provinces. — 15. Régime des ouvriers des fabriques et mines de l'état à partir du IVᵉ siècle. — 16. Des ouvriers attachés aux métiers nécessaires. — 17. Des corporations libres. — 18. La corporation surveillée par l'état comprend toute la classe ouvrière. — 19. Organisation intérieure des collèges. — 20. L'industrie agricole est soumise au même système d'asservissement. — 21. Conséquence de ce système sur le taux des salaires. Tarif fixé par Dioclétien ; les contrevenants sont punis de mort. — 22. Le régime adopté pour les ouvriers se rattachait au système général du gouvernement. Nous en retrouverons les traces dans notre histoire.

5. — L'histoire des ouvriers dans la société romaine se rattache à celle de tous les troubles qui vinrent menacer l'état, au sein même de sa capitale. C'est que, dès la plus haute antiquité, les artisans s'étaient réunis en corporations puissan-

les par leur nombre, et par la nature des liens qui les unis-
saient.

6. — Nous ne nous proposons pas d'étudier ici l'histoire de
ces sociétés en elles-mêmes; nous parcourrons seulement d'une
manière rapide la série des vicissitudes qu'elles ont subies,
et uniquement par rapport à l'influence qu'elles ont exercée
sur la situation personnelle de l'ouvrier.

7. — Les premiers collèges d'ouvriers remontent au règne
de Numa. Romulus avait proscrit les métiers de la ville qu'il
avait fondée, comme indignes des citoyens romains, qui devaient avant tout être guerriers. Numa voulut au contraire en
favoriser le développement au sein de la paix, et c'est sous son
règne que les ouvriers commencèrent à former des associations
dont Tullus Hostilius vit déjà les dangers et qu'il voulut dis-
soudre (1). Florus attribue la fondation des premiers collèges
d'ouvriers à Servius Tullius, et, dit M. Levasseur (2), « Un
passage de Denys d'Halicarnasse prouve qu'au temps de Tar-
quin le Superbe, ces associations particulières étaient déjà
assez puissantes pour se rendre redoutables à la tyrannie.
Elles avaient leurs chefs, leurs assemblées, leurs règlements;
elles fournissaient à leurs dépenses par des contributions vo-
lontaires, et à certaines époques, les membres d'un même
collège, unis sous le nom de *sodales*, se rassemblaient autour
d'un autel commun. »

8. — Ces corporations, en effet, n'avaient pas seulement un
caractère industriel, mais elles constituaient des réunions
dans lesquelles l'élément religieux avait une large part. Rien
ne prouve que leurs statuts portassent à cette époque atteinte
à la libre disposition du travail personnel de chacun de ces
membres.

9. — On sait que lorsque Servius Tullius établit sa Cons-

---

(1) Heineccius, t. 2, *De collegiis et corporibus opificum*, nº 1.
(2) Histoire de classes ouvrières; ouvrage couronné par l'Académie des
sciences morales et politiques; Paris, 1859, t. 1.

titution, il introduisit, même dans les classes les plus élevées, des centuries d'artisans. Dans la première classe, il admit deux centuries de forgerons : « *Additæ huic classi duæ fabrûm centuriæ , quæ sine armis stipendia facerent* (1). » Il ne faudrait cependant pas conclure de ces faits que l'industrie eût déjà acquis un grand développement à l'époque dont nous parlons (576 av. J.-C., 176 de R.). Les centuries d'ouvriers ajoutées à la première classe par Servius Tullius étaient une nécessité de la guerre. Il y avait des ouvriers pour forger des armes, peut-être n'y en avait-il pas pour faire le pain du soldat.

10. — Pendant la paix , c'était la matrone qui pourvoyait elle-même aux soins de la maison ; elle préparait la nourriture de la famille, broyait le grain, tissait la toison de ses brebis et en faisait des vêtements : «*Panem faciebant Quirites,* dit Pline , *mulierumque id opus erat olim.* »

L'agriculture était encore le lot des plus nobles citoyens romains, qui cultivaient leurs champs de leurs propres mains. Cincinnatus labourait sa terre lorsque les députés du Sénat vinrent le chercher pour le placer à la tête de l'Etat. Les mœurs publiques étaient si bien dirigées en ce sens , qu'il existait des hommes nommés viateurs, spécialement chargés d'aller appeler le sénateur de sa campagne à la curie (2).

11. — Mais cet état de simplicité ne devait pas résister à l'influence des conquêtes et des richesses apportées de la guerre. Les peuples soumis furent en partie amenés à Rome. Quelques-uns de ces captifs furent laissés libres, surtout à l'origine ; ils composèrent cette plèbe remuante au sein de laquelle se recrutaient les ouvriers et les petits marchands. Les autres furent réduits en servitude , et composèrent cette classe d'esclaves, dont le nombre et les malheurs devaient devenir si fameux.

---

(1) Tite-Live, lib. 1 , cap. 43.
(2) Cicéron, *de Senectute.* Wallon, Histoire de l'esclavage dans l'antiquité, t. 2, p. 7.

12. — Les corporations d'ouvriers se développèrent au sein de la République. Elles furent un puissant moyen d'action pour les factieux ; aussi César et Auguste cherchèrent-ils à les détruire. Claude , Trajan , continuèrent cette tâche (1) ; mais Alexandre Sévère jugea utile de les rétablir. Ælius Lampridius dit : « *Cum corpora constituisse , omnium vinariorum , lupinariorum, caligariorum , et omnino omnium artium hisque ex se defensores dedisse.* » Cet empereur leur donna même une espèce de constitution municipale , et régla la juridiction à laquelle ressortissaient leurs procès.

13. — Les compilations de Justinien nous fournissent de nombreux détails sur les droits de ces corporations et sur leurs privilèges ; mais elles ne parlent pas du point qui nous préoccupe particulièrement, à savoir, de la faculté pour l'ouvrier de disposer de son travail personnel. Il est cependant probable qu'à cet égard la liberté fut toujours en se restreignant à partir d'Alexandre Sévère , et que les liens de la corporation se resserrèrent progressivement jusqu'à rattacher d'une manière indissoluble l'artisan à son métier , comme le curiale à sa curie.

14. — Le même système de corporations que nous avons signalé à Rome s'était répandu dans les provinces , ainsi que l'établissent tous les historiens et les auteurs qui ont eu à parler de l'organisation romaine. Il en était ainsi notamment dans la Gaule , qui était une des provinces les plus industrieuses de l'Empire.

15. — De tout temps, depuis l'époque des conquêtes romaines , l'Etat avait eu de nombreuses fabriques et des mines qu'il exploitait directement , ou qu'il affermait à des associations. Ces fermages s'appelaient *vectigalia*. Le Code théodosien nous donne de nombreux détails sur l'organisation intérieure de ces fabriques de l'Etat au ive siècle, et le Code de Justinien nous donne des exemples de l'affreuse rigueur avec laquelle les ou-

---

(1) Heineccius, *loc. cit.* n° 18. Voir la lettre de Pline, n° 43, liv. 10.

vriers, même ceux qui n'étaient ni condamnés ni esclaves, y étaient traités. Une Constitution du Code de Justinien punissait de mort ceux qui dégradaient les matières premières qui leur étaient fournies (1). Une autre Constitution de Théodose et de Valentinien déclarait qu'ils étaient tous solidairement responsables des fautes que chacun pouvait commettre : « *Denique quod ab uno committitur, id totius delinquitur periculo numeri* (2). » De plus, ces ouvriers étaient attachés à l'atelier avec leur famille : « *Jure provisum est fabricenses propriis artibus inservire ut exhaustis laboribus immorentur cum sobole professioni cui nati sunt* (3). » Pour assurer l'exécution de ces mesures, on les brûlait au bras avec un fer rouge, ou on gravait par le même procédé sur leur main le nom de l'empereur (4).

16. — Les ouvriers employés aux professions nécessaires à la subsistance du peuple n'étaient pas traités avec moins de rigueur. Les boulangers, en particulier, étaient liés à leur industrie d'une manière indissoluble, soit qu'ils eussent choisi eux-mêmes cette industrie, soit qu'ils en eussent hérité de leurs parents (5).

17. — A côté de ces industries soumises à la direction ou au contrôle de l'Etat, avaient persisté les corporations libres. Mais, bien que dans les corporations on ne retrouve plus les rigueurs d'administration intérieure dont nous venons de donner l'idée, on y retrouve cependant le même principe d'asservissement de l'individu à la corporation.

18. — A partir de la fin du IIIe siècle, l'association était devenue la règle générale. L'ouvrier ne pouvait trouver sécurité et protection que dans la corporation ; aussi les corporations embrassaient-elles la classe ouvrière tout entière dans

---

(1) L. 2, lib. 11, tit. 7, cod. Just. *vel si contra hoc fecerint gladio feriantur*, dit cette loi. — Wallon, Histoire de l'Esclavage, t. 3, p. 146.
(2) L. 5, lib. 11, tit. 9, cod. Just.
(3) Eod.
(4) L. 4, lib. 10, tit. 22, cod. Théod. — L. 3, lib. 11, tit. 9, cod. Justin.
(5) Cod. Théod. L. 18, tit. 14, lib. 3.

leurs liens. Ces corporations avaient leurs chefs ; elles étaient soumises à une rigoureuse surveillance de la part de l'État.

19. — Les collèges d'ouvriers étaient sous la direction de duumvirs, se divisaient en centuries ou décuries, et se composaient habituellement des artisans exerçant le même métier dans la même ville ou dans le même quartier. Quelquefois le même collège comprenait plusieurs genres d'industries analogues, ainsi que cela résulte des inscriptions lapidaires de l'époque (1). Mais si l'ouvrier était libre de ne pas se rattacher à la corporation, il y était presque forcément amené par son propre intérêt ; et lorsqu'il s'était lié, c'était d'une manière indissoluble : « *De retrahendis collegiis vel collegiatis, judices competentes dabunt operam... cum omnibus qui eorum sunt* (2). » L'ouvrier ne pouvait pas même se libérer de sa profession en entrant dans la curie, ce qui cependant était considéré comme une des charges les plus lourdes de l'État (3).

20. — Dans l'industrie agricole, le colonat était également devenu une charge héréditaire et forcée ; le colon était, comme le curiale, attaché, lui et sa famille, à son sort.

21. — A une pareille organisation ne pouvait correspondre, au moins dans les derniers siècles du monde romain, la liberté des salaires. En matière de réglementation industrielle, tout s'enchaîne fatalement ; le privilège sur un point amène nécessairement la fixation des droits sur un autre ; il faut que les règlements s'équilibrent en se faisant contre-poids. Aussi n'est-t-on pas étonné lorsqu'on apprend que déjà, à l'époque de Dioclétien, non-seulement on avait fixé un minimum au taux des salaires, mais que même le prix de la journée était déterminé pour chaque industrie.

L'inscription de Stratonicé a indiqué les prix fixés par l'ordonnance de Dioclétien, et ces prix ont été évalués de

_____

(1) Levasseur, page 55 et 54, note 2 et 3.
(2) Code Théodosien, l. 1, lib. 14, tit. 7.
(3) Cod. Theod. l. 2, lib. 14, tit. 7.

la manière suivante en grammes d'argent fin (1) : Une journée de maçon, 9 grammes (50 deniers) ; une journée de manœuvre, 4 gr. 50 (25 deniers) ; de menuisier en bâtiments, 9 gr. (50 deniers) ; de marbrier, 6 gr. 30 ; pour un barbier, par chaque personne, 0 gr. 36 (2 deniers), etc. Il ne faut pas croire que ces prix fussent établis sans qu'une sanction fût prononcée contre ceux qn i ne les adopteraient pas ; car une pareille infraction était punie de mort. « Mais, dit M. Levasseur après avoir rapporté ces détails, ce tarif était tellement en disproportion avec la valeur réelle des objets, que partout on désobéit aux ordres de Dioclétien. Il y eut de nombreuses exécutions ; les marchés ne furent plus approvisionnés, les denrées renchérirent, et les empereurs, cédant à la nécessité, finirent par rapporter la loi. »

22. — Au reste, il est bon de remarquer que les mesures prises par les empereurs à l'égard des corporations industrielles qui s'étaient spontanément établies, se rattachaient au mode d'organisation générale. Elles faisaient partie d'un système organisé pour parer à la faiblesse du pouvoir central, mais qui ne pouvait pas empêcher la chute et le démembrement de l'Empire romain.

Lorsque nous reprendrons les origines des classes ouvrières dans notre propre histoire, nous retrouverons les traces du système romain. Nous verrons les corporations se transformer, s'affranchir, puis s'éteindre pour faire place, par des progrès successifs, au régime de la liberté de l'industrie.

---

(1) Cette évaluation a été adoptée et reproduite par MM. Wallon et Levasseur.

TITRE DEUXIÈME.

DES ENGAGEMENTS DU TRAVAIL CONSIDÉRÉS EN EUX-MÊMES.

CHAPITRE PREMIER.

DES DIVERS CONTRATS AUXQUELS PEUVENT DONNER LIEU
LES ENGAGEMENTS DU TRAVAIL.

Sommaire.

23. La vie juridique de l'ouvrier se résume dans l'échange de son travail. — 24. Les règles que nous allons établir peuvent être considérées comme les principes constants du Droit romain. — 25. Objets de l'échange. — 26. Des divers profits que l'ouvrier peut tirer de son travail. — 27. Distinctions reconnues par la loi romaine. — 28. Plan de ce chapitre.

23. — L'ouvrier est l'homme considéré comme effectuant un travail matériel pour autrui, en échange d'une rémunération. C'est cet échange qui est l'essence de la vie juridique de l'ouvrier, comme il est souvent l'unique source de son existence physique. Tout ce que nous avons dit jusqu'ici, tout ce que nous dirons dans ce travail a pour principe cet échange. Dans quelle forme doit-il être effectué, dans quelles limites peut-il l'être? Quels droits sont conférés aux parties par le contrat, et par quels moyens les effets de ce contrat sont-ils garantis? Ce sont les seules questions que nous avons à traiter dans ce travail. Leur solution renferme l'énumération complète des droits et des obligations de l'ouvrier au point de vue de la loi civile.

24. — Après avoir parcouru l'histoire des diverses péripéties subies par l'ouvrier, et en particulier celles qui ont affecté le droit de disposer de son travail personnel, nous allons étudier l'échange en lui-même. Les règles que nous établirons sur ce point, peuvent être considérées comme les fondements du Droit romain de tous les temps, en cette matière. Elles ont dominé les diverses phases du Droit industriel qui se sont succédé à Rome, et ont étendu leur influence jusque sur notre législation actuelle.

25. — Cet échange consiste en un engagement réciproque de deux ou plusieurs personnes et qui les lie, d'un côté, à effectuer un travail ; de l'autre, soit à donner en compensation un objet, soit à effectuer un travail : *facio ut des, facio ut facias.*

26. — Ce que nous venons de dire indique assez que nous aurons toujours à nous occuper de conventions synallagmatiques. Mais quelle variété les situations, les besoins divers et l'esprit d'industrie et de lucre n'ont-ils pas amenée dans les conventions dont nous parlons. L'ouvrier n'a pas seulement voulu gagner en prêtant son travail, il a spéculé sur le résultat et sur les chances qui peuvent l'accompagner ; le maître, de son côté, a cherché à sauvegarder ses intérêts. Ces choses sont naturelles à l'homme, elles ont dû exister de tous les temps, et elles se sont manifestées dans la législation romaine, telles que nous les voyons encore sur beaucoup de points dans notre législation. Nous aurons en cette matière l'occasion d'admirer souvent la pénétrante sagacité des jurisconsultes anciens, aussi bien que la rectitude et l'équité de leur esprit au milieu d'une société où les tendances industrielles, commerciales ou égalitaires, n'étaient cependant guère en honneur.

27. — Les Romains avaient distingué le travail fait au temps (1), du travail à la façon ou à l'entreprise (2) ; ils s'étaient préoccupés des sous-entrepreneurs (3) et des apprentis (4), de ceux qui travaillent sur la chose du maître (5) et de ceux qui travaillent sur leur propre chose (6), et chacune

(1) L. 38, pr. D. loc. cond. L. 25 eod. L. 10, § 0 eod.
(2) L. 13, § 5. L. 36. L. 32. L. 22, § 2. D. loc. cond.
(3) L. 48. Loc. cond.
(4) L. 13, § 3, 4. D. d. t.
(5) L. 13, § 5. D. d. t.
(6) L. 22, § 3. D. d. t.

de ces situations est l'objet de règles spéciales que nous aurons à étudier. Recherchons d'abord à quelles classes de contrats ces diverses situations doivent se rattacher.

28. — Le travail des ouvriers, exigeant spécialement l'exercice des facultés physiques, suppose nécessairement une matière sur laquelle ces facultés s'exercent. Dans tout engagement d'ouvrier, il existe donc deux éléments ; le travail et la matière. L'un de ces éléments doit être fourni par l'ouvrier, c'est le travail ; mais la matière peut être fournie soit par l'ouvrier, soit par le patron ou le destinataire du travail.

Pour commencer par le cas le plus simple, nous supposerons que la matière est fournie par celui qui a commandé l'ouvrage. Le travail étant l'unique objet du contrat, sera aussi l'unique objet de notre étude ; nous étudierons ensuite l'influence que peut exercer sur le contrat la fourniture par l'ouvrier de portion ou de totalité de la matière.

SECTION PREMIÈRE.

Du travail considéré comme objet des contrats et du salaire.

Sommaire.

29. Le travail peut être considéré sous un double aspect comme objet des contrats. — 30. Définition des *operæ*. — 31. Définition de l'*opus*. — 32. Les engagements du travail n'ont jamais été soumis à des formes sacramentelles. — 33. Le type de ces engagements est le louage qui est du droit des gens et consensuel. — 34. Raison de la dénomination de *louage* pour la prestation des *operæ*. — 35. Pour l'*opus*. — 36. L'analogie est plus difficile à préciser. — 37. Divers objets à étudier successivement dans cette section.

29. — On peut dire que, considéré comme objet des contrats, le travail n'est qu'un moyen, car nous l'avons défini, l'application des facultés de l'homme à un objet déterminé. Tout travail suppose donc nécessairement un effet, ou au moins un but à atteindre. De là le double aspect sous lequel les engagements de travail peuvent se produire.

En effet, il peut arriver, soit que l'ouvrier promette directement son travail et ses soins comme moyen et indépendamment du résultat à obtenir, soit qu'il promette indirectement son travail en promettant le résultat qui en suppose l'existence. C'est sur ce principe que repose la grande distinction faite par les Jurisconsultes romains, entre les *operæ* et l'*opus*. *Operæ*, ce sont les efforts, c'est l'application des facultés, c'est le travail lui-même ; *opus*, c'est le résultat. Ces deux choses se supposent si bien l'une l'autre, que les mots semblent se confondre dans la langue latine pour les désigner, et qu'ils se confondent réellement en français. On consacre son *travail* à une chose, disons-nous, et le résultat est ou un *beau travail*, ou *un travail qui laisse à désirer* et que l'on qualifie en un mot suivant son apparence.

30. — Les *operæ* que nous ne voulons pas traduire par le mot *services*, parce qu'il ne nous paraît pas assez général et qu'il nous semble en particulier ne pas s'appliquer à notre matière ; les *operæ*, disons-nous, sont *les soins*, *les peines*, et le fait même de les appliquer à un objet. Le travail dans ce sens a dû être de tout temps l'objet des contrats, et il en était fréquemment ainsi à Rome. On trouve dans le Digeste et dans le Code, des textes assez nombreux qui s'occupent des *operæ* ; c'est d'après ces textes que nous rechercherons dans quels contrats on devait classer les engagements du travail. Les *operæ* se donnent principalement en prenant pour base d'appréciation le temps, et constituent ce que l'on appelle le travail au temps.

31. — Quant à l'*opus*, nous l'avons dit, il représente le résultat du travail, et par suite le travail lui-même. Promettre l'*opus*, c'est ce que nous appelons s'engager à l'entreprise ou à la façon (1). On entreprend un *opus* dans son ensemble, ou bien on s'engage seulement à accomplir certaines parties d'un tout ; dans le premier cas, il y a *opus* promis *per aversio-*

_____

(1) L. 5, § 2. D. de verb. signific.

nem, c'est ce qui correspond à notre entreprise ; dans le
second cas, il y travail à la mesure, suivant notre langage industriel.

32. — Les engagements du travail ont-ils été, à Rome, au
moins à l'origine, soumis à des formes précises et sacramentelles ? Nous ne le pensons pas. Le formalisme romain tendit
à décroître à mesure que la république se développa ; et de ce
que, à l'époque des Jurisconsultes, les engagements qui nous
occupent n'ont été soumis à aucune forme spéciale, on ne peut
pas conclure qu'il en ait été nécessairement de même de tout
temps ; mais cela est très-probable. A l'origine des sociétés, les
engagements du travail sont de peu d'importance, l'exécution
suit immédiatement la promesse ; et l'on n'a besoin ni de
formes solennelles pour en constater l'existence, ni de gages
spéciaux pour en garantir l'exécution.

33. — Quoi qu'il en soit, à l'époque classique, les engagements du travail étaient considérés comme du droit des gens,
et dans l'ordre civil ils furent rangés dans la classe des contrats
consensuels. Ces engagements, en effet, furent assimilés au
louage et soumis pour la plupart, sous le nom de *locatio
operis* et de *conductio operarum*, à des règles spéciales qui
font le principal sujet de cette étude. Mais il exista à côté de
ces contrats d'autres engagements du travail, qui ne purent
pas, au dire des Jurisconsultes, être assimilés à la location et
qui pour cette raison durent rester dans la classe des contrats
innommés.

34. — Le louage fut donc le type des engagements du travail, soit qu'il s'agit des *operæ*, soit qu'il s'agit de *l'opus*.
Recherchons la raison juridique de cette dénomination. Le
louage se rapproche de la vente, disent les Jurisconsultes ;
mais il s'en distingue en ce qu'il ne suppose pas de transmission définitive. C'est le contrat par lequel on donne le droit
de jouir ou d'user d'une chose pendant un certain temps.
C'est précisément ce qui a lieu dans le cas de *locatio operarum* ;
car l'ouvrier donne au maître son aptitude, ses facultés et ses

forces pour qu'il en jouisse comme il l'entendra. Un pareil contrat ne saurait être une vente dans aucun cas, parce que, dit un ancien commentateur français des lois romaines, « la liberté de l'homme est inaliénable par sa nature. »

35. — Mais la similitude est plus difficile à exposer clairement, les traits de ressemblance sont plus subtils, en ce qui concerne la *conductio operis*. Que se passe-t-il en effet dans cet engagement ?

36. — Nous avons dit jusqu'ici que l'*opus* est le résultat du travail, et qu'il suppose ce travail. Ce n'est pas cependant le travail qui est l'objet du contrat, et l'on ne peut pas dire que celui qui demande un objet tout fait, loue un travail dont il n'a point à s'occuper, le résultat étant la seule chose qu'il doive prendre en considération. Aussi, n'est-ce point en ce sens qu'il y a louage d'ouvrage. Il faut ici considérer la façon du travail à effectuer sur un objet, l'entreprise déterminée, comme une chose immatérielle qui en changeant de main peut produire plus ou moins de bénéfice. Ainsi le bénéfice à effectuer sur un objet à transformer, est ici considéré comme une jouissance spéciale que l'on donne sur cet objet ; et comme ce bénéfice résulte du travail à effectuer, on a pu dire qu'il y a louage de travail (1). Seulement, comme nous le préciserons plus tard, lorsque la distinction devra nous offrir de l'intérêt à cause des actions, les rôles changent, et tandis que dans la *locatio operarum*, c'est l'ouvrier qui est *locator*, ici il est *conductor*. L'explication que nous donnons de l'entreprise, ou *conductio operis*, nous paraît être la vraie ; et nous en trouvons une démonstration sensible dans notre opération française de l'adjudication aux enchères des travaux publics. On peut dire, en effet, que les rabais effectués sur les devis fournis par l'administration représentent le prix du loyer

_____

(1) On peut remarquer à l'appui de cette doctrine que les textes font rentrer dans la classe des mandats salariés ou des contrats innommés toutes les entreprises dans lesquelles l'objet matériel fait défaut. La loi se montre plus large à l'égard des louages de travail au temps.

donné par l'entrepreneur, en échange de l'entreprise dont il demande la jouissance et à laquelle il saura faire porter des fruits (1). Ainsi se trouvent justifiées les dénominations données à la *locatio operarum*, et à la *conductio operis*.

37. — Mais le louage étant un contrat du droit civil, est soumis, en ce qui concerne sa validité, à des règles précises, par rapport à la capacité des parties qui s'engagent, la nature de l'objet loué, le mode de rémunération, et la manière même dont le contrat est formé. C'est sur ces divers points que se portera successivement notre attention.

§ I.

De la Capacité des parties.

Sommaire.

38. La loi a dû parer à l'incapacité naturelle des contractants. — 39. Le père peut disposer du travail de son fils. — 40. Du fils pubère, droit de s'obliger. — 41. Droit d'obliger les autres envers lui. — 42. Il en est de même à l'égard des pupilles. — 43. Résumé du paragraphe.

38. — En ce qui concerne la capacité des parties, la loi romaine n'a point posé de règles spéciales à l'obligation *de faire*. Il est certain cependant que les biens qui semblent le plus étroitement enchaînés à la volonté de l'homme, sont ses propres facultés, ses forces, ses aptitudes. Mais il est une période de la vie où l'homme est incapable de diriger d'une manière éclairée ses actes et sa fortune. Le père ou le tuteur suppléent à cette incapacité naturelle, et la nullité des engagements civils contractés par les incapables est la sanction des règles de protection établies à leur égard.

39. — Nous savons quelle était, à l'origine de Rome, l'é-

(1) Etienne, t. 2, p. 192, Institutes de Justinien, traduites et expliquées. — Clamageron, du Contrat de louage d'ouvrage et d'industrie, de la commission et du mandat, page 7.

tendue de la puissance paternelle ; cette puissance resta toujours considérable, malgré les adoucissements qui furent apportés, avec le temps, aux droits souverains du père. Il est donc hors de doute que le père de famille romain pouvait engager la personne de son fils, comme il aurait pu s'engager lui-même, et qu'il pouvait stipuler le salaire du travail de son fils, pour en tirer directement profit.

40. — Mais il est certain, d'un autre côté, que le fils, parvenu à l'âge de puberté, pouvait contracter des obligations, sans même l'autorisation du père, qui n'était exigée que pour l'impubère (1). Le fils de famille impubère avec l'autorisation paternelle, et le fils pubère seul, pouvaient donc directement engager leur personne et promettre leur travail ; ils donnaient naissance à un contrat de droit civil, et étaient soumis aux obligations du louage, s'ils avaient d'ailleurs accompli les conditions essentielles à l'existence de ce contrat. Mais les fils de famille ne pouvaient pas intenter d'action, et il est constant que jusqu'à l'époque de Justinien, le salaire de leur travail ne leur appartenait à aucun titre, quel que fût leur âge, et que ce salaire tombait tout entier dans les mains du *pater-familias.*

41. — Les fils de famille pouvaient aussi commander des travaux et promettre le salaire ; ils pouvaient, à raison de cet engagement, être actionnés, mais ils n'avaient pas, à l'origine du moins, de patrimoine devant servir à acquitter leurs obligations (2). Nous aurons à revenir plus tard sur ce qui concerne les actions ; qu'il nous suffise, pour le moment, de dire qu'en matière d'engagements du travail, les principes généraux du droit devaient être appliqués aux fils de famille. Il en était de même en ce qui concerne les pupilles ; sui-

---

(1) L. 141, § 2. D. 45. 1. — L. 39. D. 44. 7. — L. 55. D. 51.

(2) Sous les Empereurs, les pécules furent institués. Le pécule castrens fut d'abord établi en faveur des militaires, puis le pécule quasi-castrens, enfin le pécule adventice : ce dernier se composait entre autres biens des biens acquis *ex laboribus filii-familias.*

vant les principes du droit, le pupille, dûment autorisé, pouvait engager son travail ou se faire promettre celui d'autrui, et donner, par ce fait, naissance à un contrat de louage.

42. — En résumé, les engagements du travail ne renfermaient, à Rome, rien qui les distinguât des autres engagements, en ce qui concerne la capacité des parties contractantes. Nous avons cependant voulu établir les principes fondamentaux sur ce sujet ; et faire remarquer un trait caractéristique de l'organisation de la Société romaine : la persistance, pendant toute la vie, des droits absolus du père de famille, non-seulement sur les biens de ses fils et petits-fils, mais encore sur leurs personnes et sur leurs actes.

§ II.

De l'Objet du Contrat.

Sommaire.

43. — Des différents aspects sous lesquels peut se présenter l'obligation de faire. — 44. Quels faits peuvent être l'objet des engagements des ouvriers. — 45. Tous ces faits peuvent être l'objet du louage. — 46. Pourrait-on, à Rome, louer son travail pour la vie ? — 47. Le même principe s'applique à tous les engagements du travail, quelle que soit leur forme.

43. — Les engagements du travail peuvent, avons-nous dit, être contractés sous deux formes de promesse ; l'ouvrier peut promettre la cause ou l'effet. Mais quelle que soit cette forme, le travail doit lui-même présenter différents caractères. En présence des textes de lois romaines, il nous paraît que l'on peut diviser en deux classes toutes les espèces de travaux qui peuvent naître des diverses facultés de l'homme. Une première classe comprend les travaux qui, suivant les circonstances, peuvent rentrer dans les limites du mandat ou du louage d'ouvrage ; une seconde classe comprend les travaux qui, dans aucun cas, ne peuvent rentrer dans les

2

limites du louage. Ainsi donc tout fait de l'homme, tout travail peut rentrer dans les limites du mandat, pourvu d'ailleurs que les conditions essentielles de ce contrat subsistent dans l'engagement. C'est ainsi que l'on considérait les travaux les plus modestes comme pouvant être l'objet d'un mandat, pourvu qu'ils fussent faits gratuitement : « *Si tibi*, dit Gaius (1), *polienda, sarciendave, vestimenta dederim, siquidem gratis hanc operam te suscipiente, mandati est obligatio.* » Il n'en était pas de même du louage.

44. — Et d'abord, le fait, objet du louage, devait supposer une certaine continuité d'efforts, qui constituât à proprement parler un travail. Le louage suppose une jouissance continuée : « *Si tale est factum quod loca. non possit, puta ut servum manumittas,* » dit Paul (2). Mais en outre, certains faits exigeant même des efforts continus constituant un travail, ne pouvaient, à raison de leur caractère, rentrer en aucun cas dans les limites du louage.

La différence qui existe entre le travail promis par le contrat de louage et le travail qui ne peut faire l'objet de ce contrat, est ainsi définie par M. Troplong (3). « Le premier est de ceux qu'on paie avec de l'argent, le second est de ceux dont on ne peut pas offrir l'équivalent, car le mobile qui l'a produit est plus noble et plus haut placé que tout l'or des capitalistes. » Ces distinctions ont été déjà établies.

45. — Nous avons à traiter ici du travail des ouvriers ; nous n'avons donc à nous préoccuper ni du cas où le fait promis ne constitue pas à proprement parler un travail, ni du cas où ce travail résulte des seules facultés de l'esprit ; en d'autres termes, nous n'avons à nous occuper que des faits qui peuvent être l'objet ou du mandat ou du louage. Ainsi

---

(1) L. 22. D. præscript. verbis. L. 4, de mandato, Institut. Just.

(2) L. 5, § 2, D. d. t.

(3) Du louage, n° 794. — L. 13, § 4. D. loc. cond. — L. 5, § 7. D. ad leg. aquil. L. 1, § 4 et 5, de extraordin. cognit. eodem.

nous pouvons dire que tous les travaux dont nous avons à nous occuper, peuvent être l'objet du louage, si d'ailleurs les conditions nécessaires à l'existence de ce contrat ont été accomplies.

46. — En présence de notre art. 1781, on peut se demander si un homme pouvait, à Rome, engager son travail pour la vie. Nos anciens Jurisconsultes avaient admis cette règle très-connue dans notre ancien Droit : *Nemo potest locare opus in perpetuum* (1), et ils en faisaient remonter l'origine à la loi 71, § 3, *de conditionibus et demonstrationibus*, au Digeste.

Le texte des lois romaines est loin d'être aussi explicite que le langage de nos anciens auteurs. Cependant la loi romaine, tout en prévoyant une espèce, pose un principe conçu sous une forme très-générale qui semble devoir être appliquée en toute matière : « *Potest dici*, dit Papinien, l'auteur de la loi, *non esse locum cautioni per quam jus libertatis infringitur.*» Il faut donc penser que ce principe s'appliquait, à Rome, aussi bien en matière de contrat qu'en matière de testaments et de legs (2).

47. — Disons donc, en nous résumant, que tout travail d'ouvrier, c'est-à-dire tout travail dans lequel l'esprit n'a pas la principale fonction ; que tout fait qui suppose une certaine continuité d'efforts, peut être l'objet d'un louage. Mais que toute convention contraire à la liberté devait être considérée comme illégale, et que ce principe devait s'appliquer non-seulement aux engagements de travail effectués sous la forme du louage, mais à tous les engagements du travail.

---

(1) Despeysses, louage, sect. 2, n° 6. — Glose de Godefroy.

(2) Nous reviendrons sur ce point un peu plus bas, pour rechercher quel est le caractère de la nullité encourue.

§ III.

De la Rémunération du travail.

48. — Pour rentrer dans le cadre de notre étude, le travail doit nécessairement être rémunéré. Il résulte de là que nous n'avons point à nous occuper du cas où le travail est effectué en vertu d'un mandat, contrat dont l'essence est d'être gratuit. Mais le travail peut être rémunéré de plusieurs manières; il peut l'être par de l'argent ou par des objets en nature, ou bien par un fait ou un autre travail, *facio ut facias*. Ces diverses prestations exercent une influence sur la nature du contrat. Nous avons dit plus haut, qu'aux époques de formation des sociétés, les échanges du travail contre d'autre travail ou contre des objets en nature, précèdent les échanges du travail contre la monnaie; mais ensuite c'est ce dernier échange qui devient de beaucoup le plus fréquent. Aussi en parlerons-nous d'abord.

49. — L'échange du travail contre la monnaie est le type principal des engagements du travail, aussi a-t-il reçu un nom et des actions spéciales dans le Droit romain, pourvu d'ailleurs qu'il ait été soumis à certaines conditions de forme en rapport avec l'ordre naturel des choses, conditions dont nous parlerons plus bas. Cet échange est le contrat de louage d'ouvrage. Dans ce contrat la rémunération a pris un nom spécial. La langue latine l'a désignée sous le nom de *merces* ou *manupretium*; nous allons étudier les principales règles qui la concernent.

50. — Pour qu'il y ait louage de travail, il ne suffisait pas qu'il y eût un travail et un prix stipulés ; il fallait encore que ce prix fût sérieux et déterminé d'avance au moins par ce qui devait lui servir de base.

51. — Le prix devait être sérieux, sans cela l'engagement eût été un mandat ou tout autre engagement à titre gratuit. Or, de pareils contrats ne pouvaient être considérés comme effectués par des ouvriers qui cherchent essentiellement la rémunération et le gain comme résultat de leur travail : « *Si quis conduxerit nummo uno, conductio nulla est ; quia et hoc donationis instar inducit* (1). »

52. — Le prix devait, en outre, être fixé et déterminé d'avance, au moins par ce qui devait lui servir de base (2). Sans cette condition il n'y avait pas location, comme le dit Pothier (3) : *Non est locatio, sed nova negotii species.* » Mais il suffisait que la base sur laquelle le prix pouvait être calculé fût déterminée d'avance, pour que ce prix fût considéré comme certain.

53. — Si donc il existait des usages établis à l'égard du genre de travail promis, en ce qui concernait le prix, les parties étaient censées s'être conformées tacitement à ces usages. Le prix était considéré comme déterminé et il y avait louage (4) ; il en était ainsi du moins au temps de Justinien.

54. — C'est d'après la même règle de détermination de la base du prix que les Jurisconsultes avaient établi leurs principes sur l'arbitrage des tiers. La loi 25 (*Locat. cond.*) de Gaius s'exprime ainsi : « *Si merces promissa sit generaliter alieno arbitrio, locatio et conductio contrahi non videtur. Sin autem quanti Titius æstimaverit, sub hac conditione stare locationem, ut si quidem ipse qui nominatus est, mercedem definierit,*

---

(1) Ulpien, l. 46, D. Locati conduct.
(2) L. 22, D. 19, 5. Gaius.
(3) Pandectes, lib. 19, tit. 2, 1re part., art. 1, § 1.
(4) Nov. 122. Voët, lib. 19, tit. 2, no VII.

omnimodo secundum ejus æstimationem et mercedem persolvi oportcat et conductionem ad effectum pervenire : sin autem illa vel noluerit, vel non potuerit mercedem definire, tunc pro nihilo esse conductionem, quasi nulla mercede statuta. » Dans le premier cas, celui où l'arbitre n'a pas été déterminé, non-seulement les parties auront à vider la difficulté afférente au prix, mais encore celle du choix des arbitres ; ce qui fait que rien n'est déterminé : « *Nec personam certam definierunt unde in assumenda persona possent dissentire.* » Il en est de même du cas où l'arbitre n'a pas pu ou n'a pas voulu exécuter son mandat. Mais si l'arbitre a été désigné d'une manière certaine, et qu'il ait fonctionné, on peut dire que le prix a été déterminé, au moins quant à sa base ; les parties étaient d'accord sur un point, elles devront accepter sans contestation ce qui aura été fixé par les arbitres désignés d'avance (1).

La loi 3 au Code *de dotis promissione*, admet, il est vrai, que si une dot a été constituée comme devant être fixée par un tiers, la quotité de cette dot a un caractère suffisant de certitude, le tiers devant être considéré comme un *bonus vir*, et non comme un homme pris au hasard. Mais il ne faut pas tirer un argument d'analogie de cette loi contre la doctrine que nous venons d'exposer, et nous pensons que l'arbitre doit être déterminé d'avance pour qu'il y ait louage. L'analogie entre le louage et la constitution de dot n'est pas complète ; cette dernière doit être considérée d'une manière spécialement favorable, comme le disent les Glossateurs : « *Speciali favore dotis est ibi.* »

Il n'y a donc, en ce qui concerne le prix, louage que si le prix est en argent monnayé, et s'il est certain.

55. — Si le prix consiste en denrées ou tout autre objet que de l'argent, il existe un contrat innommé, mais il n'y a point louage (2). Il est fait, au titre du louage au Code, une seule

---

(1) Voir aussi L. 15, c. de Contrahenda emptione.
(2) Instit. Just., § Locat.

exception à ce principe; c'est pour le cas où un fonds de terre a été loué. La loi décide qu'il y aura louage, bien que le prix stipulé soit le fruit du fonds loué; mais ajoute Voët (1), cette exception a été faite dans l'intérêt de l'agriculture et ne saurait être étendue.

Il y aura également contrat innommé, s'il a été fait une promesse d'échanges de services, ainsi que cela résulte des termes de la loi 5, § 4, D. *de præscriptis verbis*.

§ IV.

De la manière dont l'engagement a été contracté.

Sommaire.

56. Différence entre le contrat *do ut facias* et le contrat *facio ut des*. — 57. Opinion de Cujas. — 58. Motifs de cette opinion. — 59. Résumé de la section.

56. — Le louage étant, comme on le sait, un contrat consensuel du droit des gens, les formes requises pour son existence sont simples, et l'on peut dire que toutes les fois que le consentement aura été donné sous une forme quelconque, s'il s'agit d'un travail, *qui locari solet*, et s'il y a prix certain, il y aura louage. La loi 5, précitée de Paul, semble même dire que ce consentement pouvait être tacitement donné, et que si, par exemple, de l'argent était donné pour un de ces travaux qu'on a coutume de prendre en location, le seul fait de la réception de l'argent équivalait à un consentement et donnait naissance à un louage : « *At cum do ut facias, si tale sit factum quod locari solet.... pecunia data locatio erit.* » Mais le Jurisconsulte ajoute cette précision remarquable : « *Quod si faciam ut des, et posteaquam feci cessas dare, nulla erit civilis actio, et de dolo dabitur.* » Pourquoi cette différence ? Pourquoi y a-t-il louage lorsque le contrat a commencé par la promesse du payement d'une somme d'argent, et n'y en a-t-il pas si c'est

----

(1) *Loc. cit.*

le travail qui a été fourni d'abord ? Bien plus, le Jurisconsulte ne trouve pas même dans cette dernière opération quelque chose qui ressemble au louage, puisqu'il lui refuse même l'action *præscriptis verbis*.

57. — Cujas donne la raison de cette différence : « *Semper verbum hoc, do, dit-il, dat initium locationi. Itaque hoc negotium recte comparatur locationi, at facio ut des non potest locationi comparari, nam hac forma nunquam fit locatio.* » Cette précision est parfaitement exacte, et en même temps qu'elle révèle la sagacité de l'illustre Jurisconsulte de Toulouse, elle donne un spécimen de ce profond et fin esprit d'analyse qui distingue les Jurisconsultes romains.

58. — Le louage, avons-nous dit, est la forme type des engagements du travail, et c'est à ce titre qu'il a reçu ces règles sur la nature de son objet et de sa cause que nous venons d'exposer. Or quelle est la loi suivant laquelle le travail est produit ? Le travail naît du besoin ou tout au moins du désir. Quand l'homme éprouve un désir ou un besoin, c'est par le travail, c'est-à-dire par la mise en activité des facultés qui lui ont été données par la nature, qu'il trouvera le moyen d'y satisfaire. Un des premiers bienfaits de la société est que par le travail d'autrui, ces besoins puissent être satisfaits plus complètement et mieux. Lorsqu'un homme travaille, c'est donc qu'il est sollicité, soit par son besoin personnel, soit par le besoin d'autrui ; il résulte de là que ce doit être celui auquel doit profiter le travail, non celui qui l'effectue qui doit prendre l'initiative. Ainsi tandis que dans l'échange, on ne peut présumer si c'est celui qui donne une chose mobilière contre une chose immobilière qui donne naissance au contrat, ou si les rôles sont inverses ; tandis que dans la vente, on ne peut présumer si c'est celui qui possède un immeuble qui propose à un autre de l'échanger contre son argent, ou si c'est l'inverse, il n'en est pas de même à l'égard du travail.

Si j'effectue un travail sur votre terrain, on ne peut présumer qu'une seule chose, c'est que vous avez eu besoin que votre terrain soit travaillé ; mais on ne peut pas dire à l'inverse que le contrat a été engagé parce que j'ai eu besoin d'employer mes forces. Le travail naît du besoin de celui pour qui il est effectué ; c'est celui qui donne pour avoir le fruit du travail qui provoque le contrat.

Voilà la règle immuable que les Jurisconsultes romains avaient consacrée ; voilà l'engagement normal que l'on peut soumettre à des règles préfixes, que l'on peut éclairer par des dispositions légales. Si le travail s'offre et est accepté d'une autre façon, les choses sortent des règles ordinaires, et la loi ne connaît qu'une seule règle, qui est la volonté des parties : *Cùm do ut facias, locatio erit.... quod si facio ut des, nulla civilis actio erit et de dolo dabitur.*

A Dieu ne plaise qu'en exposant ces règles nous paraissions vouloir humilier le travail aux dépens du capital, et reproduire ces théories tristement célèbres qui s'efforçaient d'ouvrir une lutte désastreuse entre le capital et le travail. Le capital et le travail sont nécessaires l'un à l'autre. Ils vivent l'un par l'autre, et si l'un vient à succomber, l'autre doit également disparaître, en entraînant à l'état barbare la société tout entière.

59. — Résumons-nous donc en disant que l'argent échangé contre le travail est le type des contrats qui entretiennent et l'industrie libre et l'existence des classes laborieuses. C'est le contrat que les Romains avaient pu étudier et régler par des principes certains, dont ils avaient pu sanctionner l'exécution par des actions du droit civil. Ajoutons cependant qu'en dehors de ce contrat il en est d'autres que les besoins divers des citoyens peuvent amener ; qu'entre ouvriers, par exemple, il pourra être avantageux de fournir travail pour travail ; qu'un marchand pourra avoir avantage à donner à l'ouvrier les objets en nature dont celui-ci a besoin ; qu'un citoyen quelconque pourra avoir à rendre compte du travail dont il a profité sans l'avoir commandé ; mais reconnaissons que ce sont là des cas spéciaux que la loi romaine n'avait pas entendu soumettre aux règles précises de son Droit civil.

SECTION DEUXIÈME.

Influence de la fourniture des matières sur la nature juridique des engagements du travail.

Sommaire.

60. Objet de cette section. — 61. Il faut remonter à la division fondamentale entre l'*opus* et les *operæ*. — 62. Le louage au temps se combine mal avec la fourniture de la matière par l'ouvrier. — 63. Si le cas se présentait, il y aurait deux contrats. — 64. Dans le louage de l'*opus*, il arrive fréquemment que l'ouvrier fournit la matière. — 65. Si le maître fournit la matière, le travail est le seul objet du contrat. — 66. Si l'ouvrier fournit la matière, il peut se présenter deux situations. — 67. Première situation : l'ouvrier fournit toute la matière, il y a vente. — 68. Il en est de même si l'ouvrier fournit la partie principale de la matière. — 69. Raison juridique de cette solution. — 70. Deuxième situation : la matière fournie par le maître étant une chose fongible, l'ouvrier n'a pas travaillé sur la matière même qui lui a été confiée. — 71. Résumé.

60. — Après avoir considéré le travail en lui-même, sans nous préoccuper de la matière sur laquelle il est opéré, recherchons quelle est, sur les diverses situations juridiques que nous venons de parcourir, l'influence que peut exercer la fourniture de la matière.

61. — Il faut remonter d'abord à cette distinction essentielle entre la *locatio operarum* et la *conductio operis*, entre les *operæ* et l'*opus*.

62. — Occupons-nous d'abord des *operæ*. Le louage des services est effectué au temps ; le salaire est donné en raison du temps pendant lequel un individu a travaillé : on conçoit aisément que ce genre d'engagement ne puisse s'allier que difficilement avec la fourniture par l'ouvrier des matières sur lesquelles il opère. D'une part, en effet, si le maître engage un individu sans que celui-ci ait autre chose à faire qu'à fournir ses services tels qu'il les a promis, sans s'occuper du résultat, c'est que le maître a pris sur lui les chances du travail ; c'est donc lui qui colligera tous les éléments nécessaires pour obtenir

ce résultat, et qui incorporera le travail pris d'un côté à la matière prise de l'autre. D'autre part, et c'est là le point de vue pratique, plus important en cette matière qu'en toute autre, il est difficile d'opérer un règlement de compte en proportion d'abord avec le temps employé, ensuite avec la matière fournie. Ce sont des éléments qui ne marchent pas de pair. Aussi ne trouvons-nous aucun exemple d'un pareil contrat dans les textes romains, et il est facile de constater le même phénomène dans notre pratique journalière.

63. — Si cependant ce cas se présentait, il y aurait évidemment deux contrats parfaitement distincts : d'un côté, le louage des services ; de l'autre, la vente de la matière.

64. — Mais il n'en est pas de même en ce qui concerne l'*opus*. Lorsque c'est un ensemble de travail, ou même un travail à tant la mesure qui est effectué, il arrive souvent que l'ouvrier fournit une partie, quelquefois même la totalité de la matière. La pratique trouve toute espèce de facilités dans un pareil marché pour opérer des règlements. Recherchons ce qui doit résulter des diverses situations que nous venons de signaler.

65. — Si nous supposons d'abord que c'est le maître qui fournit la matière, nous n'avons rien à ajouter à ce que nous venons de dire dans la section précédente. Le travail est l'unique objet du contrat intervenu entre l'ouvrier et le maître, et tous les principes que nous avons exposés s'appliquent invariablement.

66. — Mais il n'en est plus de même lorsque c'est l'ouvrier qui fournit la matière.

Les Jurisconsultes prévoient deux cas dans lesquels la fourniture est faite par l'ouvrier, et qui amènent des solutions tout à fait opposées en ce qui concerne la nature du contrat.

Le premier de ces cas est celui dans lequel l'ouvrier promet purement et simplement, moyennant un prix, de fournir un objet confectionné avec sa propre matière. Le second est le cas où le maître donnant une matière fongible à l'ouvrier, celui-ci s'engage à fournir un objet de même matière, confectionné.

67. — Le premier cas fait l'objet de plusieurs lois au Digeste. Quelques-unes (1) ont résolu la question dont nous avons à nous occuper. L'une suppose que j'ai donné à mon orfévre l'ordre de me fabriquer des anneaux avec son or ; une autre suppose que j'ai commandé des briques, et s'occupe spécialement du cas où elles ont été fabriquées par l'ouvrier avec sa terre. Les deux lois décident que, dans ces deux cas, il y a seulement vente. Elles sont, la première de Gaius, l'autre de Pomponius, et Javolenus donne la même solution dans une troisième loi (2).

Cependant la chose avait fait question, paraît-il, et l'on se demandait, au dire de Gaius, si, dans un pareil marché, il n'y avait pas deux contrats : une vente et un louage d'ouvrage. Il est certain, en effet, que la convention ainsi conçue entraîne une aliénation, ce qui sort du caractère du louage, et un enga-gement de travail, ce qui semble se rapprocher de ce contrat.

68. — Si la partie principale de la matière était fournie par l'ouvrier, il y avait vente ; si la partie principale était fournie par le maître, il y avait louage. Ces principes, qui ressortent de textes nombreux insérés au Digeste, sont clairement in-diqués par Pomponius dans les termes suivants : « *Sabi-nus respondit : si quam rem nobis fieri velimus etiam veluti statuam, vel vas aliquod, seu vestem, ut nihil aliud quam pecuniam daremus ; emptionem videri ; nec posse ullam loca-tionem esse, ubi corpus ipsum non detur ab eo cui id fieret. Aliter atque si aream darem ubi insulam ædificares, quoniam tunc à me substantia proficiscitur* (3). Il en était de même toutes les fois qu'il s'agissait d'une construction d'immeuble, quand même l'entrepreneur aurait fait la fourniture de tous les maté-riaux, parce que le sol était toujours considéré comme la chose principale. *Superficies solo cedit*, comme le disent les textes.

(1) L. 2, § 1, D. Loc. cond. — L. 05, D, de Contrahenda empt.

(2) L. 20. D. d. t.

(3) L. 20. D. Loc. Cond.

La règle était donc que si l'ouvrier fournissait toute la matière, il y avait vente et non louage ; que si la partie la plus importante de la matière était fournie par l'ouvrier , il en était encore de même ; mais que si c'était le maître qui fournissait la partie la plus importante ou la totalité de la matière, il y avait louage.

69. — Des raisons d'équité et de convenance, telles que la nécessité de ne pas compliquer les contrats en donnant plusieurs actions, paraissent seules , au premier abord, résulter des textes. Les termes dans lesquels sont conçues les lois romaines semblent prouver qu'elles ont été uniquement formulées à raison de cet esprit de bienveillance et d'équité. « *Placet unum esse negotium et magis venditionem esse* (1). *Emptio magis quam locatio intelligi debet* (2).* » Mais il n'en est pas ainsi. La réalité est que, dans de pareilles conventions, si la matière tout entière est fournie par l'ouvrier , il manque l'un des éléments essentiels du louage , tandis que tous les éléments de la vente s'y retrouvent. C'est ce que nous croyons pouvoir faire ressortir en expliquant l'apparente antinomie qui existe entre les lois que nous venons d'étudier et la loi 31 au Digeste, titre *Locati conducti.*

Pothier a fait précéder cette loi , qui renferme le second des cas annoncés, dans lesquels l'ouvrier fournit la matière , de l'observation suivante : *Evenit tamen interdum ut in contractu locationis conductionis dominii translatio interveniat* (3). L'antinomie paraît flagrante si on lit la loi elle-même. Le jurisconsulte Alfenus y dit : *Rerum locatarum duo genera esse ; ut aut idem redderetur siculi cum vestimenta fulloni curanda locarentur ; aut ut ejusdem generis redderetur, veluti cum argentum pusullatum daretur ut vasa fierent, aut aurum ut annuli. Ex superiori causa rem domini manere , ex posteriore in creditum iri.* » Ainsi, dans le premier cas , l'ouvrier travaille sur la

---

(1) L. 20, D, Loc. Cond.
(2) L. 65, D, de Contrahenda Emptione.
(3) Pothier, Pandectes. Pars I, art. 1, § 2, Loc. Cond.

chose du maître ; mais dans le second, il travaille sur sa propre matière. Dans ce second cas, il y a translation de propriété à l'ouvrier, et ensuite retranslation de celui-ci au maître. Pourquoi l'opération reste-t-elle un louage ? pourquoi n'applique-t-on pas à ce cas la règle que nous avons exposée pour le cas où l'ouvrier travaille sur sa propre matière, et ne déclare-t-on pas qu'il y a vente ?

Il faut chercher la raison de cette solution spéciale dans la nature même du contrat de louage.

Nous avons dit que la location est le contrat par lequel une personne transfère à une autre, moyennant salaire, le droit de jouir d'une chose qui lui appartient. Le locateur est donc tenu de fournir au locataire le moyen de jouir. C'est une obligation qui rentre dans l'essence du louage.

Dans la *locatio operarum*, c'est l'ouvrier qui doit fournir au maître ses forces, ses facultés, pour que celui-ci en jouisse comme il l'entendra, dans les limites du contrat.

Dans la *locatio operis*, le maître doit fournir la jouissance d'une chose. Cette jouissance consistera, nous l'avons dit, dans le bénéfice que l'ouvrier pourra effectuer en transformant la chose qui lui a été donnée. Or, que se passe-t-il lorsque le maître commande à l'ouvrier une chose que celui-ci doit effectuer avec ses propres matières ? Il manque l'un des éléments essentiels de la location ; car le maître n'a pas fourni à l'ouvrier la chose d'où il doit retirer son bénéfice. C'est pour cela que l'on doit dire qu'il y a seulement vente.

70. — Mais il n'en est plus de même si l'on suppose qu'une chose fongible a été donnée par le maître. Bien que l'ouvrier ne doive pas livrer la même chose, que par conséquent il ne travaille pas sur la chose du maître, il n'a pas moins reçu de lui l'objet sur lequel il doit exercer sa jouissance, et par conséquent il ne manque au contrat de louage aucun de ses éléments. L'objet livré tombe sans doute dans les biens de l'ouvrier, et la propriété du maître se transforme en une créance de par... quantité et qualité de matière ; mais cette opération résu... uniquement de la nature fongible de la matière livrée.

L'obligation du locateur a été accomplie. Il y a louage, parce que tous les éléments de ce contrat existent dans l'opération.

L'explication que nous donnons est confirmée par Alfénus dans la même loi 31. Ce jurisconsulte indique que le contrat ne doit pas changer de nature à raison du caractère des objets sur lesquels il s'exerce : *Idem juris esse in deposito*, dit-il ; *nam si quis pecuniam numeratam ita deposuisset ut neque clusam neque obsignatam traderet, sed adnumeraret ; nihil aliud eum debere apud quem deposita est, nisi tantumdem pecuniæ solveret.* » On peut donc dire que la *conductio operis* suppose nécessairement une espèce de dépôt dont les conséquences varient suivant la nature des choses qui en sont l'objet, mais qui, d'ailleurs, quelles que soient ces conséquences, reste l'un des éléments substantiels du louage.

71. — Résumons-nous donc en disant que toutes les fois que l'ouvrier fournira en même temps que son travail la totalité ou la partie principale de la matière, s'il s'agit de *locatio operarum*, il y aura deux contrats distincts et séparés, vente et louage ; s'il s'agit de *conductio operis*, il n'y aura qu'un seul contrat, la vente.

Si c'est le maître qui fournit la matière, quelle que soit la nature de cette matière, il y a louage, parce qu'une pareille opération renferme tous les éléments substantiels de ce contrat.

Ces principes devront s'appliquer d'une manière générale à tous les louages qui sont compris dans les engagements des ouvriers, parce que tous ces engagements supposent une opération sur la matière, et par conséquent la fourniture dont nous venons de nous occuper.

CHAPITRE DEUXIÈME.

DROITS ET OBLIGATIONS RÉSULTANT DES DIVERS ENGAGEMENTS DU TRAVAIL.

Sommaire.

72. Objet de ce chapitre. Division en trois sections. — 73. Observation sur les pactes joints. — 74. Du terme, de la condition, de la solidarité.

72. — Nous venons de voir comment on doit classer, d'après leur nature juridique, les divers engagements que peuvent contracter les ouvriers ; examinons ce qui résulte de ces divers contrats.

Nous avons à nous occuper de la *locatio operarum* ; puis de la *conductio operis*, enfin des contrats innommés que peuvent engendrer les engagements du travail ; c'est ce que nous ferons dans les trois sections suivantes. A l'égard de chacun de ces genres de contrats, nous examinerons quelles sont les obligations des ouvriers, puis quelles sont les obligations des maîtres, en rattachant à chacune de ces obligations l'étude des actions qui en garantissent l'exécution.

73. — Avant d'entrer dans l'étude des règles spéciales aux divers contrats, nous devons faire une observation sur les modifications que les parties peuvent apporter aux règles ordinaires. Ces modifications sont faites par ce que l'on appelle le *pacta adjecta*. Il était admis par la jurisprudence que si les parties, en contractant, faisaient certaines conventions, ces conventions, se référant directement au contrat, devaient être garanties par les mêmes actions que le contrat lui-même. Mais il fallait : 1° que ces conventions ne portassent pas atteinte aux éléments essentiels du contrat ; 2° qu'elles eussent été faites en même temps que le contrat *in continenti*, ou au moins, si elles étaient faites après, *ex intervallo*, qu'elles intervinssent re *non secuta*, c'est-à-dire les choses étant encore dans leur état primitif (1).

74. — Il était reconnu en outre que les contrats de location en particulier, pouvaient être faits soit à terme, soit sous condition : « *Sicut emptio, ita et locatio sub conditione fieri potest* (2) ; » qu'ils pouvaient aussi être garantis par les moyens ordinaires, spécialement qu'ils comportaient les liens de la solidarité : « *Duo rei, locationi, in solidum esse possunt* (3). »

SECTION PREMIÈRE.

De la *Locatio operarum.*

Sommaire.

75. Définition de la *locatio operarum*. — **76.** C'est le contrat le plus humble de tous.

75. — Le premier contrat dont nous avons à nous occuper en particulier, est celui en vertu duquel, l'ouvrier met à la disposition du maître ses facultés, son aptitude, ses forces, pour que celui-ci en fasse usage dans les limites de la convention. Ainsi c'est la personne même de l'ouvrier qui est l'objet de la location. L'ouvrier, en échange du salaire, promet son travail au maître, et celui-ci doit s'en servir pour arriver au résultat qu'il a projeté : « *In operas singulas merces constituta ut arbitrio domini opus efficeretur.* »

76. — Ce contrat de louage au temps est très-fréquent, et on peut le dire, c'est le plus humble de tous. L'ouvrier y fait presque abstraction de sa personne ; c'est le maître qui est chargé de le diriger. Mais à cause de cette absorption presque complète de la personnalité de l'ouvrier, ce contrat est aussi le

---

(1) L. 7, § 5, D. de Pactis. — L. 58. D. d. t. — L. 72. D. de Contrahend. Empt.

(2) L. 20, pr. D. Loc. cond.

(3) L. 13, § 0. d. t.

3

moins favorable au progrès de l'industrie. L'ouvrier n'étant pas intéressé au résultat de son travail, produit moins, et moins bien ; de plus, il reste lui-même stationnaire dans ses aptitudes, parce que rien ne le stimule à les développer dans son travail quotidien. Il y a là un admirable enchaînement des lois de la nature, qui donne pour fondement et pour principe au progrès des sociétés le progrès de chacun de ceux qui les composent, même parmi les plus humbles, et au progrès de chacun, l'initiative personnelle, la liberté et l'indépendance, dans l'emploi des facultés qu'il a reçues des mains de Dieu.

§ I.

Obligations de l'Ouvrier et action du Maître.

Sommaire.

77. L'obligation de l'ouvrier est de donner ses soins. — 78. Comment doit-on entendre les mots *locator* et *conductor*. — 79. Réfutation de l'opinion de Cujas et de Pothier. — 80. Principes auxquels il faut se rattacher pour résoudre cette question. — 81. Signe caractéristique de chacun de ces rôles. — 82. L'ouvrier qui travaille au temps est *locator*. — 83. Le maître a contre l'ouvrier l'action *conducti*. — 84. Obligation de fournir le travail à l'époque fixée. — 85. Pendant le temps fixé. — 86. L'ouvrier doit fournir ses soins et son aptitude comme il les a promis — 87. Il doit répondre de sa faute sur la matière qui lui a été confiée. — 88. Il s'agit de la faute *levis in abstracto* et même de la *custodia*. — 89. C'est l'étendue de la responsabilité du *locator operarum* qui est la marque distinctive entre lui et le *conductor operis*.

77. — Dans la *locatio operarum*, l'obligation principale de l'ouvrier est, on le comprend, de consacrer au maître ses peines et soins. Pour arriver à l'exécution de cette obligation, le maître avait l'action *conducti*, c'est-à-dire, qu'il était *conductor*, d'où l'on doit conclure que l'ouvrier était *locator* : « *Qui operas suas locavit totius temporis mercedem accipere debet* (1). »

_____

(1) L. 38, D. Loc. cond.

L'inverse aura lieu dans la *conductio operis*. Là l'ouvrier sera *conductor*, le maître *locator*.

78. — L'attribution de ces rôles, importante à cause des actions qui en découlent, paraît simple et logique, et cependant elle a donné lieu à de longues dissertations : *Quis locator dicatur, quis conductor?* C'est la question que se pose Cujas (1), et ce grand jurisconsulte consacre un chapitre à l'étudier ; Pothier en fait aussi le sujet d'un paragraphe de ses Pandectes ; enfin la plupart des anciens commentateurs du Droit romain se sont préoccupés de la même question.

L'opinion généralement admise était que l'on devait considérer comme *locator*, celui qui a l'initiative du contrat, *qui contractum inchoat*. C'est ce que dit Pothier (2) : « *Is autem principalius videtur locator esse, qui contractum inchoat ; conductor autem videtur qui subsequitur, et conditionem sibi oblatam accipit, et ratam habet. Ita Cujacius, et hæc valde notanda.* » Cujas observait, en outre, que dans la pratique c'était, la plupart du temps, celui qui payait qui était *locator* ; cependant son opinion était fidèlement reproduite par Pothier, car Cujas disait : *Et proditum est præscriptis verbis actionem duri dubitationis tollendæ causa. Idemque in superioribus casibus dici potest, si quemadmodum inter contrahentes inita res fuerit ignoretur.* »

79. — Mais cette opinion de Cujas est-elle bien d'accord avec la classification, très-exacte suivant nous, que faisait ce même jurisconsulte à l'égard des ouvriers et des entrepreneurs ? « *Redemptor autem operis est qui suas operas conducit locatori. Artifices sunt qui extruunt... Hæc nomina non sunt confundenda* (3). » L'entrepreneur est *conductor*, et le maître *locator* ; Cujas, en donnant cette définition absolue, est dans le vrai ; les textes romains se placent toujours au même point de vue ;

---

(1) Observat., liv. 2, chap. 28.
(2) Pandectes, lib. 19, tit. 2.
(3) Appendix, tom. x, curante et edente Fabroto, p. 770, A. in lib. iv, priores Cod. Justin., L. ix, de Monopolis.

et tous indiquent que celui qui promet ses peines et soins est un *locator*, tandis que celui qui promet un résultat comme l'entrepreneur est toujours un *conductor*.

Comment d'ailleurs peut-on mettre d'accord l'opinion que nous combattons avec ce principe admis par les anciens Jurisconsultes et que nous avons essayé de motiver plus haut : « *Nunquam verbum facio dat initium locationi* (1). » Si le mot *facio* ne donne jamais naissance au louage, comment l'ouvrier pourrait-il être appelé *locator* quand il prendra l'initiative du contrat? Il résultera de ce dernier fait qu'il n'y aura plus contrat de louage, l'ouvrier ne pourra donc être *locator*.

80. — Nous nous rattachons donc toujours à ce principe, que c'est celui qui a la jouissance d'une chose qui est le *conductor*, que le *locator* est celui qui donne cette chose en jouissance.

Pothier lui-même, quoiqu'il ait admis la théorie de Cujas, semble rentrer dans notre système lorsqu'il dit : « *Cum autem aliquid faciendum locatur, uterque contrahentium videtur et locator et conductor esse : qui locat opus faciendum, est locator operis et conductor operarum opificis; opifex est conductor operis et suarum operum locator.* » Le maître est *conductor*, en ce sens qu'il profite du travail de l'ouvrier; il est *locator*, en ce sens qu'il a donné les profits de l'entreprise à l'ouvrier; quant à l'ouvrier, il est *locator*, en ce sens qu'en définitive il donne le fruit de son travail au maître; il est *conductor*, en ce sens qu'il a reçu l'attribution des profits à faire sur l'entreprise. Évidemment, si c'est là le sens que Pothier a voulu donner à ce passage de ses œuvres, et nous n'en voyons pas d'autre, nous sommes de son opinion, au moins en ce qui concerne l'attribution des qualités de *locator* et de *conductor*.

81. — Cela posé, pourra-t-on toujours distinguer facilement le

---

(1) Notata Antonii mercatoris ad libros animadvers. Joannis Roberti, sur le tome x des Œuvres de Cujas, et Cujas.

caractère du *locator* de celui du *conductor*? Nous pensons qu'il
existe un signe caractéristique de chacune de ces situations.
Le *locator* étant celui qui donne à jouir moyennant salaire,
sera celui qui connaîtra d'avance les résultats du contrat, car
le salaire doit être fixé ; le *conductor* recevant une chose en
jouissance, aura au contraire quelque chose d'aléatoire dans
le résultat du contrat. Ainsi c'est le caractère de certitude ou
d'incertitude qu'aura pour chacun le résultat du contrat, qui
déterminera les rôles. C'est ce qui a lieu pour la location des
choses, c'est ce qui doit aussi avoir lieu pour les locations
d'ouvrage.

82. — Ainsi donc celui qui travaille au temps est *locator*,
parce qu'il sait très-bien et ce qu'il doit donner et ce qu'il doit
recevoir, absolument comme le locateur d'une maison ; quant
au maître, il est *conductor* parce que, s'il sait ce qu'il donne,
il ne sait pas quel résultat il pourra retirer des services, des
facultés dont il a la jouissance en vertu du contrat. Nous verrons
à la section suivante que ce même signe caractérise très-bien
le *conductor operis*.

83. — La principale obligation de l'ouvrier, avons-nous dit,
est de fournir au maître son travail et son habileté, tels qu'il
les lui a promis. L'ouvrier étant *locator*, c'est l'action *conducti*
que le maître devra exercer pour lui faire exécuter ses engagements.

84. — L'ouvrier doit, en premier lieu, exécuter le travail à
l'époque où il a promis de le faire ; s'il n'en est pas ainsi,
l'ouvrier pourra être condamné à payer au maître les dommages résultant du défaut d'exactitude. Ce défaut provenait
souvent à Rome comme chez nous, cela résulte des textes, de
ce que dans l'intervalle de temps qui séparait l'engagement et
le travail, l'ouvrier ayant trouvé des offres plus pressantes ou
plus avantageuses, avait contracté de nouveaux engagements
au mépris des premiers : « *In operis duobus simul locatis,* dit
la loi 26, D. *Locat. con., convenit priori conductori ante satis-
fieri.* » Il n'en était pas moins vrai, malgré la justesse de cette

solution, que le second *conductor* était frustré, et nous pensons qu'il devait avoir le droit de réclamer par l'action (*conducti*) les dommages résultant de son retard dans l'exécution du travail.

Voët (1) formule cette conclusion pour le cas où le travail a été effectué pour le second *conductor*, malgré la promesse précédemment faite, et il dit : « *Operis posteriori præstiti locator operarum in fidei non servatæ pœnam, priori ad id quod interest damnandus foret.* » Mais cette solution parfaitement équitable doit être étendue au cas dont nous nous sommes occupé, car celui à qui la promesse a été faite postérieurement n'en a pas moins été trompé dans son attente, s'il ignorait que l'ouvrier eût promis son travail à un autre avant lui. Le caractère du contrat de louage amène, pensons-nous, cette solution conforme à la bonne foi et à l'équité.

85. — Une seconde obligation de l'ouvrier, est celle de fournir son travail pendant tout le temps pour lequel il l'a promis. S'il n'en est pas ainsi, le maître sera autorisé à retenir sur le prix, les dommages qui peuvent résulter de l'interruption du travail (2). Nous avons dit précédemment que le contrat passé par l'ouvrier pour sa vie entière, nous paraissait contraire à l'essence de la liberté, et que pour cette raison ce contrat ne pouvait être considéré comme valable. Les anciens commentateurs du Droit romain admettaient cependant qu'un pareil engagement n'était nul que vis-à-vis du maître, en ce sens que l'ouvrier pouvait à tout instant se dégager de son engagement.

Expilly (3) professait cette opinion et en fournissait deux raisons : « l'une, que la loi est faite, disait-il, en faveur de celui qui *locavit operas*... à savoir, que contre le droit de sa liberté il ne puisse demeurer asservi s'il ne veut; mais s'il veut, nul ne peut l'empêcher (Guid. Papa, quæst. 3, n° 16).

___

(1) Locati conducti, n° 15.
(2) L. 19, § pen. L. 38. D. Loc. cond.
(3) Cité par M. Troplong, p. 232, du louage, t. 2.

Et de là se tire l'autre réponse, prise dans la Glose in l. 3, D. de usuf., laquelle dit que : *Quis locare potest operas in perpetuum ; sed resilire potest præstando interesse.* » Cette solution nous paraît exacte, et nous pensons que l'on peut invoquer encore à l'appui, la loi 4, D. *Locati conducti*, qui indique que la condition potestative de la part du *locator* était valable : « *Locatio precariive rogatio, ita facta, quoad is qui eam locasset dedissetve vellet, morte ejus qui locavit tollitur.* » Ainsi l'engagement pris par l'ouvrier pour sa vie, devait, pensons-nous, être assimilé à un engagement pris sous condition potestative de sa part, ce qui était valable à l'égard du louage, ainsi que l'indique la loi que nous venons de transcrire.

86. — L'ouvrier promet encore son travail et son aptitude, c'est pourquoi le maître pourra exiger que ces choses soient fournies telles qu'elles ont été promises. Le contrat étant de bonne foi, on devra rechercher quelle a été la commune intention des parties, et en particulier quel est le degré d'aptitude que l'ouvrier s'est attribué en promettant son travail (1).

87. Enfin, l'ouvrier doit répondre de l'objet qui a été mis entre ses mains par le maître ; et sur lequel le travail doit être effectué ; en sorte que si l'ouvrier venait, par suite de son impéritie ou de sa faute, à détériorer cet objet, on devrait le rendre responsable des suites de cette faute, conformément aux principes généraux du Droit (2). Pour obtenir ce résultat, le patron aurait encore l'action *conducti*.

88. — La faute dont l'ouvrier serait responsable à cet égard, serait la faute légère *in abstracto*, parce que le contrat présente un intérêt pour chacune des parties. Nous savons en outre qu'au delà de la responsabilité du bon père de famille, qui est celle dont nous parlons, il y a un degré de plus, c'est la *custodia* (3), espèce de responsabilité spéciale à certains

(1) L. 9, § 5. D. Loc. cond.
(2) L. 33. D. Loc. cond.
(3) L. 55, § 22. D. 39, 4.

cas, et dont le locataire en particulier est affecté (3) à l'é-
gard de la chose louée qu'il détient ; l'ouvrier au temps devrait encore répondre de la *custodia*. Cependant on pourrait
se demander si l'ouvrier au temps n'est pas sur ce point dans
une situation spéciale. La raison de douter pourrait venir de
ce que dans la *locatio operarum*, l'objet loué ce n'est pas la
matière, mais l'homme lui-même ; que par conséquent toutes
les règles de la responsabilité doivent dans ce contrat s'entendre de l'homme, et non de la matière ; cependant il est
constant que lorsque le maître de l'ouvrier employé au temps
confie à celui-ci la matière, l'ouvrier est détenteur pour son
propre intérêt ; nous pensons donc que, même dans cette
espèce de contrat, on doit le rendre responsable de toute
faute légère, et que particulièrement il doit être considéré
comme gardien de l'objet pendant qu'il le détient.

89. — Ainsi la responsabilité de l'ouvrier *locator operarum*
résulte uniquement de ses fautes personnelles, dont il doit
répondre suivant les règles générales du droit ; nous verrons
que c'est la limite de cette responsabilité qui le distingue
principalement du *conductor operis*.

---

(3) Etienne, Institutes expliquées, tom. 2, pag. 45.

§ II.

Obligations du Maître et action de l'Ouvrier.

Sommaire.

90. — Nous avons déterminé les rôles de l'ouvrier et du maître dans les contrats de louage qui nous occupent, et nous en concluons que dans la *locatio operarum*, le maître doit toujours être considéré comme *conductor*, c'est-à-dire comme jouissant pour un prix déterminé. Son obligation principale est donc de payer ce prix. Pour arriver à l'accomplissement de cette obligation, l'ouvrier aura l'action *locati* : « *Actio locati competit locatori ut merces solvatur* » (1).

91. — Le salaire étant la représentation du travail effectué, on s'est demandé s'il était dû, par le seul fait de l'existence du contrat et quoique le travail n'ait pas été effectué, ou ne l'ait été qu'en partie. On peut dire, d'une part, que l'obligation existe puisque le contrat est valable par le seul consentement ; d'autre part, que le contrat étant de bonne foi, si l'une des parties n'exécute pas ses engagements, par ce seul fait l'autre partie est dispensée d'exécuter les siens.

92. — Paul paraît à cet égard, poser une règle absolue

---

(1) Pothier, Pandectes. L. 19, t. II, sect. 2, art. 1, § 1.

lorsqu'il dit (1) : *Qui operas suas locavit, totius temporis mercedem accipere debet, si per eum non stetit quominus operas
præstet* ».

93. — Cependant les anciens Jurisconsultes et la plupart
des auteurs modernes ont pensé qu'il y avait lieu de faire
des distinctions. Voët, qui s'est particulièrement étendu sur la
matière, précise trois situations en ce qui concerne les conséquences de la force majeure qui a empêché l'exécution du
travail. Il faut, dit cet auteur, examiner si la force majeure
est contingente à l'ouvrier, ou si elle est contingente au
patron, ou enfin si elle n'est contingente ni à l'un ni à
l'autre.

94. — Sur le premier cas, le président Fabre (2) fait l'observation suivante : « *Sed et cum locatæ sunt operæ, non suf-
ficit per locatorem non stare quominus operas præstet, ut si
mercedem totam præstare oporteat, nisi stet etiam per conductorem, quominus operæ præstentur, vel per casum fortuitum,
contingentem in ipsius persona, ut in leg. 19, infra, cum
quidam exceptor.* » Ainsi, d'après cet auteur, l'ouvrier n'aura
droit à son salaire entier, que si l'événement arrive par le
fait du maître ou par un cas fortuit qui lui soit contingent.
C'est ce qui avait lieu spécialement dans le cas prévu par
la loi 19, § 9, *Locati conducti*. Un secrétaire copiste engage
son travail au service d'un homme qui vient à mourir pendant la durée de l'engagement. Il y a force majeure, car le
secrétaire remplissant des fonctions qui se rattachent à la
personne du maître, la mort de celui-ci rend impossible
l'exécution du contrat. Dans ce cas et dans les cas analogues,
la force majeure affectant directement le *conductor*, le *locator*
devra être payé comme s'il eût travaillé tout le temps (3).
Personne n'a contesté cette règle qui paraît parfaitement équi-

_____

(1) L. 38. D. Loc. cond.
(2) In leg. 15, § 6, Loc. cond.
(3) Voët, Loc. cond., n° 27. L. 19, § pen. L. 38, h. t.

table, surtout si l'on ajoute la précision tirée par Ulpien du rescrit d'Antonin, et qui veut que le *locator* n'ait rien à réclamer si pendant la durée du temps qui lui restait à faire il a été employé et payé par un autre. Dans ce cas en effet, comme le dit le président Fabre (1), le *locator* aurait double bénéfice : « *Non æquum est ut a duobus operarum suarum mercedem locator exigat, qui eas duobus neque præstitit neque præstare potuisset.* »

95. — Mais il en doit être autrement, pensons-nous avec les anciens auteurs dont nous partageons la doctrine, si la force majeure frappe sur l'ouvrier. Si par exemple un ouvrier qui s'est engagé à fournir son travail pendant un an, vient à mourir au bout de deux mois, paraît-il équitable que ses héritiers puissent réclamer le salaire de l'année entière, comme si l'ouvrier avait travaillé pendant tout ce temps? Nous ne le pensons pas. Une pareille solution serait contraire au caractère de bonne foi du louage, et l'action *locati* devrait être refusée aux héritiers de l'ouvrier.

96. — Enfin, il peut arriver que la force majeure ne puisse se rattacher ni à l'une ni à l'autre des parties, comme, par exemple, dans le cas où le mauvais temps s'oppose à l'accomplissement du travail. Dans ce cas, on ne devra à l'ouvrier que le salaire du temps pendant lequel il a travaillé.

97. — M. Clamageran s'élève contre cette doctrine, et prétend que l'on ne doit pas faire les distinctions qui précèdent. Il se base sur la généralité des termes de la loi 38 de Paul, qui dit que l'ouvrier doit toucher la totalité du salaire, si ce n'est pas par son fait que le travail a cessé, « *si per eum non stetit quominus operas præstet.* » Mais le principal argument présenté par cet auteur, contre la distinction que nous venons d'établir, est tiré de la loi 33 d'Africain, au titre *Locati conducti.* Il voit dans cette loi une antinomie avec la loi 38 de Paul

_____

(1) Rationalia ad pandectas. Loc. cond. t. v.

que nous avons transcrite plus haut, M. Clamageran déclare donc que l'on doit appliquer au louage d'ouvrage les principes de la vente, et dire que le salaire entier est toujours dû à l'ouvrier, en vertu du contrat, qu'il exécute ou non son travail, dans tous les cas de force majeure. Mais cette loi nous confirme au contraire dans notre distinction, et en effet elle s'occupe de cas de force majeure dans lesquels le cas fortuit est toujours contingent à l'objet loué, c'est-à-dire au *locator*; il n'est pas étonnant qu'elle déclare que dans tous ces cas le *locator* devra faire remise ou même remboursement du prix de la location en proportion du temps pendant lequel la jouissance promise n'a pu exister. La solution de la loi d'Africain est parfaitement conforme à notre système, et nous le répétons, elle le confirme. L'objet loué a été exproprié, ou le locataire en a été évincé; le cas est parfaitement semblable à celui où le maître a perdu la jouissance des services de l'ouvrier parce que celui-ci a été blessé ou est mort. Que décide Africain dans son hypothèse ? « *Ut mercedem quam præstiterim restituas ejus scilicet temporis quo fruitus non fuerim. Nihil amplius debebis quam mercedem remittere, aut reddere debebis.* » Nous admettons absolument la même solution dans l'hypothèse que nous avons assimilée à celle de la loi d'Africain.

98. — Il y a donc lieu, pensons-nous, de maintenir de plus fort notre distinction comme juridique en même temps qu'elle est équitable (1). Les anciens Jurisconsultes français ajoutaient une observation : c'est que si le travail de l'ouvrier a été suspendu pendant un temps relativement peu considérable, le maître ne devait pas tenir compte de ce temps en réglant le payement. Ils raisonnaient par extension d'un texte de Paul, dont M. Clamageran a fait un dernier argument en faveur de sa doctrine. Paul s'occupait du cas où un tes-

(1) Voët cite encore à l'appui de cette doctrine les lois 15, § 6, et 24, § 4 D. Loc. cond.

tateur a dit : Je donne la liberté à Sticus, quand il sera resté
un an l'esclave de mon héritier. Il ajoutait, que dans l'appréciation du temps, on devait tenir compte du temps pendant
lequel l'esclave a pu être malade : « *Servire enim nobis intelli-*
guntur, etiam hi quos curamus ægros, qui cupientes servire
propter adversam valetudinem impediuntur (1) ». M. Clamageran a justement dit que ce sont là de belles paroles, et les
Jurisconsultes anciens ont eu raison d'en étendre aux ouvriers
la bienfaisante et humaine influence ; mais elles ne peuvent
porter atteinte à la règle que nous avons exposée en ce qui
concerne le cas fortuit contingent à l'ouvrier. C'est ainsi que
les anciens Jurisconsultes l'avaient pensé. C'est qu'en effet le
texte ne parle pas de l'accomplissement d'un contrat de louage,
dont l'exécution consiste dans une série de faits ; il parle de
l'esclavage qui est un état que la maladie ne fait pas disparaître. Disons donc que ce texte ne saurait être invoqué contre
la distinction que nous avons établie, et reconnaissons avec
les Jurisconsultes dont nous avons parlé, que si la maladie à
duré peu de temps, le maître devrait se montrer humain et
n'en pas tenir compte ; mais que si la maladie a été de longue
durée, le maître aura le droit de réduire le salaire au prorata
du temps de cette maladie (2).

99. — De ce que nous venons de dire, il est aisé de conclure que si le contrat a été interrompu, non plus par un cas
fortuit, mais par la faute de l'une des parties, celle-ci doit à
l'autre le payement de l'entier salaire, ou la valeur totale du
dommage qui a été occasionné par l'inexécution du contrat.
La loi 33, D. *Loc. cond.* d'Africain, dont nous avons déjà
parlé, et qui nous a fourni déjà de puissants arguments d'a-
nalogie, peut nous en fournir encore un dernier.

100. — Avant de terminer ce qui a trait aux cas fortuits,

---

(1) L. 4, § 5, de statu liberis.
(2) Pothier, du louage, n° 167. Voët, Loc. cond., n° 27. Merlin, répert.
V° Domestiques.

nous devons préciser que la mort du maître ne sera une cause
de résolution que si sa personne est spécialement en jeu dans
le contrat, comme à l'égard du secrétaire copiste dont nous
avons parlé. Dans tous les autres cas, la règle générale formulée dans la loi 19, § 8 de ce titre, devra s'appliquer :
« *Ex conducto actionem etiam ad heredem transire palam est.* »
Les héritiers du maître pourront exiger que l'ouvrier accom-
plisse le temps fixé pour son engagement.

101. — Il est encore une obligation du maître, dont l'ouvrier
pourra obtenir l'accomplissement par l'action *locati*, c'est
celle qui concerne la sécurité de sa personne. Nous avons
déjà eu l'occasion de dire qu'il est de principe constant, en
matière de louage, que celui qui jouit soit responsable de
l'objet loué, jusqu'à la *culpa levis in abstracto ;* ici l'objet loué
c'est l'homme lui-même ; le maître devra donc prendre soin
qu'il ne soit pas exposé, pendant son travail, à des dangers
qu'il ne pouvait prévoir. Si le maître n'a pas pris les précautions nécessaires, ou qu'il n'ait pas prévenu l'ouvrier,
nous pensons donc que s'il arrive un accident, celui-ci ou ses
héritiers pourront réclamer des dommages, et qu'ils pourront
agir par l'action *locati*. Nous verrons que la jurisprudence
française a fréquemment l'occasion d'appliquer ces règles ;
il en devait être de même à Rome.

102. — Enfin, nous devons faire observer que par l'action
locati, l'ouvrier pouvait non-seulement demander le prix de
son travail, mais que s'il y avait retard dans le payement et
mise en demeure, l'action comprenait encore les intérêts de
la somme due. C'est ce que dit au reste formellement la loi 17
au Code de *Locato conducto*, et la loi 17, § 4, *de usuris* au
Digeste.

SECTION DEUXIÈME.

De la *Conductio operis.*

103. — Le contrat dont nous avons à nous occuper dans cette section, a été le sujet de textes plus nombreux que le contrat de *locatio operarum*. Ces textes présentent une complication nouvelle qui résulte de ce que la matière peut être fournie en partie par le maître et en partie par l'ouvrier, et même être fournie tout entière par ce dernier, s'il s'agit de choses fongibles échangées, sans que l'on puisse voir dans les engagements des parties d'autre contrat que celui du louage.

104. — Dans la *conductio operis* il existe des obligations réciproques de l'ouvrier et du patron qui sont garanties, les unes par l'action *locati*, les autres par l'action *conducti*. Nous savons déjà que dans ce contrat l'ouvrier est toujours *conductor*, c'est par conséquent lui qui agit par l'*actio conducti* ; le patron est *locator*, c'est donc par l'action *locati* qu'il doit agir. C'est en effet du côté de l'ouvrier que nous trouvons ici cet élément d'incertitude que nous avons dit être le trait caractéristique du *conductor*, et qui se rattache au fait de la jouissance. Nous ne reviendrons pas sur l'exposé du système que nous professons à cet égard, parce que nous croyons en avoir dit assez pour qu'il soit compris ; mais du développement de ce système nous devons tirer les principes qui nous guideront dans l'étude de ce difficile contrat de la *conductio operis* ; c'est pour cela que nous devons entrer dans quelques détails d'analyse.

105. — Toute entreprise, depuis le simple travail aux pièces jusqu'aux constructions à forfait des édifices publics, contient, au point de vue des obligations de l'ouvrier, deux éléments. Ces deux éléments, séparés dans la *locatio operarum* et qui dans la *conductio operis* sont réunis sur la tête de l'ouvrier, sont, d'une part, la dépense réelle à effectuer, soit en travail, soit en fourniture, dépense nécessairement exigée par le résultat à atteindre ; d'autre part, les chances à courir, soit pour les difficultés du travail, soit pour le prix de la matière, chances que l'on n'a pu prévoir d'une manière précise. La première de ces choses est due par l'ouvrier au maître, et celui-ci lui en doit l'équivalent en argent ; c'est ce qui constitue les *merces*, le prix apparent de la *conductio operis* (1). A ce point de vue, le maître est appelé par le contrat à profiter du travail de l'ouvrier, et c'est pour cela sans doute que Pothier dit dans un passage que nous avons transcrit plus haut : « *Cum aliquid faciendum datur, uterque contrahentium videtur et locator et conductor esse. Et Paul dit dans le même sens : « Cum insulam ædificandam loco..... locat artifex operam suam, id est faciendi necessitatem* (2). »

Mais le second élément dont nous venons de parler, les chances à courir, ont été, dans des limites déterminées, prises par l'ouvrier à sa charge. C'est là l'opération qui caractérise le contrat et qui lui donne son nom. Ces chances, ces fausses manœuvres, dans tout travail quelque minime qu'il soit, représentent une somme à la charge de celui qui fait le travail ; l'ouvrier fait remise au patron de partie ou de totalité de cette somme et prend à sa charge les risques, espérant tirer bénéfice du travail qui lui est payé, déduction faite de ces risques. Ainsi l'ouvrier jouit du travail à effectuer sur la chose du maître ; c'est une jouissance *sui generis*, dont le prix est représenté par la déduction, au profit du maître, de la somme représentant les risques.

---

(1) L. 60, § 4, D. Loc. cond.
(2) L. 22, § 2, D. Loc. cond.

C'est là, nous l'avons dit, l'opération qui est rendue sensible par notre adjudication de travaux publics aux enchères ; en diminuant le prix de l'adjudication, en le réduisant, les adjudicataires évaluent plus haut le prix des risques, et diminuent celui des valeurs réelles à fournir ; en réduisant le prix de l'adjudication, ils augmentent le prix du loyer.

106. — Voilà l'opération telle que l'on peut la représenter dans la théorie. Dans la pratique, il est constant que les évaluations ne sont pas toujours aussi certaines que nous les avons supposées ; car, d'une part, les évaluations ne sont pas toujours précises, et d'autre part, les concessions du maître peuvent aller plus loin que nous ne l'avons supposé. Si les risques à courir sont grands, le maître devra aller au delà de la valeur que présenterait le travail réellement effectué sans accident ; si au contraire les risques sont minimes, le maître pourra abaisser le travail même au-dessous du prix de revient, en supposant que ce travail eût été fait à la journée ; mais la théorie fondamentale n'en reste pas moins celle que nous venons d'exposer.

107. — Ainsi donc il existe une double obligation de la part du maître, celle de donner en argent, *merces*, l'équivalent de ce qui a été fourni par l'ouvrier en travail ou en matière ; et celle de fournir la matière, objet du contrat de louage ; de la part de l'ouvrier l'obligation de fournir au maître le résultat qu'il lui a promis.

Cela posé, examinons successivement quelles sont les obligations de l'ouvrier, et quelles sont celles du maître.

§ I.

Obligations de l'Ouvrier et actions du Maître.

---

108. — L'ouvrier, dans le contrat qui nous occupe, ne s'appelle pas seulement *conductor operis*, il reçoit aussi quelquefois les noms de *conductor per aversionem* ou *redemptor operis*. La seconde désignation paraît plus spécialement réservée au cas où le travail est considérable et où l'ouvrier s'est engagé à en fournir l'ensemble ainsi que toute la partie de la matière que le maître n'a pas fournie. Ce mot de *conductor per aversionem* paraît répondre assez exactement au sens ordinaire de notre mot entrepreneur; quant au mot *redemptor operis*, il paraît plus spécialement réservé aussi aux grandes entreprises dans lesquelles il y a des fournitures à faire. Est-ce à cause de cette fourniture que le mot *conductor* aurait été remplacé par le mot *redemptor?* Nous ne le pensons pas.

On pourrait plutôt trouver une raison de cette désignation dans le rôle que joue l'ouvrier par rapport aux risques dont il exempte le maître. *Redemptor*, *redimere*, racheter (1). Si

---

(1) Le mot *redemptor*, pris dans ce sens, pourrait offrir un argument de plus à l'appui du système que nous avons présenté sur les rôles des parties dans la *conductio operis*.

l'on voulait faire venir le mot *redemptor* du mot *emptor*, on pourrait encore expliquer cette désignation en disant que dans ce cas on considère comme objet donné en jouissance, non plus la matière fournie par le maître et sur laquelle l'ouvrier exerce sa jouissance spéciale en effectuant le travail, mais le travail lui-même, objet immatériel qui doit s'éteindre par le fait de la jouissance. Quoi qu'il en soit, et quelle que soit la désignation sous laquelle l'ouvrier est présenté, il reste *conductor*, et toujours tenu aux mêmes obligations en principe.

109. — Ces obligations portent sur deux points; d'abord sur la partie de matière que l'ouvrier fournit ou qu'il reçoit du maître, ensuite sur le travail dont il a promis l'exécution; toutes ces obligations sont garanties au maître par l'action *locati*.

110. — Quant à la partie des matériaux fournis, l'ouvrier est tenu d'en transférer au maître la *vacua possessio*; sous ce rapport, ses obligations ne pourraient aller au delà de celle du vendeur. Mais bien que l'obligation du vendeur doive être réclamée par l'action du louage et non par celle de la vente (1); l'ouvrier serait néanmoins tenu à toutes les obligations du vendeur, et notamment de l'action en garantie en cas d'éviction. La garantie est une conséquence du lien juridique qu'engendre une obligation continue, et le maître pourrait évidemment, en vertu de l'action *locati*, dans tous les cas d'éviction totale ou partielle, recourir contre l'ouvrier.

111. — La qualité des matériaux fournis doit de plus être telle que les parties ont dû l'entendre lorsqu'elles ont contracté, et il est certain que s'il arrive un accident à l'ouvrage par le défaut des matériaux fournis par l'ouvrier, celui-ci sera en faute, et par conséquent tenu des dommages qui ont pu se produire.

112. — A l'égard des matériaux fournis par le maître, nous

_____

(1) L. 22, § 2. D. Loc. cond.

n'avons qu'à répéter ce que nous avons dit dans le cas de *locatio operarum*; l'ouvrier est tenu de sa faute très-légère; il répond même des accidents qui résultent de son impéritie ou de celle des gens qu'il emploie : *imperitia culpæ annumeratur* (1). La loi 13, § 5 du titre *locati conducti*, applique expressément cette règle à la *conductio operis*. Il résulte de cette loi, d'abord, comme nous l'avons dit, que l'ouvrier devra répondre, par l'action *locati*, des dommages qu'il a causés à la chose du maître; mais il en résulte, en outre, que si la matière est défectueuse, qu'elle ait un vice caché dont l'ouvrier n'a pas eu connaissance, le maître n'aura rien à réclamer. La question de savoir si l'ouvrier a entendu ou non se charger des risques que peut courir l'objet, est une question de fait que le juge devra vider *et bono et æquo*.

113. — Le second point sur lequel portent les obligations de l'ouvrier, est l'exécution du travail. Ces obligations se réfèrent au temps, au lieu, à la manière suivant laquelle le travail doit être effectué; elles ont pour terme et pour première sanction l'approbation du maître, toutes choses dont nous allons nous occuper.

114. — Si les parties ont expressément désigné un lieu, ou si l'indication ressort implicitement des termes du contrat, l'ouvrier ne sera libéré que lorsqu'il aura porté le travail effectué dans ce lieu, ou si l'objet est immobilier, que s'il a été fait au lieu désigné (2).

115. — Le travail doit être fait aussi à l'époque fixée par le contrat, pourvu toutefois que le temps fixé puisse suffire (3). Labéon le dit expressément (4); Pomponius et Venuleius re-

----

(1) L. 132, D. de reb. jud.

(2) L. 2, § 7, de eo quod certo loco. — L. 25, § 7, D. Loc. cond. L. 25, § 8, d. t.

(3) La loi 13, § 10, D. Loc. cond. d'Ulpien, présente une espèce intéressante qui équivaut à celle où il serait convenu que, passé un certain délai, le maître ferait exécuter le travail aux risques et périls de l'ouvrier.

(4) L. 58, § 1. D. Loc. cond.

produisent cette équitable solution au titre des Obligations verbales (1).

116. — Enfin, le travail doit être effectué tel qu'il a été demandé par le maître et promis par l'ouvrier. C'est par l'*approbatio* que le maître prend possession du travail, et déclare que l'ouvrier doit être libéré de ses obligations et payé.

L'approbation n'est pas soumise à des formes sacramentelles. Elle peut résulter soit de l'acceptation matériellement exécutée, soit du mesurage effectué par celui qui a commandé le travail. Quoi qu'il en soit, cette approbation doit toujours être exécutée suivant l'équité *ex bono et æquo*.

Il faut conclure de là que dans l'approbation on doit tenir compte de la commune intention des parties, et que celui qui doit recevoir le travail doit juger suivant les circonstances du contrat (2).

117. — Le plus souvent le maître lui-même recevra le travail qu'il a commandé, et déclarera définitivement s'il est acceptable. Mais il peut arriver que, se reconnaissant inhabile, le *locator*, d'accord avec l'ouvrier, ait désigné d'avance un tiers pour faire l'*approbatio*. L'opinion de ce tiers, dit Ulpien, doit être considérée comme celle d'un *bonus vir*; en sorte que l'on peut se montrer assez large et écouter la voix de l'équité dans la solution des difficultés relatives à l'opération de l'approbation, et aux personnes qui doivent l'effectuer (3). Si donc le tiers désigné pour faire l'arbitrage ne pouvait pas le faire, soit parce qu'il est mort, soit pour toute autre raison, il devrait être remplacé dans son office par une autre personne, et, au besoin, la difficulté devrait être terminée par l'arbitrage du juge sans que l'on puisse considérer le contrat comme résolu (4). En cela l'arbitre désigné pour l'approbation diffère

---

(1) L. 14. L. 137, § 3, D. 45, 1.
(2) Voët, Loc. cond., n° 35.
(3) Cujacii observ., lib. 2, cap. 28, in lib. 31, Pauli ad edictum.
(4) Voët, loc. cit.

de l'arbitre désigné pour la fixation du prix, dont l'office personnel est considéré comme une condition essentielle du contrat (1).

C'est donc l'équité et la bonne foi qui doivent dominer l'opération de l'approbation de l'ouvrage, et toute approbation faite ou refusée par fraude ou par dol de l'une des parties, devrait être considérée comme nulle. C'est ce que dit Ulpien en ce qui concerne particulièrement le dol du *conductor* (2).

118. — Dans toute *conductio operis*, l'ouvrier se chargeant de fournir un résultat, son obligation est indivisible en principe. Cependant, il n'en est pas toujours ainsi ; nous devons faire des précisions à cet égard. Pour fixer les idées, nous rattachons nos explications à un texte de Javolenus, que l'on peut, à bon droit, considérer comme l'un des plus compliqués parmi ceux qui ont rapport à notre matière (3). Ce Jurisconsulte s'exprime ainsi : « *Locavi opus faciendum, ita ut pro opere redemptori certam mercedem in dies singulos darem.* » À ces premiers mots du texte, on serait tenté de croire qu'il s'agit ici d'une *conductio operis*, et en même temps d'une location au temps. Il n'en est rien cependant ; il s'agit seulement de payements fractionnés d'un *opus ;* c'est ce que prouve la suite du texte. Le jurisconsulte a donc raison de dire que c'est par l'action *locati* que le maître agira contre l'ouvrier qui a mal fait son travail. Mais le but du texte n'est pas seulement de déterminer la nature de l'action que l'on doit accorder, il veut préciser aussi la limite des droits qui pourront résulter de l'exercice de ces actions. En conséquence, il vient de déterminer que, bien que le travail ait été payé chaque jour en proportion de ce qui a été fait, si l'ouvrier a promis de fournir l'ensemble, le maître n'est pas censé avoir définitivement reçu les portions qu'il a payées chaque jour ; et

(1) *Supra*, chap. 2, sect. 1, § 3.

(2) L. 24 pr. D. Loc. cond.

(3) L. 51, § 1, D. Loc. cond.

lorsque le travail sera fini, il aura un recours contre l'ouvrier si l'ensemble est défectueux ; mais il en serait autrement si l'ensemble du travail a dû se faire sous la direction du maître, « *Nisi si ideo*, ajoute le texte, *in operas singulas merces constituta erit, ut arbitrio domini opus efficeretur ; tum enim nihil conductor præstare domino de bonitate operis videtur.* » Cette dernière partie du texte de Javolenus parle évidemment du travailleur aux pièces ou la mesure, par opposition à l'entrepreneur général dont il vient de parler. On conçoit très-bien que l'obligation de ce dernier dépasse celle du premier, cela résulte des engagements ; mais il n'est est pas moins vrai que l'un comme l'autre ils ont promis un résultat, et c'est pour cela qu'ils sont tous les deux appelés par le Jurisconsulte *conductores*. Ce qui, dans le texte, pourrait faire douter de notre solution, ce sont ces mots, « *Si in operas singulas merces solvatur*, » qui semblent dire que la rémunération a été proportionnée, non au résultat, même partiel, mais aux services de l'ouvrier, comme dans la *locatio operarum*. Il n'en est rien cependant, et il nous paraît incontestable qu'ici le mot *operas* veut dire œuvre et non services. Nous en trouvons la preuve dans la première partie du texte, où il s'agit d'un entrepreneur. Cet entrepreneur est payé chaque jour *in singulas operas*, dit le texte. Or, s'il existe dans ce cas un payement proportionnel, la proportion ne peut avoir pour base que la somme de travail effectué, non la durée du temps pendant lequel il a été travaillé. Si donc le mot *singulas operas* signifie les résultats, les œuvres dans la première partie du texte, il faut lui attribuer le même sens dans la seconde, et reconnaître que, dans le second cas, il s'agit d'un travail à tant la mesure, c'est-à-dire d'une *conductio operis*, telle que nous l'avons définie.

119. — Il y a cependant une distinction à faire entre les travailleurs à l'entreprise et à la pièce d'une part, et les travailleurs à la mesure d'autre part. Les premiers contractent nécessairement une double obligation. Il promettent d'a-

bord un résultat ; en second lieu , une quantité ou un ensemble déterminés ; cette seconde promesse n'est point faite
par l'ouvrier à la mesure ; et bien que celui-ci soit payé , non
en proportion de son travail , mais en proportion du résultat
qu'il obtient , que par conséquent il soit *conductor operis* ,
néanmoins il ne contracte pas une obligation indivisible. Il
en est autrement de l'entrepreneur et du travailleur aux
pièces.

Ainsi donc, pour revenir au texte de Javolenus, l'ouvrier
dont il est question dans la première partie du texte aura évidemment contracté une obligation indivisible : « *Universitas
consummationis ad conductorem pertinet.* » Quant au second
ouvrier , s'il a travaillé à tant la pièce , il aura contracté autant d'obligations indivisibl s qu'il aura successivement entrepris de pièces ; mais s'il a travaillé à tant la mesure , il
aura droit d'exiger son salaire toutes les fois qu'il aura obtenu un résultat , quelque minime qu'il soit , pourvu qu'il soit
recevable (1).

120. — L'objet de la *conductio operis* n'étant pas comme
dans la *locatio operarum* , la personne même de l'ouvrier et le
maître ayant principalement en vue , dans le premier contrat ,
le résultat à obtenir , on peut se demander si le travail doit
être effectué par le *conductor* lui-même ou si celui-ci peut en
confier l'exécution à un tiers. Les commentateurs répondent
en faisant une très-juste distinction , d'après la nature des
travaux.

Il est des travaux à l'égard desquels la personne de l'ouvrier est une considération substantielle. Dans ce cas, il est
certain que l'obligation ne saurait être accomplie que par
l'ouvrier désigné.

A l'égard de tous les autres cas , s'il n'y a stipulation con-

_____

(1) Nous verrons que les usages de notre temps compliquent cet engagement à la mesure d'une stipulation de temps , afin d'éviter les inconvénients
qui pourraient résulter pour les maîtres et pour les ouvriers des cessations
instantanées du travail.

traire, l'ouvrier peut faire exécuter par un autre le travail qui lui a été commandé ; et si d'ailleurs le résultat est recevable, *ex bono et æquo,* le maître n'a point à se prévaloir de ce que le travail n'a pas été fait par celui à qui il a été commandé. Dans ce cas l'ouvrier qui a donné à un autre le travail qu'on lui avait commandé, devient le *locator* de celui-ci, et il a contre cet autre l'*actio locati,* comme le maître l'a contre lui : c'est une sous-location : « *Si cui locaverim faciendum, quod ego conduxeram, constabit habere me ex locato actionem* (1). » L'obligation du *conductor* restera toujours la même vis-à-vis du maître ; il lui devra toujours le même résultat, et sera responsable des fautes de celui à qui il a sous-loué comme de ses propres fautes (2). Ce sont là les principes que l'on devait appliquer en particulier aux sous-entrepreneurs.

121. — Mais il pouvait se faire que les parties eussent stipulé que l'ouvrage serait fait par l'ouvrier même à qui il était commandé. Dans ce cas, quelque recevable que fût d'ailleurs l'ouvrage, le maître pouvait toujours se refuser à l'accepter de tout autre que du *conductor,* suivant la loi du contrat (3).

122. — Le contrat d'apprentissage était assimilé, paraît-il d'après les quelques textes qui se réfèrent à ce contrat, à la *conductio operis* et soumis aux mêmes règles. Le maître était considéré comme le *conductor,* l'entrepreneur de l'apprentissage, et à ce titre il devait faire, de l'enfant qu'on lui donnait, un ouvrier ; c'était le résultat promis. Nous ne nous préoccuperons pas ici de savoir jusqu'à quel point l'éducation des enfants ou des hommes était assimilée à un louage, et si lorsque les choses à enseigner changeaient de nature, le contrat n'en changeait pas aussi. Cette question, longuement

---

(1) L. 48 pr. D. Loc. cond. Voy. aussi L. 38 , § 21, D. de verb. oblig.

(2) Voët, n° 35. Arg. L. 2, § 4. D. Si menjor fals. mod. — L. 21, C. de Epise. et Cler.

(3) L. 31, D. de Solut.

étudiée par de nombreux jurisconsultes, nous importe peu ici ; qu'il nous suffise de dire que toute éducation industrielle, tout apprentissage, était considéré comme un louage ; nous aurons rempli le cadre de notre sujet.

Les Romains mettaient en apprentissage non-seulement leurs enfants, mais encore, et ceci était très-fréquent, leurs esclaves. Les obligations du maître ne se bornaient pas à fournir le résultat promis ; il devait aussi ménager l'enfant ou l'esclave, objet du contrat. Sans doute il avait le droit de correction sur son apprenti, mais ce droit ne lui permettait pas de le blesser ou de le violenter à l'excès. Ulpien se montre particulièrement sévère en ce qui concerne l'apprenti libre, et Paul formule d'une manière générale cette règle pleine d'humanité et de justice : « *Præceptoris enim nimia sævitia culpæ adsignatur* (1). »

§ II.

Obligations du Maître, actions de l'Ouvrier.

Sommaire.

123. — La première obligation du maître, celle qui carac-

---

(1) L. 6, D. ad leg. aquil. — L. 13, § 4. D. Loc. cond.

térise son rôle de *locator*, est celle de fournir la chose sur laquelle le travail doit être effectué, ou au moins la partie principale de cette chose. Dans tous les travaux immobiliers, par exemple, le maître devra nécessairement fournir au moins le sol.

La seconde obligation principale consiste à payer la somme convenue dans les termes du contrat.

La troisième obligation du maître est celle d'opérer l'approbation de l'ouvrage dès qu'il est terminé, afin que l'ouvrier puisse immédiatement profiter des conséquences de cette approbation.

Nous allons examiner successivement ces diverses obligations principales, en groupant autour de chacune d'elles les obligations accessoires qui peuvent s'y rattacher.

124. — Et d'abord, le maître doit fournir la chose, ou au moins la partie principale de la chose sur laquelle s'effectue le travail, absolument comme le locateur d'une maison doit donner au locataire l'objet dont il doit jouir. Si donc le maître retardait la livraison de la matière, de même que l'ouvrier retardataire doit des dommages au maître, de même le maître devrait des dommages à l'ouvrier.

125. — Le maître doit de plus donner l'objet tel qu'il a dû être conçu par l'ouvrier, d'après les termes du contrat. Si donc le maître stipulait de l'ouvrier que celui-ci devrait construire une maison sur tel point de sa propriété qu'il détermine, sans la montrer réellement, le maître devrait fournir le sol tel que l'ouvrier puisse immédiatement effectuer ses travaux. Il faut dire en conséquence que l'ouvrier ne serait pas obligé, par exemple, de faire couper et défricher le bois ou de faire disparaître les quartiers de roc qui s'opposeraient à la construction. Toutes ces choses ne rentrant pas dans les devoirs des constructeurs dans les circonstances ordinaires, resteraient à la charge du maître, sauf stipulation contraire. En un mot, le maître est tenu de donner à l'ouvrier la chose telle qu'il puisse immédiatement effectuer le travail dont il a été question dans le contrat. Tout autre travail reste à la charge du maître.

126. — Si l'objet livré contient des vices cachés, et qui ne rentrent pas dans la nature de cet objet, en sorte que l'ouvrier n'ait point pu les prévoir, le maître est tenu de les dévoiler, sinon il subira la conséquence de l'accident qui pourra arriver. Le maître subirait encore les mêmes dommages, même quand il aurait ignoré le vice de la chose. Mais il faudrait, dans tous les cas, comme nous l'avons dit, que ce vice soit en dehors de la nature de l'objet. C'est ainsi, pensons-nous, qu'il faut interpréter ces mots : « *Si quidem vitio materiæ*, » de la loi d'Ulpien que nous avons indiquée plus haut (1). Ce jurisconsulte déclare que l'ouvrier qui, ayant entrepris de monter une perle, l'a brisée, ne devra pas de dommages si la perle s'est brisée par le vice de la matière. Evidemment ce n'est pas la fragilité ordinaire de la perle que le jurisconsulte a eu en vue, en parlant du vice de la matière. La fragilité est le propre de la matière et en est l'une des qualités naturelles ; l'ouvrier qui a offert de monter la perle n'a pu considérer cela comme un vice. Il y aurait vice de la matière, si par exemple la perle était fendue d'une manière imperceptible, ou qu'elle fût exceptionnellement mince sur l'un de ses points. Dans le premier cas, l'ouvrier devrait supporter les conséquences de son impéritie (2), à moins qu'il n'ait formellement stipulé ne vouloir rien garantir ; dans le second cas, au contraire, le maître devrait supporter les dommages, qu'il les ait connus ou non, à moins que, les ayant connus, il n'ait stipulé de l'ouvrier que celui-ci prendrait les risques à sa charge.

127. — Il est une seconde obligation à laquelle le maître s'engage dans la *conductio operis*, c'est le payement de cette somme, appelée *merces* par quelques textes, et que nous

_____

(1) L. 13, § 5. D. Loc. cond.
(2) L. 9, § 5. D. Loc. cond.

avons dit n'être pas en réalité le prix de la location. Il est de principe, en effet, dans la location, que c'est celui à qui une chose est donnée en jouissance qui doit payer le prix. Or ici, nous l'avons déjà dit, rien n'est transmis en jouissance au propriétaire; tout ce qui lui est remis, lui est transmis d'une manière définitive et effective, ce qui est contraire à l'essence de la location. Que représentent donc les *merces* dont nous avons à nous occuper?

Elles représentent les frais de toute nature que peut exiger le travail promis. Dans les grandes entreprises, il est bon de préciser ce point, les *merces* doivent représenter non-seulement le salaire du travail effectué matériellement par les *opifices*, mais encore le salaire du *redemptor*, le prix de ses peines et soins de surveillance, de direction, d'embauchage d'ouvriers, toutes choses que le maître eût dû effectuer par lui-même, s'il n'eût pas contracté avec un entrepreneur ou *redemptor*.

128. — Mais ce qui constitue le point délicat et essentiel de la question, c'est que le maître n'a à payer toutes ces choses qu'autant qu'elles se manifestent par leur résultat effectif, et c'est là ce que le Code Napoléon a reconnu et exprimé d'une manière très-judicieuse dans son art. 1796. Il en résulte, comme nous l'avons dit, que tous les tâtonnements, toutes les hésitations, les retards provenant d'obstacles imprévus, restent à la charge du *conductor* qui aurait le droit d'en demander très-légitimement le prix, s'il était *locator operarum*, mais qui en fait remise au *locator operis*, parce qu'il saura, lui, en diminuer les inconvénients, hâter les travaux, choisir ses ouvriers, gagner sur les achats de matériaux, et obtenir ainsi un bénéfice qui constituera les fruits de l'objet loué. C'est cette remise qui, nous l'avons établi, constitue le prix du loyer.

129. — Nous disons que les *merces* représentent la valeur intrinsèque des travaux effectués. S'il est admis, en effet, qu'un prix ayant été stipulé, le propriétaire soit obligé, malgré

cette stipulation, d'ajouter à ce prix les sommes nécessaires pour l'accomplissement de l'ouvrage, notre thèse doit être reconnue vraie. Nous disons des sommes nécessaires, c'est-à-dire de celles qui résulteront du travail effectué dans des conditions favorables, et indépendamment de tout changement dans les prix, soit des matériaux, soit des salaires. Or, ce principe résulte d'un texte de Labéon qui est ainsi conçu (1) : « *Mandavi tibi ut excuteres quanti villam ædificare velles, renuntiasti mihi ducentorum expensam excutere, certa mercede opus locavi, postea comperi non posse minoris trecentorum eam villam constare.* » Je demande à un entrepreneur pour combien il veut entreprendre une maison de campagne; il me répond, pour deux cents pièces; il commence, et je m'aperçois qu'il ne pourra pas la terminer à moins de trois cents pièces. Si je ne dois pas payer le surplus d'après les termes de la convention, que m'importe? L'entrepreneur devra subir les conséquences de son erreur, et voilà tout. Mais si le contraire a lieu, si je dois payer les sommes que l'on doit supposer nécessaires à l'accomplissement de l'entreprise, j'aurai intérêt à intervenir, à faire cesser les travaux s'il y a lieu; c'est précisément ce que la fin du texte m'autorise à faire. Godefroy, Voët et Pothier, interprètent ce texte en disant que cette interruption doit être considérée comme la peine du mensonge des entrepreneurs, race trompeuse, dit la Glose.

Nous voulons bien qu'il en soit ainsi. Mais ce qui résulte évidemment du texte, c'est que les dépenses nécessaires, celles qui sont représentées par les résultats obtenus ou à obtenir, restent toujours à la charge du maître. La loi que nous venons de transcrire l'admettait pour le cas où la valeur des travaux dépassait les sommes fixées. Pothier disait qu'il fallait admettre une pareille solution dans le cas où les travaux étaient suspendus par la mort de l'ouvrier. Dans ce cas, dit-il, bien que l'obligation de l'ouvrier soit indivisible, ses héritiers doivent être rémunérés en proportion de ce qu'il a

---

(1) L. 60, § 4. D. Loc. cond.

fait. Pour admettre cette solution, Pothier se base r la loi 22, § 2, *loc. cond.* qui dit : « *Local enim operam am opifex.* » A cet argument qui se réfère à l'ouvrage, nou en ajouterons un en ce qui concerne la matière fournie, c'est la loi 39 d'Ulpien, au titre de *rei vindicatione*, qui dit : « *Redemptores qui suis cæmentis ædificant, statim cæmenta facium eorum, in quorum solo ædificant.*

Il résulte de ces deux textes que le maître, recevant le travail et les matériaux, en doit l'équivalent, et c'est précisément ce que décide notre texte pour le cas où nous nous trouvons ; car il déclare que l'ouvrier ne doit rendre que s'il se met en faute en continuant le travail. Il en est des travaux effectués par l'ouvrier comme des travaux nécessaires exécutés par le locataire d'immeuble sur le fonds d'autrui : le locateur doit les impenses (1).

Mais nous devons encore préciser ce que la loi 60 de Labéon entend par ces mots : *pecuniæ reliquum restituas.* Veut-elle dire que c'est dans le cas seulement où l'ouvrier a continué, malgré les avertissements qu'il a reçus, qu'il devra rendre ce qu'il n'avait pas dépensé lors de l'avertissement ? Evidemment non. Suivant la règle que nous avons exposée, le maître ne paiera que la valeur intrinsèque des travaux effectués ; et dans tous les cas le surplus sera rendu. Mais si l'ouvrier continue, malgré les avertissements qui lui ont été donnés, il devra rendre ce reste, bien qu'il ait continué à faire passer dans le domaine du maître le travail et les matériaux dépensés depuis l'avertissement. A l'égard de ce travail et de ces matériaux, l'ouvrier ne devra pas être rémunéré ; c'est la peine de la mauvaise foi. Si la mauvaise foi ou la fraude avaient régné dès le début, et que l'entrepreneur fût reconnu avoir sciemment trompé le maître en indiquant le prix, ce dernier aurait le droit de demander des dommages, *in id quod interest* (2).

130. — L'obligation du maître est donc de payer le prix

---

(1) L. 55, § 1. D. Loc. cond.
(2) Cujacii observat. 22.

des impenses, jusqu'à concurrence de ce dont il s'est enrichi; car s'il est vrai que le maître jouisse, en définitive, du travail et des matériaux, c'est l'ouvrier qui a assumé sur sa tête les risques des moyens à prendre pour arriver au résultat.

Résumons-nous en disant que les *merces* ne sont dues, en totalité que si le contrat est arrivé à complète exécution; que s'il n'y a qu'exécution partielle, le prix de la valeur effective du travail reste dû à l'ouvrier comme à un *negotiorum gestor*, à moins qu'il n'y ait faute de sa part; mais que le maître doit payer dans tous les cas la valeur intrinsèque du travail fourni, quand même cette valeur dépasserait la somme fixée dans la convention.

Nous devons cependant préciser que si l'engagement affectait un caractère particulièrement aléatoire, ces règles ne devraient plus être appliquées; que toutes les obligations du maître seraient alors soumises à l'accomplissement définitif du résultat. Mais ce n'était pas le caractère qu'affectait ordinairement la *conductio operis* en Droit romain.

131. — Quand doit être effectué le paiement? Puisqu'il représente la valeur des objets qui sont transmis, il est certain qu'en principe il ne doit être fait, comme dans la vente, que lors de la livraison après approbation (1).

Cependant il peut être fait des conventions spéciales qui fixent l'époque des payements, conventions qui n'ont rien d'illégal. C'est ce qui a lieu dans une espèce prévue par Alfenus (2). Outre que ce texte nous montre que même un *redemptor*, c'est-à-dire un entrepreneur, pouvait être payé à tant la mesure, il nous indique encore que l'approbation effectuée ici par le mesurage donnait droit au payement. De là la troisième obligation qui incombe au propriétaire, d'opérer l'approbation du travail dès qu'il y a lieu.

132. — L'obligation d'effectuer immédiatement l'approba-

---

(1) Voët, n° 50, Loc. cond.
(2) L. 30, § 3, D. Loc. cond.

tion est sanctionnée par la transmission sur la tête du maître des risques que peut courir la chose : « *Nociturum locatori , si per eum steterit , quominus opus adprobetur vel admetiatur ,* » dit Florentinus (1). *Si priusquam locatori opus probaretur , vi aliqua consumptum est, detrimentum ad locatorem pertinet , si tale opus fuit ut probari deberet* (2) , dit encore Javolenus.

133. — En principe , en effet , tout cas fortuit retombe à la charge du *redemptor*. Nous l'avons déjà dit plusieurs fois , l'essence de son rôle , c'est qu'il se constitue responsable des chances à courir , et qu'il en dégage le maître. C'est pourquoi Florentinus pose ce principe absolu : « *Opus quod aversione locatum est conductoris periculum est* (3) , et Labéon ajoute cet exemple : *Si rivum quem conduxeras et feceras, antequam eum probares, labes corrumpit, tuum periculum est* (4). » Mais de même que Florentinus avait ajouté un correctif à son principe, et avait précisé que si le maître négligeait de recevoir l'ouvrage, les risques passaient sur sa tête, de même Labéon nous fournit l'exemple d'une restriction aux cas de force majeure. Mais, au contraire, ajoute-t-il, si l'accident est arrivé par le vice du sol ou par le vice de l'ouvrage , il faut distinguer , car , dans le premier cas , les risques retomberont sur la tête du maître qui a fourni un sol défectueux. Nous verrons que le Droit français n'a pas admis les mêmes principes, et qu'il a rendu, dans l'intérêt de la sécurité publique , l'entrepreneur responsable des vices du sol. C'est à l'aide de cette distinction que l'on arrive à expliquer, d'une manière exacte, et à mettre d'accord avec le principe posé par Florentinus et Labéon, la loi de Javolenus, qui est ainsi conçue : « *Marcius domum faciendam a Flacco conduxerat ; deinde parte operis effecta terræ motu concussum erat ædificium. Massurius Sabinus, si vi naturali, celuti terræ motu, hoc acciderit, Flacci esse periculum.* »

----

(1) L. 36, D. Loc. cond.
(2) L. 37, D. Loc. cond.
(3) L. 36 pr. D. Loc. cond.
(4) L. 62, D. Loc. cond.

M. le président Troplong, suivant en cela l'opinion de Pothier et de Godefroy, a pris cette loi pour base d'un système en vertu duquel les cas fortuits auraient dû être, en Droit romain, à la charge du propriétaire. D'après cet auteur, le propriétaire devait payer à l'ouvrier même les matériaux qu'il avait perdus par suite du cas fortuit. Nous ne pensons pas que l'on puisse admettre une pareille solution en présence des termes précis employés par Labéon, Florentinus, et Javolenus lui-même, dans les lois que nous avons transcrites plus haut.

134. — Pothier, pour expliquer dans son sens la loi de Javolenus, qui impose au maître les risques de l'ouvrage, s'il a mis du retard à l'approuver (1), fait de cette loi, qui est d'un seul contexte, deux dispositions séparées. Mais ces deux dispositions, si elles ne font pas suite l'une à l'autre, sont en contradiction manifeste. En effet, dans la première partie, Florentinus déclare que l'ouvrage reste aux risques de l'entrepreneur jusqu'à l'approbation. Cependant, ajoute la loi, si le maître retarde l'approbation, par ce fait il assume les risques sur sa tête. Quels sont ces risques? Évidemment ce sont tous ceux qui peuvent résulter des accidents et des cas fortuits. Si le maître les assume ces risques, c'est certainement qu'il n'en était pas chargé; car on ne peut assumer une chose dont on est déjà chargé. La fin de ce texte a cependant pu prêter à une équivoque; car il présente encore un sens très rationnel en détachant la première partie de la seconde. C'est ce qu'a fait Pothier, qui a compris cette loi en ce sens, que l'ouvrier ne devait au maître que ce que celui-ci aurait obtenu par ses propres soins, s'il eût fait l'ouvrage lui-même. Nous croyons qu'il faut nécessairement rattacher la seconde partie de la loi à la première, et dire que l'ouvrier ne doit au maître que ce qu'il lui aurait donné, si celui-ci avait eu la diligence de faire l'approbation quand il le devait. Or, à cette époque, l'ouvrier donnait un immeuble destiné à périr désormais au

---

(1) L. 36, D. h. t.

préjudice du maître; il ne doit donc plus rien quand cet immeuble a péri, et c'est bien pour le maître qu'il a dû périr. C'est dans le même sens que l'on doit comprendre la loi 87 de Javolenus, à laquelle Pothier cherche une interprétation qui nous semble forcée, et qu'il indique dans une note de ses Pandectes (1).

138. — Nous pensons avec Voët que l'entrepreneur prend à sa charge tous les risques de l'ouvrage, sauf ceux qui proviennent des vices des matériaux, comme nous l'avons dit plus haut, et ainsi que cela résulte des lois de Labéon que nous avons transcrites. La dernière de ces lois, en effet, que nous avons représentée comme servant de base au système de Pothier et de Godefroy, ne dit pas autre chose que ce que nous disons nous-même. Mais ces auteurs ont cru pouvoir l'interpréter en faveur de leur opinion, parce qu'ils ont donné aux mots *terræ motus* un sens qu'ils n'ont pas. Ces mots signifient tout simplement un mouvement du terrain, un affaissement, vice naturel du sol qui entraîne la responsabilité du maître, suivant ce que nous avons exposé. Les jurisconsultes que nous combattons disent qu'il s'agit là d'un tremblement de terre, cas de force majeure s'il en fut. Mais Voët démontre par les textes que le mot *terræ motus* ne veut pas dire ici tremblement de terre, parce qu'il ne serait pas dans ce sens *vis naturalis*, comme le dit la loi que nous expliquons.

Le tremblement de terre, comme les orages, la tempête, sont appelés *vis divina*, *vis magna*; mais jamais les mots *vis naturalis* n'ont servi à indiquer des accidents de ce genre (2). Reconnaissons donc, comme ce jurisconsulte, que, sauf les accidents qui résultent des vices du sol, tous les cas de force majeure restent, avant l'approbation, à la charge du *conductor* ou entrepreneur.

---

(1) Pothier, Pandectes, section 3, art. 3, note 3.
(2) L. 24, § 4 et 5. D. de Damno Infecto. — L. 2, § 1. D. de Peric. et comm. rei vendit. — L. 78, § ult. D. de Cont. empt. — L. 25, § 0. D. Loc. cond. L. 36. D. d. t.

136. — Si donc le travail effectué a été détruit par force majeure avant l'approbation, loin d'être libéré, l'entrepreneur devra, au contraire, recommencer son travail, et il devrait même, à la rigueur, rendre l'ouvrage à l'époque primitivement déterminée. Mais nous savons qu'il faut, en matière de location, se montrer équitable, et qu'en ce qui concerne notamment le délai donné pour faire l'ouvrage, on ne doit pas exiger l'impossible. Nous avons posé le principe plus haut, lorsque nous avons parlé des obligations de l'ouvrier; nous devons ici en faire l'application. Nous pensons donc que si une partie de l'ouvrage était renversée, et que le délai primitivement donné ne pût suffire pour reconstruire et terminer le travail, le maître pourrait être contraint à accorder une prorogation. C'est ce que décident formellement deux lois, au titre *de Verborum obligationibus* (1).

137. — Mais nous ne nous sommes occupé jusqu'ici que du cas où la force majeure a détruit la partie du travail effectuée par l'ouvrier. Or il peut arriver encore, ou bien que la force majeure ait frappé et l'ouvrage et les matériaux fournis par l'ouvrier, et qu'elle ait détruit encore même la matière fournie par le maître; ou bien que cette force majeure n'ait porté que sur les personnes, laissant intacts l'ouvrage et les matériaux. Qu'arrivera-t-il dans ces deux cas avant l'approbation ?

138. — Occupons-nous d'abord du premier cas; c'est celui où la force majeure a tout détruit, travail et matériaux fournis par le maître. Les conséquences varieront suivant que les objets fournis par le maître seront des corps certains ou des choses fongibles. N'oublions pas que la partie principale de la matière a dû nécessairement être fournie par le maître.

Si les objets fournis par le maître sont des corps certains et qu'ils aient péri, non par suite d'un vice qui leur soit

---

(1) L. 11. L. 15. D. de Verb. obligat.

propre, mais par un cas fortuit, l'ouvrier devra subir les conséquences du cas fortuit, comme nous l'avons déjà exposé ci-dessus ; il ne pourra fournir aucun résultat au maître, puisque tout a disparu ; conséquemment celui-ci ne lui devra rien. De son côté, le maître ne pourra pas imputer à l'ouvrier la perte de sa chose ; il n'aura donc rien à demander non plus à l'ouvrier, et les parties seront sans aucun recours l'une contre l'autre. Mais nous avons supposé que la chose fournie par le maître était un corps certain ; or, la prestation de cette chose, suivant ce que nous avons maintes fois répété, était nécessaire à l'existence du contrat de louage : si la chose cesse d'exister, la prestation ne peut plus avoir lieu et le contrat est nécessairement résolu.

130. — Mais il n'en est plus de même si les objets fournis par le maître sont des choses fongibles. Sans doute le maître devra subir la perte des matières qu'il a déjà fournies, et l'ouvrier n'aura rien à réclamer pour celles qu'il a fournies de son côté et pour le travail qu'il a effectué ; mais le contrat ne sera pas résolu. Le maître pouvant encore exécuter sa prestation, comme si rien n'avait péri, devra continuer ces prestations si l'ouvrier l'exige, et celui-ci de son côté devra recommencer le contrat absolument comme si la matière du maître n'avait pas été détruite.

Telles sont les conséquences qui se produiront à suite des événements fortuits arrivés avant l'approbation. Nous n'avons pas besoin d'ajouter que tous les risques dont nous venons de parler passeraient, dans le cas actuel comme dans le précédent, sur la tête du maître, si celui-ci était en retard pour opérer l'approbation.

140. — Enfin, avons-nous dit, il peut arriver que la force majeure n'ait frappé que sur les personnes, laissant intacts le travail et les matériaux.

141. — Il peut arriver, en premier lieu, que le maître vienne à mourir avant que le travail soit achevé. Dans ce

cas le contrat subsiste vis-à-vis des héritiers du maître, comme il existait avant sa mort vis-à-vis du maître lui-même. Il n'est, en effet, aucune raison pour déroger ici aux règles générales du louage (1).

142. — Mais il peut arriver, en second lieu, que ce soit l'ouvrier, le *conductor operis*, qui meure avant que l'ouvrage soit achevé et approuvé ; quelles seront les conséquences de ce fait?

Nous pensons avec Pothier (2) qu'il faut nécessairement faire une distinction. En effet, il est de principe, ainsi que nous l'avons dit, que les obligations du *conductor* passent à ses héritiers ; il faut donc nécessairement admettre la règle générale toutes les fois que l'esprit du contrat ne s'y oppose pas. Mais si l'entreprise a été faite dans des circonstances telles que la personne de l'entrepreneur soit spécialement en jeu, que son aptitude ait été la raison principale qui a fait agir le *locator*, les héritiers du *conductor* devront être considérés comme dégagés, et le contrat sera résolu. M. Ortolan (3) admet une solution contraire à celle que nous venons d'exposer, et il déclare, qu'en matière de location de choses, la mort du *conductor* ne met pas fin au contrat, mais qu'il en est autrement en ce qui concerne le *conductor operis*. Cet auteur ne cite aucun texte à l'appui de la règle exceptionnelle qu'il établit en ce qui concerne le *conductor operis*. Dans cette situation, nous pensons que c'est la règle générale formellement établie pour la location des choses qui doit être maintenue, et que l'on doit considérer, en thèse générale, les héritiers de l'ouvrier entrepreneur, comme tenus vis-à-vis du maître.

Si cependant il résulte, comme nous l'avons dit, de l'interprétation équitable de la volonté des parties que l'on considère le contrat comme résolu, que devra-t-on décider à l'égard des travaux déjà effectués?

---

(1) L. 10 p. de Loc. cond. — Clamageron, p. 25. Pothier, du Louage, n° 444.
(2) Du Louage, n° 453.
(3) Explic. histor. des Inst., t. 2, p. 25. — Clamageran, p. 25.

Nous avons déjà laissé connaître notre opinion à cet égard; redisons donc que le maître devra payer à la succession de l'ouvrier, au prorata de ce qui aura été effectué et de ce qui lui sera réellement remis par cette succession.

Lorsque nous traitions, ci-dessus, des cas de force majeure qui viennent anéantir l'objet donné par le maître et le travail effectué par l'ouvrier, nous disions qu'aucune indemnité n'était due par le maître, parce qu'en effet celui-ci ne recevait aucun résultat effectif. Ici il en est autrement; le cas de force majeure interrompt le travail, mais le travail effectué subsiste, et le maître est appelé à jouir du résultat obtenu. Sans doute, comme le dit Pothier, « le locateur peut dire que l'obligation de l'entrepreneur et de tout *conductor operis* est indivisible, d'où on conclut que ni lui, ni ses héritiers ne peuvent exiger aucune partie du prix du locateur, qui n'est tenu de son obligation qu'autant que le conducteur remplit la sienne; mais ce raisonnement est plus subtil qu'équitable. » Si, dans le cas où la force majeure a détruit l'objet, le maître ne doit rien, c'est qu'il ne reçoit rien et que d'ailleurs l'entrepreneur a pris à sa charge tous les risques que pouvait courir le travail.

Ici il n'en est plus de même; le maître touche un résultat effectué, il doit le payer en proportion de sa valeur comparée au prix total de l'entreprise. C'est lui qui a amené l'ouvrier à effectuer ce résultat à ses risques sans doute; mais la force majeure n'a pas porté sur l'exécution même du travail; les choses doivent donc se résoudre suivant l'équité qui domine le contrat consensuel du louage.

143. — L'approbation de l'ouvrage a pour résultat de faire cesser tous les doutes. Dès que le travail a été reçu, tous les risques passent sur la tête du maître. On a invoqué à l'appui de l'opinion contraire, la loi 8 au Code *de operibus publicis*; mais les termes mêmes de cette loi démontrent bien clairement que la responsabilité de quinze ans dont il est question ne se réfère qu'aux édifices publics. Disons donc avec la plu-

part des anciens commentateurs du Droit romain, que l'approbation, en déclarant l'ouvrage recevable et bien fait, mettait, à moins de clause contraire, le *conductor* à l'abri de tout recours, soit pour les vices de travail, soit même pour le vice des matériaux qu'il avait fournis.

SECTION TROISIÈME.

Droits et obligations résultant de faits juridiques autres que le louage.

Sommaire.

144. — Nous avons dû exposer avec détail les droits et les obligations résultant du louage d'ouvrage, parce que toutes ces choses sont spéciales aux ouvriers. Mais en dehors des diverses espèces de louage que nous venons de parcourir, contrats renfermés dans des limites précises, l'esprit peut concevoir une infinité de situations que peuvent affecter les engagements du travail. Ces situations nous devons les indiquer ici ; mais tandis que nous nous sommes étendus sur la *locatio operarum*, sur la *conductio operis*, et sur les conséquences juridiques de ces contrats spéciaux aux ouvriers, ici nous serons brefs ; c'est qu'en effet nous rentrons dans les règles générales du Droit. Recherchons donc quelles sont celles de ces règles que l'on doit appliquer aux ouvriers, suivant les situations dans lesquelles ils se trouvent ; en renvoyant à ces

règles générales, nous aurons indiqué, dans les limites du cadre que nous nous sommes tracé, leurs droits et leurs obligations.

145. — A côté du louage d'ouvrage vient se placer, dans l'ordre des faits juridiques, le mandat rémunéré, et cependant nous n'avons rien à dire de ce contrat. Nous avons dit, en effet, que tous les actes de l'homme pouvaient, au point de vue des contrats, se diviser en deux classes comprenant, l'une les faits qui peuvent être l'objet d'un mandat ou d'un louage, l'autre les faits qui ne peuvent jamais rentrer dans les limites du louage. A l'égard des premiers faits, ils deviennent l'objet de mandats lorsqu'ils sont gratuitement exercés ; or l'ouvrier, avons-nous dit, est celui qui fait commerce de son travail. Sans doute, l'ouvrier pourra, comme tout autre, exercer son travail gratuitement à l'égard de certaines personnes ; mais vis-à-vis de ces personnes il cessera d'être ouvrier, et ces relations exceptionnelles ne doivent pas nous occuper. A l'égard des seconds faits, qui ne peuvent être l'objet que du mandat, ils constituent précisément par leur nature le trait caractéristique de ce que nous appelons les professions libérales, par opposition aux métiers des ouvriers. Si donc un ouvrier devient mandataire par suite de la nature du fait qu'il exerce, en accomplissant ce fait, il sort de sa sphère et ne doit donc pas non plus nous occuper.

146. — Mais l'ouvrier peut très-bien conserver son caractère d'ouvrier tout en exerçant des actes de vente. Nous l'avons dit, il est des cas où la valeur du travail l'emporte certainement sur la valeur de la matière, et où cependant l'ouvrier est un vendeur. Pourquoi ces contrats ne sont-ils pas des louages ? Nous le savons, c'est qu'il manque un des éléments essentiels de ce contrat, la prestation de jouissance par le *locator*. Celui qui fabrique sur commande des tuiles avec de la terre qu'il se procure, n'est-il pas plutôt un ouvrier qu'un marchand ? Et à ce titre ne doit-il pas figurer ici ? Cependant c'est une vente qu'il effectue ; les textes le déclarent formellement (1).

147. — On peut donc le dire, il est des ouvriers qui doivent conserver ce titre, quoique les contrats qu'ils effectuent tous les jours soient considérés juridiquement comme des ventes. A l'égard de ces ouvriers, il n'existe pas de règles spéciales que nous devions étudier, et nous devons nous borner à dire qu'ils seront soumis aux obligations des vendeurs ordinaires et qu'ils en exerceront les droits.

148. — Mais les faits qui peuvent être l'objet de louages d'ouvrages, *quæ locari solent*, peuvent encore donner lieu à des engagements qui ne sont revêtus d'aucune action spéciale : *Natura enim rerum conditum est ut plura sint negotia quam vocabula* (Ulpien).

Parmi ces engagements, il faut distinguer ceux que l'on peut assimiler à un contrat nommé, auxquels on accordera une action *in factum civilis*, ou *præscriptis verbis*, et ceux qui ne peuvent être assimilés à aucun contrat et auxquels on donne seulement l'action de dol.

149. Paul cite un exemple d'un engagement que l'on peut assimiler au louage, mais auquel on ne peut accorder ni les actions, ni le nom du louage, parce qu'il manque une des conditions requises. Le contrat de louage, avons-nous dit, est un contrat *do ut facias;* mais nous savons que le prix doit être en argent monnayé. Il résulte de là que tout travail promis pour autre chose que de l'argent, donnera naissance à un contrat très-semblable au louage, puisque ce sera aussi un contrat *do ut facias quod locari solet*, mais que ce ne sera pas un louage. Dans un cas pareil, on devra accorder aux parties des actions utiles *præscriptis verbis*, qui seront assimilées aux actions civiles *locati* et *conducti*. Paul dit, en voulant préciser

_____

(1) L. 65. D. de Contrahenda emptione.

le cas dont nous parlons : « *Si res (non pecunia) datur, non erit locatio, sed nascetur vel civilis actio in hoc quod meâ interest, vel ad repetendum condictio* (1). »

Mais il en serait autrement si l'engagement intervenu entre parties était un engagement *facio ut des* ou *facio ut facias*. Dans ce cas on ne pourrait pas faire d'assimilation au louage, quoiqu'il s'agisse même de faits qui peuvent être loués, et l'action *præscriptis verbis* ne saurait être accordée.

149. — Parlons d'abord du contrat *facio ut des*. Nous avons recherché plus haut les causes qui ont fait que le louage a été toujours considéré comme un contrat *do ut facias*; nous ne reviendrons pas sur ce point. Mais on peut observer combien les jurisconsultes attachaient d'importance à la distinction entre la convention *do ut facias* et la convention *facio ut des*, lorsque l'on remarque qu'ils refusaient à cette dernière, même l'action utile. C'est ce que dit très-clairement Paul en continuant la loi dont nous venons de transcrire un extrait. Après avoir donné l'action utile à celui à qui est dû un objet autre que de l'argent pour prix de son travail, ce jurisconsulte déclare que l'action de dol seule sera donnée à l'engagement *facio ut des* : « *Quod si faciam ut des et posteaquam feci cesses dare, nulla erit civilis actio; et ideo de dolo dabitur.* »

150. — Enfin, le travail pouvait être fourni en compensation d'un autre travail, et l'engagement se rattachait alors à la classe des contrats *facio ut facias*. Mais ce contrat ne pouvait en rien être assimilé au louage d'ouvrage. Si l'on pouvait trouver dans la nature de l'engagement des parties quelques traits de ressemblance avec le mandat, c'est par assimilation à ce dernier contrat que l'on donnait l'action *præscriptis verbis* (2). Mais nous savons que le mandat et tous les engagements qui lui ressemblent par le mobile désintéressé qui anime l'agent,

(1) L. 5, § 2. D. de Præscript. verb.
(2) Ead. L. § 4.

ne peuvent être considérés comme rentrant dans la vie de l'ouvrier. Disons donc qu'il en sera de l'engagement *facio ut facias*, en ce qui concerne les travaux des ouvriers, comme des engagements *facio ut des*, c'est-à-dire que l'un et l'autre ne seront garantis que par l'action de dol.

181. — Les anciens commentateurs ont voulu voir un droit de préférence spécial pour les ouvriers dans la loi 5, au Digeste, titre *qui potiores in pignore*, quelle que soit d'ailleurs la forme de l'engagement contracté. Mais cette loi parle seulement de l'argent prêté pour la conservation d'une chose. Quoi qu'il en soit, les commentateurs ont étendu cette loi aux ouvriers, et l'on peut dire que c'est là la véritable source du privilége concédé par notre article 2102-3°.

182. — Ils ont encore dit que les ouvriers, dans les derniers temps du Droit romain, pouvaient être contraints par les supplices à l'exécution de leur travail. Cujas (1), qui a émis cette doctrine, base son opinion sur la loi 12, § 8, *de Ædificiis privatis*. Mais nous ferons remarquer que cette Constitution doit être interprétée restrictivement, qu'elle a été rendue dans l'intérêt de la sécurité publique et de l'aspect de la ville, et qu'elle ne doit s'appliquer qu'à ceux qui entreprennent ce genre de travaux, et en vue desquels elle a été spécialement édictée. Il faut dire qu'en dehors des cas prévus par la Constitution dont nous venons de parler, c'étaient les principes généraux que nous avons exposés que l'on devait appliquer, même après que Zénon eut rendu cette Constitution. Il faut donc admettre que les moyens de violences corporelles et les tourments étaient employés, et c'était déjà un épouvantable abus, dans deux cas seulement : à l'égard des ouvriers des fabriques de l'État dont nous avons parlé à notre premier chapitre, et dans le cas dont nous venons de parler.

_____

(1) In lib. quatuor priores Codicis Just.

153. — Nous ne terminerons pas ce qui est relatif au Droit romain sans faire encore une observation sur la loi 8, au Code *de Operibus publicis*. C'est avec raison que l'on considère cette loi comme la source de notre article 1792 et de la responsabilité de dix ans qu'il impose aux architectes et entrepreneurs. Mais nous redirons, à l'égard de cette loi, ce que nous disions précédemment à l'égard du privilège établi par la loi 5, titre *Qui poteris in pignore*. La responsabilité a été étendue, dans notre Droit, à tous les gros ouvrages ; mais la loi 8 n'entendait parler que des travaux publics, et c'est seulement à l'égard de ces travaux qu'elle chargeait les entrepreneurs d'une responsabilité qui durait quinze années.

Deuxième Partie.

ANCIEN DROIT FRANÇAIS.

1. — Nous nous proposons d'étudier, dans cette partie de notre travail, le Droit civil des ouvriers en France, depuis l'époque de l'invasion des Barbares jusqu'à la révolution de 1789, et de donner ensuite un aperçu du droit intermédiaire entre cette époque et la rédaction de nos Codes.

2. — Pour étudier notre ancien Droit, nous nous placerons aux mêmes points de vue qu'en Droit romain. Nous consacrerons donc un premier titre à un aperçu historique sur la situation juridique des ouvriers en France. Nous devons nécessairement nous restreindre sur ce sujet, qui présente de nombreux et intéressants détails, et à l'égard desquels les documents sont innombrables à partir du xiiie siècle. Les statuts et règlements des corporations, les ordonnances royales, les monuments de la Jurisprudence sur les droits des ouvriers, abondent à partir de cette époque. De ces sources nous tirerons d'abord l'étude dont nous venons de parler. Nous y trouverons encore de précieux documents sur les règles des engagements considérés en eux-mêmes, dont l'étude fera l'objet de notre second titre.

TITRE PREMIER.

APERÇU HISTORIQUE SUR LA SITUATION JURIDIQUE DE L'OUVRIER DANS L'ANCIENNE SOCIÉTÉ FRANÇAISE.

Sommaire.

3. Objet de ce titre. — 4. État de l'industrie en Gaule lors des invasions. — 5. Mœurs des Germains ; esclaves agricoles. — 6. La loi salique et la loi des Burgondes distinguent spécialement certains genres d'ouvriers. — 7. L'industrie urbaine disparaît. — 8. Elle reparaît sous l'influence du clergé et des seigneurs. — 9. Les premières corporations apparaissent et donnent naissance aux communes. — 10. Les premiers monuments sur la situation de l'ouvrier dans la corporation ne vont pas au delà du XIIIe siècle. — 11. Tendances vers le monopole du travail. — 12. De l'état des personnes dans la corporation. — 13. Organisation intérieure ; son but. — 14. Les classes ouvrières agricoles restent asservies. — 15. Les Valois se montrent moins favorables que leurs prédécesseurs aux corporations. — 16. Ordonnances du roi Jean. — 17. Jacquerie ; règlements de Charles VII sur les métiers. — 18. Louis XI s'arroge le droit de créer des maîtrises ; il s'allie les corporations. — 19. Monopole des corporations sur le travail ; ses effets. — 20. François Ier et ses successeurs veulent combattre ces abus. — 21. Ordonnances de 1581 et 1597. — 22. Règlements de Colbert ; il lutte contre le monopole par la création des manufactures et de nombreux offices nouveaux. — 23. L'apprenti et l'ouvrier au XVIIIe siècle. — 24. Turgot abolit les maîtrises ; elles sont bientôt rétablies. — 25. Les classes agricoles ne sont pas parvenues à un complet affranchissement, lorsque intervient la révolution française.

3. — Les dispositions de la loi sur l'organisation du travail des classes pauvres touchent de si près à l'ordre social, qu'elles se relient toujours au système admis dans l'ordre politique du pays où on les étudie. Cette remarque, que nous avons faite dans le Droit romain, se fait sentir d'une manière frappante dans l'histoire de nos institutions.

Notre point de vue se borne ici, comme en Droit romain, à rechercher l'influence de l'organisation industrielle sur la capacité civile de l'ouvrier, en ce qui concerne le droit de disposer de son travail ; c'est dire que nous devrons parcourir les diverses péripéties de cette organisation elle-même? Or les révolutions sociales dont cette organisation a suivi la marche se sont étendues, d'une manière à peu près uniforme, sur toute la France ; il ne faudra donc point s'étonner si, dans la matière qui nous occupe, nous ne sommes pas obligé de distinguer, comme il faut le faire d'ordinaire dans les études de l'ancien Droit, entre les pays de Droit écrit et ceux de Droit coutumier. Ce que nous dirons pourra s'appliquer d'une manière générale à tout le territoire, bien que les guerres, les dominations étrangères, le morcellement féodal, et même les restes d'influence romaine en particulier dans le Midi, aient dû motiver des différences locales, dans le détail desquelles le cadre de cette étude ne nous permet pas d'entrer.

4. — Nous avons laissé les classes laborieuses de l'Empire romain, à la fin du iv⁰ siècle, dans un état d'asservissement complet. Le travailleur des champs, sous le nom de colon, est attaché au sol d'une manière indéfinie, comme l'ouvrier à son atelier, comme le curiale à sa curie. C'est dans cet état que se trouvaient les personnes lorsque les Barbares envahirent le sol de l'Empire, et la Gaule en particulier.

5. — Les Barbares germains, constitués en peuplades distinctes les unes des autres, affectaient cependant le même caractère politique, et étaient soumis, à de légères différences près, à la même organisation intérieure. Partout on retrouve la race guerrière qui constitue la noblesse; puis le peuple aux mœurs primitives et sauvages; enfin « des esclaves agricoles, espèces de colons qui ne faisaient pas partie des assemblées, et qui payaient un tribut, mais sur lesquels on n'avait pas droit de vie et de mort (1). » C'est à cette situation que furent réduits par les Barbares la plus grande partie des artisans et des colons qui se trouvaient dans la Gaule lors des invasions.

_____

(1) Précis historique des monuments et des variations du Droit français, inédit, par M. Ginouilhac, professeur à la faculté de Toulouse.

(1) 6. — La loi Salique et la loi des Burgondes établissent la composition due pour le meurtre de différents esclaves ouvriers. Cette composition varie suivant le degré d'habileté de l'ouvrier ou la difficulté de la profession qu'il exerce. Il est probable que si ces lois eussent été rédigées avant l'établissement des Francs et des Burgondes dans la Gaule, elles n'auraient pas fait cette mention distincte d'ouvriers dont les travaux indiquent un certain degré de civilisation. La raison en est que parmi ces esclaves, se trouvaient les anciens ouvriers de la Gaule romaine ou leurs descendants.

7. — Mais, malgré la simultanéité d'existence, en Gaule, des Barbares et des Gallo-Romains, la prédominance de la race conquérante devait se faire sentir de plus en plus dans les mœurs. L'industrie urbaine devait tendre à disparaître ; mais, en même temps, dans les campagnes, les colons et les esclaves voyaient leurs conditions se rapprocher et s'assimiler progressivement pour arriver à se confondre, au IXᵉ et au Xᵉ siècle, sous le régime de la féodalité, dans la classe des serfs. « Il se forma ainsi, dans toute l'étendue de la Gaule, dit M. Augustin Thierry (1), une masse d'agriculteurs et d'artisans ruraux, dont la destinée fut de plus en plus égale, sans être jamais uniforme, et un nouveau travail de création se fit dans les campagnes pendant que les villes étaient stationnaires ou déclinaient de plus en plus. »

8. — L'industrie des villes devait reprendre sa marche sous l'influence du clergé dans les monastères, et des seigneurs dans les villes. Le sol entier, en effet, se distribua entre ces deux puissances, qui devaient constituer la féodalité. Aux concessions de terres faites par le Roi à ses fidèles ou au clergé, devait se joindre l'abandon spontané des petits propriétaires. Ceux-ci, ne trouvant plus de protection suffisante dans le pouvoir central, vinrent faire hommage de leurs droits entre les mains des

_____

(1) Recueil des documents inédits de l'histoire du tiers-état. Introduction, page 8.

6

seigneurs et des abbés, qui leur promettaient en compensation secours et assistance contre les ennemis du dehors et du dedans. C'est ainsi que s'établirent ces diverses puissances distinctes dans l'État, qui n'étaient guère soumises que de nom à leur suzerain, et qui arrachèrent la dernière consécration de leur indépendance aux successeurs de Charlemagne, en obtenant la perpétuité des fiefs. C'est de ces deux puissances que toutes les influences devaient partir.

À l'époque de la féodalité, le seigneur personnifiait en lui la puissance sociale tout entière. Autour du château ou de l'abbaye se rassemblèrent des ateliers de serfs ou de serves qui travaillaient pour l'abbé ou pour le seigneur, à leur profit et sous leurs ordres. C'est sous ce régime que l'industrie reprit son premier développement. À la tête des ateliers, ou des diverses industries privées qui étaient à son service, le seigneur plaçait quelquefois des représentants, souvent munis eux-mêmes de priviléges héréditaires sur les produits des industries qu'ils étaient chargés de diriger de père en fils (1).

9. — Mais, soit que l'esprit d'association des Germains ait survécu, soit que les anciennes corporations romaines aient laissé par la tradition leurs traces dans les villes de France, ce qui est probable au moins pour les villes du Midi, soit que les relations établies dans l'atelier, ou à l'époque de l'apprentissage, aient poussé les ouvriers à se réunir dans un intérêt commun, il est certain que le mouvement qui devait aboutir à l'affranchissement des communes, commença par les classes ouvrières des villes. « L'histoire est là pour attester, dit l'auteur des *Lettres sur l'Histoire de France* (2), que le grand mouvement d'où sortirent les communes ou les républiques du moyen âge, pensée et exécution, tout fut l'ouvrage des artisans qui formaient la population des villes. »

---

(1) Voir Levasseur. Histoire des Classes ouvrières en France, t. 1, p. 117.
(2) Lettre 13e, 5e édition, p. 247, t. 1. — Voir aussi Guizot, Histoire de la civilisation en France. Leçons 16, 17, 18 et 19. De la Marre, Traité de la Police.

C'est à ce mouvement que céda Louis le Gros en accordant les chartes d'affranchissement des communes.

Ainsi furent constituées les premières corporations ouvrières, qui sans doute restèrent sous la domination nominale du seigneur, mais qui surent opposer, par l'association et l'unité de sentiments et d'action, une résistance à la puissance du seigneur. Les artisans marchaient, sous la bannière de leurs saints patrons, à la conquête de leur indépendance, et ils entraînaient la société dans leur généreux élan.

Ce mouvement devait être favorisé par une royauté qui, elle aussi, avait à lutter contre la même puissance, et c'est ce qui eut lieu, comme nous le verrons, du moins jusqu'aux Valois.

10. — Jusqu'ici, les membres des corps de métiers sont restés pour nous inaperçus ; leur personnalité ne joue qu'un rôle secondaire dans ce mouvement collectif vers l'indépendance. Mais les situations se déterminent à partir du XIII⁰ siècle. Saint Louis ne se contente pas de montrer des sentiments favorables à la classe ouvrière ; il veut que ses droits et ses devoirs soient établis d'une manière stable et précise. C'est sous son règne, et d'après son ordre, que fut rédigé le registre des métiers et marchandises de la ville de Paris, par *Estienne Boilleau*, garde de la prévosté de Paris. C'est le plus ancien de nos documents sur les classes ouvrières françaises. Il renferme de précieux détails sur lesquels nous reviendrons lorsque nous étudierons, au titre suivant, les engagements du travail en eux-mêmes.

11. — Tant que les travaux furent effectués pour le seigneur par ses serfs, c'est lui qui se chargea de se défendre dans ses états contre la concurrence étrangère. Mais dès que les corporations eurent conquis leur indépendance ; dès que leurs membres travaillèrent pour leur profit personnel et celui de leur communauté, c'est vers la conservation de leur monopole que se concentrèrent leurs efforts. A partir du XIII⁰ siècle,

les corporations prennent un caractère vraiment industriel.
Elles sont bien encore des sociétés de secours mutuels, mais
c'est contre les ouvriers étrangers, et contre ceux qui n'ont
pas voulu se joindre à la corporation que la défense est
organisée.

12. — La situation faite aux personnes qui composent les
corporations, indique bien la justesse de ces observations,
ainsi que nous allons le voir en étudiant ce que fixent les règlements du XIIIᵉ siècle à cet égard. Ces règlements reconnais-
sent trois sortes de personnes employées dans l'industrie : les
apprentis, les ouvriers ou valets, et les maîtres.

En dehors des fils de maître, à qui il est fait toute espèce
d'avantages, il faut nécessairement commencer par faire un
long et coûteux apprentissage avant d'être ouvrier, et avoir
été ouvrier pour passer maître.

Mais ce qui caractérise le mieux l'esprit de monopole des
corporations dès le XIIIᵉ siècle, esprit qui devait, du reste,
aller en se développant, c'est que le nombre d'apprentis que
chacun peut prendre est rigoureusement limité. Ainsi, les
drapiers, les orfèvres, les cristalliers, les cordiers, les crépi-
niers de fil et de soie ne pouvaient en avoir qu'un ; les mer-
ciers, les foulons, les ouvriers de tissus de soie ne pouvaient
en avoir plus de deux (1). De plus, le minimum du temps et
de l'argent que devait promettre l'apprenti étaient fixés, mais
le maximum ne l'était pas, et le maître pouvait pousser aussi
loin qu'il le voulait ses exigences. « Mais a plus service les
puet il bien prendre, et a argent se avoir les peut. » L'apprentissage durait ordinairement plusieurs années ; souvent
huit, quelquefois dix et douze. On conçoit que l'apprenti qui,
non-seulement n'était pas payé, mais qui payait au contraire, devait être une source considérable de bénéfices pour
le maître ; aussi les maîtres, qui avaient le droit de vendre

_____

(1) Voir les règlements de ces divers métiers, au registre d'Estienne Boileau. — Recueil des documents inédits sur l'Histoire de France.

leurs apprentis dans certains cas déterminés, usaient-ils largement de ce droit (1).

Au-dessus de l'apprenti venait l'ouvrier ou valet. Celui-là seul pouvait être valet, qui avait fait son apprentissage; car il n'y avait que quelques industries très-peu nombreuses dans lesquelles l'apprentissage n'était pas obligatoire (2).

Pour que le patron pût recevoir l'ouvrier ou valet qu'il voulait employer, il fallait donc qu'il s'assurât que l'apprentissage était accompli; il devait, en outre, savoir si l'ouvrier ne menait pas mauvaise vie, et s'il avait des vêtements et une tenue convenables. Plusieurs règlements du registre des métiers fixent le nombre de robes que l'ouvrier doit avoir pour être autorisé à travailler.

13. — Les corps de métiers faisaient eux-mêmes leur police; ils avaient à leur tête des chefs qu'ils avaient élus et qui étaient chargés de surveiller les apprentis et les ouvriers aussi bien que l'exécution des travaux. Ces chefs s'appelaient, le plus souvent, prud'hommes ou jurés.

L'organisation industrielle, telle que nous la voyons au temps de saint Louis, était, on le voit, réglementée à l'excès; mais on sent qu'à cette époque l'intérêt du public et des consommateurs était pris en grande considération. Le monopole n'était pas le seul avantage que les corporations elles-mêmes cherchaient dans leur règlement. Ce qui différencie surtout ces règlements de ceux qui vinrent après, c'est que, pour l'ouvrier, la maîtrise était accessible sans conditions onéreuses ou vexatoires. L'ouvrier pouvait, en général, passer maître sans avoir autre chose à établir que son honnêteté, son habileté et la possession de moyens pécuniaires suffisants. A cette époque, et sous l'influence de l'esprit de saint Louis, les corporations avaient encore des inconvénients, mais elles offraient en compensation de sérieux avantages.

_____

(1) Registre des métiers, 19, 53.
(2) C'étaient les blattiers, meuniers, carrossiers, regrattiers, maréchaux, et batteurs d'or. Reg. des Métiers.

14. — Mais tandis que les classes ouvrières des villes s'affranchissaient par leur entente, le même phénomène ne pouvait se manifester dans les campagnes, où l'éloignement, les nombreuses divisions des seigneuries rendaient les rapports difficiles ; aussi le servage resta-t-il longtemps le sort commun de tout ce qui n'était pas noble, à la campagne.

15. — Jusqu'aux Valois, nous l'avons dit, la royauté, luttant contre la noblesse, s'était montrée favorable aux corporations, qui, en s'affranchissant, affaiblissaient d'autant le pouvoir des seigneurs. Les premiers Valois se rapprochèrent de la noblesse, qu'ils considérèrent comme moins redoutable pour eux ; ils changèrent la nature des rapports que leurs prédécesseurs avaient établis entre eux et les classes ouvrières.

16. — Le roi Jean, par son ordonnance de février 1350 (1), établit des règles nouvelles, dont quelques-unes étaient en contradiction avec les principes fondamentaux des anciens règlements. Ainsi, l'art. 228 établissait, en faveur de toute personne, le droit de devenir maître. L'ordonnance autorisait les maîtres à prendre autant d'apprentis qu'ils le voulaient. Charles V ne se montra pas plus favorable au monopole des corporations. Dans une ordonnance de 1356, il déclarait que les règlements des métiers sont faits « plutôt pour le profit des personnes du métier que pour le bien commun. » Mais ces mesures royales ne devaient influer que d'une manière insignifiante sur les corporations solidement organisées et étroitement attachées aux priviléges qu'elles avaient conquis par elles-mêmes.

17. — Cependant le pays était ensanglanté et appauvri par les guerres avec l'Angleterre. Non-seulement l'industrie des villes dut se ressentir de cet état, mais l'habitant de la cam-

_____

(1) Recueil des édits et ordonnances des rois de France par Fontanon, t. 1, p. 852.

pagne en subit les plus tristes conséquences. Les serfs se levèrent en masse. Jacques Bonhomme s'irrita contre son seigneur qui ne savait pas le défendre, et la Jacquerie couvrit les campagnes de sang et de feu. Dans les villes, les corps de métier se soulevaient aussi. Lorsque Charles VI monta sur le trône, la Flandre, la Picardie, le Berry, le Languedoc étaient agités de troubles que la noblesse ne pouvait contenir. Le roi sévit non-seulement contre les personnes, mais contre les institutions bourgeoises elles-mêmes, et, en particulier, contre les corps de métiers de Paris, qui furent abolis avec la municipalité par ordonnance du 27 janvier 1383. Mais ce roi dut rétablir bientôt les métiers dans leur première indépendance ; et il consacra de nombreuses ordonnances à les réglementer (1).

18. — Louis XI comprit combien l'alliance avec une puissance pareille devait lui être utile pour arriver au but politique qu'il s'était proposé, de soumettre la féodalité au pouvoir royal ; aussi trouve-t-on un grand nombre d'ordonnances rendues par ce prince, portant confirmation des statuts et règlements des divers métiers. Mais cet habile prince sut se les allier tout en les conservant sous sa domination. Sous son règne se manifeste, pour la première fois, un fait qui a sa signification dans l'histoire de l'industrie. Louis XI s'attribua le droit de créer des lettres de maîtrise, droit qui portait atteinte, en principe du moins, à l'une des mesures les plus despotiques des règlemens industriels.

19. — Avec les faveurs accordées aux corporations, en effet, avaient dû s'étendre leurs prétentions. Aussi, à la fin du XIVe siècle, avaient commencé a paraître des différences considérables entre l'ouvrier ou valet et le maître. Le maître seul pouvait avoir des rapports directs avec le public, l'ouvrier ne pouvait s'engager directement qu'avec un maître. Pour arriver

---

(1) Recueil des ordonnances des rois de la 3e race, t. VI, p. 685.

à la maîtrise, de nombreuses conditions étaient exigées. La plupart des règlements exigèrent, dès le commencement du xv⁰ siècle, que celui qui se présentait pour être maître eût été ouvrier pendant un nombre d'années déterminées ; il devait de plus acquitter des droits onéreux et faire un chef-d'œuvre exigeant de longs et pénibles travaux que les jurés du métier pouvaient agréer ou refuser. Louis XI nomma directement des maîtres qu'il dispensa du chef-d'œuure, et ses successeurs imitèrent son exemple.

Mais la tyrannie des corporations sur le travail n'en était pas moins désastreuse. Les prud'hommes et jurés de chaque corps de métiers recherchaient les artisans qui travaillaient sans y être autorisés par les statuts ; ils interrompaient leur travail, confisquaient leurs outils et les réduisaient impitoyablement à la mendicité.

Nous sortirions de notre cadre si nous recherchions quelle était l'influence d'un pareil système sur l'économie industrielle ; mais ne suffirait-il pas pour le faire proscrire de remarquer que les corporations poursuivaient et punissaient comme des coupables, les pauvres qui cherchaient à travailler pour gagner leur vie : quelles misères devaient résulter d'un pareil état de choses !

20. — Nous ne parlerons pas des luttes célèbres qui s'engagèrent entre les divers corps de métiers, luttes qui se terminaient quelquefois par de longs procès, d'autres fois par des combats sanglants dans les rues des villes ; disons seulement que ces abus émurent le pouvoir. Le parlement défendit, par arrêt de 1498, « Toutes assemblées et banquets sous prétexte de confrérie, et ordonna d'emprisonner ceux qui s'y trouveraient (1). »

---

(1) Traité de la police, 1, 405, de Lamarre. — Cet esprit de réunion se manifestait de toutes parts dans la société. C'est à cette époque que les ouvriers formèrent les confréries de compagnons indépendantes des maîtres ; l'Eglise elle-même combattit ces abus comme elle l'avait déjà fait dans ses conciles au 13⁰ siècle.

François Ier fut plus loin : par ordonnance de 1539, il voulut détruire les corps de métiers. « Nous défendons à tous lesdits maistres, disait cette ordonnance, ensemble aux compagnons et serviteurs de tous mestiers, de faire aucunes congrégations ou assemblées, grandes ou petites, ne pour quelque cause ou occasion que ce soit, et ne faire aucuns monopoles, et n'avoir ou prendre aucunes intelligences les uns avec les autres, du faict de leur mestier, sur peine de confiscation de corps et de biens (1). »

Ce que les rois combattirent dans les corporations, ce n'était pas les garanties qu'elles offraient au public, mais le monopole et l'autocratie qu'elles exerçaient, et l'on peut dire qu'en ce point ils représentaient des tendances libérales. Ce que François Ier avait tenté, Henri III devait le continuer et Henri IV l'accomplir.

Dans une longue ordonnance de décembre 1581, remarquable par son caractère général et par sa portée sur toutes les industries du royaume, Henri III montra clairement son but. Nous ne pouvons résister au désir de transcrire l'article 11 de cette ordonnance qui semble fait exprès pour résumer l'histoire du travail à cette époque. « Et pour ce qu'il y a, dit l'article 11 (2), tant en notre ville que faubourgs d'icelle qu'autres villes, es quelles il y a eu de tout temps maîtrise, plusieurs artisans non maîtres, aussi bons ouvriers que les maîtres, lesquels n'ont pu ci-devant à faute de moyens, acquérir le degré de maîtrise. Et sachant que l'abondance des artisans rend la marchandise à beaucoup meilleur prix au profit de notre peuple ; avons de nouveau fait et passé, faisons et passons maître desdits arts et métiers tant en notre dite ville de Paris et faubourgs d'icelle, qu'ès autres de la qualité susdite ; à l'instar des maîtres que nous avons accoutumé de faire à nos entrées et mariages, trois artisans de chacun des métiers, tels qu'ils seront par nous choisis et élus. Les-

---

(1) Fontanon, tom. 1, pag. 10.
(2) Eodem, pag. 1091.

quels nous avons dispensés et dispensons de faire aucun chef-
d'œuvre, sans tirer à conséquence pour l'avenir fors es dits
cas d'entrée et mariage. »

21. — « L'ordonnance de 1581, dit M. Levasseur (1), se
proposait quatre objets ; 1° organiser en corps de métiers tous
les artisans du royaume ; 2° faire que le système des corporations fût beaucoup moins exclusif en rendant l'admission
plus facile ; 3° abolir les abus des jurandes et des maîtrises en
plaçant les corps de métiers sous la surveillance directe de la
royauté ; 4° prélever un impôt sur le travail au profit de la
royauté. » C'est là le but vers lequel avaient tendu tous les
rois, depuis Jean II ; mais l'ordonnance de 1581 ne devait pas
être exécutée ; les corporations résistèrent encore à Henri III
comme à ses prédécesseurs. Henri IV confirma cette ordonnance par un édit de 1597 qui fut mieux favorisée par les
circonstances et qui reçut enfin exécution.

Lorsqu'Henri IV monta sur le trône, la France était épuisée ;
il rétablit la paix dans le royaume, et à l'aide de son ministre
Sully, l'ordre dans les finances. Sully se préoccupa surtout
des classes agricoles et il améliora leur sort dans l'intérêt de
l'agriculture ; mais le roi songeait en même temps aux classes
ouvrières des villes. Il prit sur les corporations un degré de
puissance auquel ses prédécesseurs n'avaient pas pu arriver.
Aussi s'empressa-t-il de créer à côté d'elles des industries qui
n'en dépendaient pas, mais qui jouissaient aussi de monopoles
et de priviléges spéciaux. C'était un progrès qui fut continué
par Louis XIII et Richelieu. Enfin parut Colbert, dont les
nombreux règlements industriels attestent les préoccupations
et le patriotisme.

21. — Colbert trouva les corporations établies, il voulut
en user dans l'intérêt du pays et de l'industrie nationale. Il
insistait par un édit de 1698 sur l'application des ordonnances
de 1581 et 1597 et établissait des jurandes et des maîtrises.

_____

(1) Histoire des classes ouvrières, t. 2, p. 110.

dans toutes les villes de France, afin de soumettre tous les travaux à un contrôle éclairé qui devait, pensait-il, en garantir la bonne confection. Mais le contrôle effectué par les jurés électifs qui se prêtaient à toutes les fraudes commises par leurs pairs était illusoire, et ainsi disparaissait le principal avantage que l'on croyait pouvoir tirer des corporations. Les agents royaux et les inspecteurs des manufactures que Colbert avait établis ne suffisaient pas à réformer ces abus. Un édit de 1691 supprima le système d'élection et ordonna que des jurés seraient nommés par le roi, et pourvus, moyennant finances, de titres d'offices héréditaires.

Le grand ministre de Louis XIV avait continué la lutte avec le monopole des corporations en créant de nouveaux offices, et les manufactures royales soumises au seul contrôle de l'état, et dont quelques-unes ont été, comme on le sait, et sont encore si célèbres.

23. — Quoique la maîtrise, c'est-à-dire le droit de travailler directement pour le public, fût devenue de plus en plus accessible avec le temps, cependant les ouvriers étaient encore soumis à des règles rigides qui étaient loin de les laisser libres dans le choix de leur travail vis-à-vis du maître. L'apprentissage était encore soumis, au xviii° siècle, à des conditions de nombre, les apprentis étaient eux-mêmes soumis à des obligations assez rigoureuses. Ils devaient, outre le prix de leur apprentissage, payer un droit aux jurés, et quelquefois à la commune.

Le chef-d'œuvre était encore exigé pour arriver normalement à la maîtrise, et les droits à payer, soit au roi, soit à la corporation, étaient encore considérables.

24. — Turgot vit que les inconvénients de toutes ces exigences en dépassaient les avantages ; il comprit que la liberté pour le travailleur était le régime le plus humain ; que la responsabilité qui devait résulter pour chacun de ses propres actes suffirait pour garantir la bonne confection des travaux, et par le mémorable édit de février 1776 il fit supprimer les

maîtrises et les jurandes dans tout le royaume. Une réforme aussi radicale ne pouvait se faire sans blesser des intérêts privés. Le ministre et le système tombèrent sous les plaintes et les clameurs des intéressés, et un édit du mois d'août 1776 rétablit les choses dans leur premier état, en y apportant cependant quelques améliorations.

25 — Ainsi se faisaient sentir dans l'industrie des villes, les tendances universelles vers la liberté. Les mêmes progrès s'étaient manifestés, quoique sous des formes moins tranchées et d'un caractère moins général, chez les populations agricoles. Les liens de la féodalité s'étaient relâchés, le serf était devenu, sur bien des points de la France, propriétaire indépendant, et les liens féodaux s'étaient réduits à des redevances en nature. Cependant la situation des paysans était encore loin d'être ce qu'elle est aujourd'hui, et l'arbitraire du seigneur se faisait encore rudement sentir à la fin du xviiie siècle. C'est dans cet état que se trouvait la France lorsque éclata la Révolution française qui devait renverser l'ancien ordre de choses, pour lui substituer le principe de l'égalité politique des personnes.

La loi du 2 mars 1791 abolit les maîtrises et les jurandes avec tout le système de priviléges, sur lequel reposait l'ancienne organisation industrielle.

TITRE DEUXIÈME.

DES ENGAGEMENTS DU TRAVAIL CONSIDÉRÉS EN EUX-MÊMES.

Sommaire.

26. Objet de ce titre. — 27. Le Droit romain domine notre ancienne jurisprudence en cette matière. — 28. Les coutumes sont à peu près muettes. — 29. Les statuts, règlements et ordonnances royales contiennent d'innombrables détails. Plan de ce titre.

26. — Nous venons de parcourir l'histoire du droit de disposer de son travail personnel dans notre ancienne France;

fidèle au plan que nous avons adopté, nous allons maintenant étudier les règles auxquelles était soumis l'exercice de ce droit.

27. — En cette matière, les origines du droit sont multiples, mais elles manquent de précision et de fixité. Le Droit romain exerça cependant, on peut le dire, une influence constante et souveraine. Les anciens coutumiers qui formulent des règles sur les engagements du travail, s'appuient, comme les auteurs des pays de Droit écrit, sur les textes du Droit romain ; et l'on peut dire que ce que nous avons à étudier ici est une série de dérogations au Droit romain, dont les principes restèrent toujours la loi commune en cette matière.

28. — Les coutumes sont à peu près muettes sur le point qui nous occupe, tout au plus trouve-t-on dans quelques-unes, des formules laconiques concernant la durée de la prescription du salaire de certains ouvriers.

29. — Les règlements de métiers, les statuts et les ordonnances royales qui les confirment ou les modifient, fournissent au contraire d'innombrables détails, mais aucun de ces documents ne remonte au delà du XIIIe siècle. Le livre des Mestiers, d'Etienne Boileau, est le premier document qui, au XIIIe siècle, nous présente de l'intérêt. Mais à partir de cette époque, les statuts, les règlements et les ordonnances royales sont si nombreux et si étendus, qu'il serait impossible d'en donner ici l'analyse. Nous devons nous contenter de jeter un coup d'œil d'ensemble sur ces documents, d'en rechercher l'esprit et les tendances pour y retrouver l'origine des règles qui nous régissent.

Nous avons vu que la classe ouvrière se divisait, au XIIIe siècle, en trois catégories de personnes, l'apprenti, l'ouvrier ou valet et le maître, et que cette division persista jusqu'à la Révolution française. Nous allons étudier les relations existant entre ces divers genres de personnes, en nous occupant d'abord des relations du maître avec l'apprenti, ensuite de ses relations avec l'ouvrier.

CHAPITRE PREMIER.

DE L'APPRENTI.

Sommaire.

30. — Le contrat d'apprentissage fut soumis, dans notre ancien Droit, à des règles précises et rigoureuses, qui varièrent peu depuis leur apparition dans les règlements du livre d'Estienne Boileau, jusqu'à leur abolition, en 1791. Ces règles concernent, soit la nature du contrat et les obligations qui en résultent, soit les personnes qui peuvent y intervenir.

31. — Et d'abord, en ce qui concerne les personnes, nous avons déjà dit que les règlements du XIIIe siècle précisaient le nombre d'apprentis que le maître pouvait prendre ; ils exigeaient en outre que le maître d'apprentissage ne fût pas un simple ouvrier, mais bien un maître, et encore fallait-il qu'il fût autorisé par les jurés de la corporation.

32. — Quant à l'apprenti, les règlements, dans certains cas, déterminaient le minimum de son âge, et la situation dans laquelle il devait se trouver.

On sait que sur ce point toutes faveurs étaient faites aux fils de maîtres qui pouvaient, dans tous les cas, être pris comme apprentis, et pouvaient même être dispensés de l'apprentissage.

33. — Le mariage, soit du maître soit de l'apprenti, était un cas prévu par un grand nombre de règlements et exerçait

une grande influence sur leur situation réciproque. Dans plusieurs métiers, si la femme du maître savait le métier, elle conférait à son mari le droit de prendre un apprenti de plus que le nombre fixé par le règlement. Le mariage de l'apprenti était souvent considéré comme un motif de résiliation du contrat.

Ces règles se continuèrent dans toute la durée de l'histoire que nous parcourons, et on les retrouve encore avec leur même esprit, à la fin du xviiie siècle. Il en est de même des règles concernant les obligations des parties qui se modifièrent quelque peu dans les détails et s'adoucirent avec le temps, mais restèrent immuables quant au fond.

34. — La forme du contrat varia suivant les métiers et à diverses époques. Dans certains cas, le règlement ordonnait la présence de deux maîtres et de deux valets, d'autres fois il exigeait la présence des jurés, mais en général l'acte était passé verbalement et sans qu'un écrit fût nécessaire. Cependant l'utilité des contrats écrits s'était fait sentir, et c'est quelquefois en cette forme que l'apprentissage était contracté, au moins à partir du xviie siècle (1).

35. — Les règlements du xiiie siècle fixaient encore, d'après les divers métiers, la durée de l'apprentissage et la somme à verser par l'apprenti entre les mains de son patron. Les règlements continuèrent de tout temps à se préoccuper de ces deux points auxquels les parties ne pouvaient déroger en principe, parce qu'ils étaient rendus non-seulement dans l'intérêt de l'apprenti, mais encore dans l'intérêt de la corporation et de son monopole. Mais la durée du temps exigée est moins longue et la somme moins importante à mesure que l'on avance dans l'histoire (2).

---

(1) De Lamarre, arts et métiers, t. v, p. 193.

(2) On peut comparer à cet égard les règlements du 13e siècle avec ceux par exemple contenus dans le Recueil des règlements du 17e siècle. V. G., t. 1, p. 296 et suiv., pag. 360 et suiv.

36. — L'apprentissage ne consistait pas dans le simple fait de la transmission des connaissances d'un métier par le maître à son apprenti. Ce contrat engendrait des rapports personnels, qui plaçaient l'apprenti sous la domination complète du maître. Le maître logeait, nourrissait et vêtissait même son apprenti ; il devait le soigner et lui enseigner son art ; mais en compensation, l'apprenti devait être soumis à son maître, faire ses commissions et travailler pour lui et sous ses ordres.

37. — Les obligations de l'apprenti étaient sanctionnées par l'intervention des jurés du métier, chargés de faire la police, mais le maître était à peu près libre de traiter l'apprenti comme il l'entendait, pourvu qu'il ne se livrât pas sur lui à de trop grands excès.

38. — On fut cependant obligé de réformer les abus des maîtres, et les ordonnances du XVIIe siècle contiennent plusieurs dispositions à cet égard (1). On dut prendre des mesures notamment pour forcer le maître à enseigner toutes les parties de son art à son apprenti, et pourvoir à ce qu'il n'aille pas vaguer dans les rues sans surveillance.

39. Le contrat d'apprentissage, comme on peut le voir, n'était pas seulement remarquable dans notre ancienne jurisprudence, en ce qu'il était obligatoire pour arriver au degré de valet ou d'ouvrier, mais encore par sa nature et son caractère. C'était, comme on le voit, un contrat nécessairement complexe, comprenant certaines obligations réciproques et auxquelles les parties ne pouvaient se soustraire même par consentement mutuel.

Il faut reconnaître que l'apprentissage, tel qu'il était organisé, avait quelque chose de conforme aux besoins naturels ; aussi a-t-il pénétré dans les mœurs et a-t-il conservé encore dans notre société, plusieurs des caractères qui le distin-

_____

(1) Recueil des Règlements des manufactures, t. 2.

guaient dans l'ancienne. Nous verrons que le législateur de
1851, en édictant une loi sur l'apprentissage, s'est laissé
entraîner par les anciennes idées, et nous en adresserons le
reproche à cette loi, lorsque nous étudierons son article premier, qui contient la définition de l'apprentissage.

CHAPITRE DEUXIÈME.

DE L'OUVRIER.

Sommaire.

40. Les textes sur les obligations de l'ouvrier vis-à-vis de son patron, ne
sont pas très-explicites. — 41. L'intermédiaire du maître est nécessaire à
tout engagement de travail. — 42. Mesures prises par les règlements sur la
durée du travail et la façon des pièces. — 43. Fixation du mode d'embauchage. — 44. De la durée du travail. — 45. Les engagements avaient lieu au
temps ou à la façon. — 46. Obligation des ouvriers employés au temps. —
47. Des ouvriers à la façon. — 48. Observation générale. — 49. De l'interruption du contrat par accident, mort et mariage. — 50. De l'engagement à perpétuité. — 51. Du congé; responsabilité de l'ouvrier. — 52. Des
privilèges de l'ouvrier. — 53. De la prescription; origine de notre article 1780 C. N.

40. — Les textes de l'ancien Droit ne contiennent que
peu de principes généraux sur la nature des obligations de
l'ouvrier vis-à-vis de son maître, ou du maître vis-à-vis de
son ouvrier. Les règlements industriels eux-mêmes, si dé-
taillés à d'autres égards, le sont moins en ce qui concerne les
relations de l'ouvrier et du maître.

41. — Nous savons cependant que l'ouvrier ne pouvait pas
s'engager directement vis-à-vis des particuliers, et que l'intervention du maître était nécessaire pour cela. La distinction
entre les maîtres et les ouvriers n'était pas encore très tranchée au xiiie siècle, mais elle se détermina bientôt, et les conséquences de ces distinctions furent rigoureusement observées
depuis. Un règlement de 1566, rapporté par Fontanon, nous
donne un exemple assez curieux de la nécessité de l'inter-

7

vention des maîtres. « Item », dit l'article 6 du règlement, « que
les ouvriers ayant fait apprentissage, ne pourront besogner à
journée pour les bourgeois, sans être advouez d'un des mestres
du métier, lesquels mestres seront tenus de leur en bailler
a journée pour le prix qu'ils les louent en la place, sans
y prétendre aucun profit. »

42. — Les règlements ne laissaient pas en général une
grande latitude à la volonté des parties. D'une part, en effet,
ils déterminaient les heures auxquelles le travail devait commencer et finir, quelquefois même ils déterminaient la durée
normale de l'engagement, et le lieu sur lequel il devait être
contracté; d'autre part, les règlements déterminaient presque
toujours la nature du travail à effectuer, et même la qualité
des matériaux à employer.

43. — Ainsi, le règlement des mestiers d'Estienne Boileau
obligeaient les ouvriers ou valets à se rendre tous les matins sur
le carrefour d'usage pour être embauchés par les maîtres, et
ils devaient y rester jusqu'à une heure déterminée. Un règlement du temps de Louis XI s'exprimait ainsi, art. 11 (1) :
« Se aucuns foulons veulent avoir aucuns ouvriers pour ouvrer en leur hostel, seront tenus iceulx aller prendre et allouer
en la place des foulons devant Saint-Gervais, comme accous-
tumé a été et est de tout temps ; auquel lieu les dits ouvriers
qui voudront gagner au dict mestier, seront tenus aller le
lundy à matin, sans que iceulx foulons les puissent prendre
ne louer hors de la dicte place, ne aussi iceulx ouvriers eulx
louer hors d'icelle place, qui se tient tantost après la messe de
la dicte confrairie chantée, sous peine de 15 sols parisis,
cest assavoir 10 sols parisis le mestre, et 5 sols parisis le
valet. » On trouve dans les ouvrages de Boileau, de Fontanon
et dans le recueil des ordonnances des rois de la troisième
race, de nombreuses dispositions analogues.

_____

(1) Recueil des ordonnances des rois de la 3e race, t. xv, p. 581. Ordonn.
du 24 juin 1467.

44. — Il en existe encore beaucoup qui sont relatives à la durée du travail, et à la fixation des heures auxquelles le travail doit commencer aux diverses saisons pour les différents métiers.

On trouve dans les Olim de M. Beugnot une ordonnance de saint Louis à cet égard, qui mérite d'être citée parce qu'elle semble s'appliquer à des gens qui ne faisaient partie d'aucun corps de métiers, ce qui rend cette disposition remarquable. « *Ordinatum est per concilium domini regis, et de assensu domini regis, quod cultores vinearum Duni Regis habeant eamdem horam exeundi de vineis in quibus ad locagium operantur, quam habent cives exeundi de vineis in quibus ad locagium operantur, quam habent cives Biturences ad quorum consuetudines est ipsa villa Dunensis.* » Des règlements de ce genre se retrouvent en grand nombre dans le livre d'Estienne Boileau.

La coutume de Berry (1) portait une disposition spéciale à cet égard. « Les vignerons laboureurs de vignes besognans à journée pour autrui, seront tenus d'aller en besogne depuis le premier jour de mars jusqu'au premier octobre, et prendront leur temps pour être au travail à cinq heures du matin. » Les ordonnances et règlements, les statuts des corporations contiennent des dispositions nombreuses sur le même point.

45. — Les engagements des ouvriers se faisaient, ainsi qu'on peut l'induire de ce qui précède, la plupart du temps à la journée; cependant ils se faisaient aussi à la façon (2). Dans quelques métiers cependant, le travail à la façon était défendu aux ouvriers; il en était ainsi, par exemple, des maçons et serruriers, ainsi que cela résulte du traité de la police (3). Les infractions à toutes ces prescriptions étaient punies de fortes amendes.

---

(1) Chapitre des vignerons.

(2) Voy. par exemple le Recueil des règlements des manufactures, tom. 1, pag. 207; tom. 2, pag. 307.

(3) De Lamarre, t. 1, pag. 97, et 122.

46. — L'obligation de l'ouvrier employé au temps, était de travailler pendant toute la période fixée par l'engagement, ou par les statuts. Si cette période était incertaine, l'ouvrier, au moins dans le courant du xvıı⁰ siècle, devait être prévenu à l'avance ; les statuts déterminent souvent le délai dans lequel l'avertissement doit être donné. Et réciproquement, les ouvriers devaient aussi avertir le maître un certain temps à l'avance. Ainsi les compagnons teinturiers devaient avertir leur maître un mois à l'avance et par écrit (1). Les ouvriers bonnetiers devaient à l'inverse, d'après plusieurs statuts locaux, être avertis par leurs maîtres huit jours à l'avance.

47. — Quant aux obligations des ouvriers à la façon, de tout temps elles ont été minutieusement réglementées, soit en ce qui concerne la matière, soit en ce qui concerne la façon. Les jurés ou prud'hommes du métier étaient chargés de vérifier leur travail, et de le détruire s'il n'était pas conforme aux règlements, en infligeant une amende à l'ouvrier pour punir sa malfaçon.

48. — On voit combien, sur tous ces points, la liberté des contractants était restreinte. Mais on peut dire que tout ce qui n'était pas prévu par les ordonnances et les règlements, fut soumis de tout temps aux principes du Droit romain (2). Seulement il faut le reconnaître, tout en se basant sur les règles du Droit romain, les anciens auteurs avaient étendu sur certains points la portée de ce Droit, ainsi que nous avons eu l'occasion de le faire remarquer dans la première partie de ce travail (3).

49. — Quelques coutumes avaient prévu le cas d'interruption du louage, et Loisel disait à cet égard dans ses Institutes

---

(1) Recueil des réglements des manufactures, tom. 1, pag. 390.

(2) Clamageran, du louage d'industrie, page 75 et suivantes.

(3) On peut ajouter aux auteurs anciens que nous avons cités dans cette partie, Despeisses, louage, titre 2, section 2 ; Fontanon, sur Masuer, titre des louages, 25, n⁰ 12.

coutumières (1) : « Celui qui sert et ne parfert son loyer perd » ; c'est-à-dire, que celui qui se loue pour un certain temps, doit servir pendant tout ce temps, sinon il perd son loyer. » Il est bien entendu que cette règle ne devait s'appliquer que dans le cas où l'ouvrier rompait l'engagement par sa faute (2). Dans les cas de force majeure contingente à l'ouvrier, on devait seulement réduire le prix au *prorata* du temps qui manquait à courir suivant les règles que nous avons adoptées dans le Droit romain, et que Pothier reproduit dans son Traité du louage (3).

Sur ce dernier point, la jurisprudence ancienne était divisée. Charondas (4) rapporte une décision du parlement de Paris qui alloue à l'ouvrier son salaire pour le temps même pendant lequel il a été malade, et Ferrière, sur l'art. 128 de la coutume de Paris, cite deux arrêts rendus en 1414 et 1483, dans le même sens.

Loysel (5) rapporte une autre règle qu'il considère comme générale à son époque, mais que Pothier a formellement repoussée (6). Voici ce que dit Loysel : « Il n'y a point raison en ce qui se dit que mort et mariage rompent tout louage, si on ne l'entend de ceux qui meurent ou se marient pendant le temps du louage de leur personne. C'est pourquoi quelques-uns disent qu'il y a au proverbe que mort et mariage rompent tout louage. » Cette règle n'a pas persisté ; cependant les statuts et règlements de métiers, attribuaient une grande importance au mariage, soit du maître, soit de l'apprenti ou du valet.

50 — Nous ne reviendrons pas sur ce que nous avons dit du

---

(1) Tom. 2, pag. 179.

(2) Voir l'art. 7 de la coutume de la Bourt., art. 16, et la coutume de sole, titre 23.

(3) N° 168, du louage.

(4) Livre 9, chapitre 24, arrêt du 26 mars 1556.

(5) Institut. coutum., tom. 2, pag. 225.

(6) N° 170, n° 171, louage.

louage de services à perpétuité. Redisons seulement que la nullité résultant d'un pareil contrat, devait être considérée comme relative. Nous avons vu sur quels textes les commentateurs du Droit romain basaient leur solution. Les auteurs du Droit coutumier faisaient remonter cette règle au Droit divin, et se basaient pour la soutenir sur ces mots de l'épître de saint Paul aux Corinthiens : « Vous avez été achetés par prix, ne devenez point serfs des hommes (1). »

Nous avons déjà dit (2) que cette doctrine avait été adoptée par l'ancienne jurisprudence, que la nullité qui résultait d'un engagement à perpétuité, était seulement relative. Ajoutons que la règle s'appliquait aussi bien pour les travaux au temps que pour les travaux à la façon ; l'exemple tiré de l'ancienne jurisprudence par M. Troplong, et que cet auteur a exposé avec détails dans son Traité du louage, le prouve suffisamment.

51. — Les ouvriers étant soumis dans l'ancienne jurisprudence à la surveillance et à la juridiction des corporations dans lesquelles le maître était tout et l'ouvrier fort peu de chose par lui-même, on comprend que les garanties de l'exécution des obligations de ce dernier ne faisaient pas défaut. Mais parmi les mesures prises à cet égard, il en est une que nous devons signaler, parce qu'on y retrouve les origines de notre institution moderne du livret. Les règlements du xviie siècle notamment contiennent d'intéressants détails à cet égard. En général, il était de règle que l'ouvrier en quittant un atelier devait obtenir le congé écrit qu'il devait présenter à son nouveau maître (3), sans quoi celui-ci devait refuser tout travail sous peine d'amende. L'ouvrier devait, en outre, donner aux jurés du métier, en changeant d'atelier, son nom et son adresse. Une ordonnance du 30 mars 1700 décla-

---

(1) Despeisses, Fontan sur Masuer, titre des Louages, et Ferrer, in quæst. 314.

(2) Voir la première partie de ce travail relative au Droit romain.

(3) Recueil des Règlements, t. II, p. 337.

rait que le nouveau maître devenait responsable des dettes
que l'ouvrier avait contractées vis-à-vis de son précédent
patron. Il est aisé de reconnaître là les premières sources des
mesures édictées par la loi de 1854. Une ordonnance de
Charles IX de 1566 avait déjà exigé le congé par acte écrit à
l'égard des domestiques de ville (1).

. Les anciens jurisconsultes avaient aussi invoqué comme garantie des obligations des ouvriers une loi du Code, au titre *de
operibus publicis*, et comme nous l'avons dit, ils en avaient
étendu la portée en déclarant que tous les ouvriers entrepreneurs
de bâtiments étaient responsables pendant quinze ans de leurs
travaux. Mais l'usage du Châtelet de Paris avait réduit ce temps
à dix ans, et avait soumis les mêmes ouvriers, pour les menus
ouvrages et réparations, à une responsabilité de trois ans.
C'est ce qui résulte du commentaire de Ferrière sur l'art. 113
de la coutume de Paris.

52. — Quant au salaire de l'ouvrier, il était garanti par
deux sortes de priviléges. Nous avons déjà dit que les anciens
auteurs avaient étendu à l'ouvrier conservateur de la chose,
le privilége établi par la loi romaine en faveur de celui qui
avait prêté les deniers pour la réparer. Il s'agissait là d'un
privilége particulier. Ferrière, sur l'art. 171 de la coutume de
Paris (2), déclare que le maçon qui a réparé la maison « est
préférable à tous autres créanciers, même au bailleur d'héritage à rente. »

Loysel va plus loin, et déclare que les services des mercenaires en général, sont privilégiés en vertu d'une ordonnance
de Philippe Auguste (3). « Dettes privilégiées, sont celles qui
sont adjugées par sentences, services de mercenaires, etc. »
Les termes dont se sert Loysel, en exposant la règle, semblent
indiquer qu'il s'agissait d'un privilége général.

_____

(1) Recueil de Fontanon, ann. 1566.

(2) Glose, 3, 13.

(3) Instit. cout., liv. VI, tit. VI, du paiement, XIII.

83. — On peut voir, d'après ce que nous venons de dire, combien les rédacteurs de nos codes ont puisé dans notre ancienne jurisprudence, si on se rappelle les dispositions spéciales aux ouvriers, dont nous aurons à étudier les détails dans la suite de ce travail. Mais il est encore dans notre ancien Droit des mesures relatives aux modes de preuves et à la prescription concernant les ouvriers ; que nous ne devons pas passer sous silence.

Un grand nombre de coutumes renferment des dispositions spéciales à la prescription du salaire des ouvriers ; mais elles n'étaient pas d'accord sur le délai de cette prescription. Quelques coutumes déclaraient que l'action en payement de salaire se prescrivait par six mois (1) ; d'autres accordaient un an (2) ; quelques-unes même deux ans (3). Toutes ces coutumes spécifiaient que ladite prescription ne courait que s'il n'y avait ni cédule ni obligations. Ces termes ont été reproduits par l'art. 2274 du Code Napoléon.

Il faut observer que plusieurs coutumes spécifiaient que les hommes loués à la journée ne pouvaient faire question ni demandes de leurs journées après quarante jours, sinon qu'ils veuillent dire et montrer qu'on les ait promis de payer depuis lesdites œuvres faites (4).

L'article 127 de la coutume de Paris, rédigée en 1580, disait : « Les maçons, charpentiers, couvreurs, barbiers, serviteurs et autres mercenaires, ne peuvent faire action ni demande de leurs marchandises, salaires et services, après un an passé, à compter du jour de la délivrance de leur marchandise ou vacation. »

L'ordonnance de 1573, article 8, ajoutait que ladite prescription s'exerçait encore qu'il y eût eu continuation de fournitures et ouvrages.

_____

(1) Cout. de Touraine, de Châteauneuf.
(2) Cout. de Normandie, de Calais, de Bourgogne.
(3) Cout. de Chartres de Dreux.
(4) Cout. de Montargis, d'Orléans.

Ferrière faisait sur cet article 127 l'observation suivante : « Selon la disposition de l'art. 127 de notre coutume, après six mois ou un an, il n'y a plus d'action, en sorte que le serment ne peut être déféré au défendeur, lequel n'est point tenu d'alléguer d'autre défense sinon la fin de non-recevoir ; l. 35, D. *de Jurejurando*. Néanmoins, cet usage est établi, malgré les termes exprès de la coutume et de l'ordonnance, d'obliger le défendeur à prêter le serment qu'il a payé, sinon le condamner au payement. » Et il ajoute plus loin : « Puisque la fin de non-recevoir est fondée sur la présomption de payement, il s'ensuit que si le juge reconnaissait que le défendeur n'a pas en effet payé la somme qui lui serait demandée, il ne devrait pas le recevoir à son serment, mais le condamner à payer. » (Voyez la note de Dumoulin sur l'art. 313 de la coutume d'Orléans.) On peut voir, d'après cela, que notre ancien Droit se montrait bien moins rigoureux pour le salaire des ouvriers, que ne l'a fait le Code Napoléon.

Nous observerons, en terminant, que l'art. 1780 a étendu aux ouvriers une mesure qui n'existait, dans l'ancien Droit, qu'à l'égard des domestiques. Il est certain, en effet, que le maître n'était cru sur son affirmation que contre les domestiques. Aucun des auteurs de l'ancien Droit, pas même ceux auxquels les auteurs modernes font remonter l'origine de l'article 1780, ne parle des ouvriers (1). N'y a-t-il pas lieu de s'étonner d'une pareille différence ?

DISPOSITIONS INTERMÉDIAIRES.

L'art. 2 de la loi du 2 mars 1791 a aboli le régime des jurandes et des maîtrises, et l'art. 7 de la même loi porte : « Il sera libre à toute personne de faire tel négoce ou d'exercer telle profession, art ou métier qu'elle trouvera bon ; mais elle sera tenue de se pourvoir auparavant d'une patente, d'en

_____

(1) Denizart, v° *Domestiques* et v° *Gages.* — Brillon, v° *Gage.* — Merlin, v° *Domestiques.*

acquitter le prix suivant le taux ci-après déterminé, et de se conformer aux réglements de police qui sont ou pourront être faits. » C'est le régime sous lequel nous vivons aujourd'hui.

Depuis l'époque où fut rendue cette loi, plusieurs dispositions sont intervenues concernant les ouvriers. C'est, en premier lieu, la loi rurale du 28 septembre 1791, dont l'art. 8 peut être considéré comme nous régissant encore. Cet article est ainsi conçu : « Les domestiques, ouvriers, voituriers et autres subordonnés, seront, à leur tour, responsables de leurs délits envers ceux qui les emploient. » Quant à l'art. 20, concernant les coalitions des ouvriers agricoles, il nous paraît avoir été abrogé par l'art. 414 du Code pénal. Nous n'avons, du reste, rien à ajouter sur cette loi, qui s'occupe des obligations des ouvriers d'une manière secondaire.

La loi du 22 germinal an XI contient des mesures concernant les apprentis et les ouvriers, dont l'une, contenue dans l'art. 15, doit être considérée comme nous régissant encore. C'est celle qui concerne la durée des engagements excédant une année ; nous aurons à étudier spécialement cette disposition. Les autres mesures concernant les apprentis ont été reproduites et développées par la loi de 1851, spéciale à l'apprentissage. Il en est de même des mesures qui concernent le congé de l'ouvrier et le livret dont il doit être muni (art. 11 et 12). La loi de 1854 a reproduit ces mesures en les étendant, et les a remises en vigueur. Ces mesures étaient considérées comme si utiles par le premier Consul, qu'il en avait soigneusement réglementé l'application par un arrêté du 9 frimaire an XII, et un autre arrêté additionnel au premier ; mais la loi et les deux arrêtés étaient à peu près généralement tombés en désuetude lorsque fut édictée la loi de 1854.

Quant aux règles régissant les engagements du travail en eux-mêmes, elles ne furent l'objet d'aucune disposition de loi pendant la période transitoire. Les anciens principes persistèrent jusqu'à la rédaction du Code Napoléon.

Troisième Partie.

DROIT ACTUEL.

1. — Aujourd'hui le travail est libre en France, c'est-à-dire que tout individu peut, en principe, exercer comme il l'entend ses facultés. L'ouvrier n'est plus, comme dans les derniers siècles du monde romain, attaché à son atelier par des liens indissolubles; il n'est plus soumis à ces règles inflexibles établies dans notre ancien Droit, dont nous venons d'étudier l'origine et les effets.

2. — Sous le régime actuel, c'est le mérite personnel de l'ouvrier qui est la seule source de ses droits. Celui-là parvient toujours à améliorer sa position, et quelquefois arrive jusqu'à la fortune, qui s'est distingué dès l'abord par son goût au travail, par son aptitude, par l'honnêteté de son caractère. Aucune entrave ne vient désormais s'opposer à ce que; s'il trouve à côté de son industrie première une autre industrie plus conforme à ses forces et à ses goûts, plus favorisée par les circonstances, à laquelle il puisse appliquer des connaissances déjà acquises, il n'y recoure. Il n'est plus de formalité, de droits onéreux, de limitation de nombre, qui vienne enlever à l'ouvrier laborieux l'espoir de devenir maître à son tour. Ce sont là, sous de modestes apparences, de grands bienfaits de la liberté; mais de cette liberté qui ne peut exister au sein du désordre, qui est le fondement le plus sûr du bien-être social, parce qu'elle émane de la justice, loi première et divine qui règle l'humanité.

3. — Nous avons déjà exposé, au commencement de ce travail, les limites que nous nous sommes assignées ; nous ne reviendrons donc pas sur ce point, et nous entrerons immédiatement en matière.

Nous rechercherons, en premier lieu, quelles sont les diverses formes de contrats qu'affectent les engagements du travail, et quelles sont les obligations substantielles qui se rattachent à chacun de ces engagements. Ce sera l'objet d'un premier chapitre. Dans les chapitres suivants, nous rechercherons ensuite quelles limites ont été fixées par la loi à la liberté des engagements du travail, les règles de responsabilité spéciales à ces engagements, la manière dont ils prennent fin, les garanties affectées à leur exécution, et enfin les moyens de preuves spéciaux et la prescription.

CHAPITRE PREMIER.

FORMES DIVERSES DES ENGAGEMENTS DU TRAVAIL, ET OBLIGATIONS SUBSTANTIELLES QUI EN RÉSULTENT.

Sommaire.

4. Le Droit français, dont la codification est imparfaite à cette matière, doit être éclairé par les principes du Droit romain. — 5. La dénomination des contrats n'a plus la même importance qu'en Droit romain.

4. — Nous allons nous retrouver ici en présence des diverses espèces d'engagements que nous avons déjà étudiées en Droit romain. Les règles exposées avec tant de pénétration et de sagesse par les grands jurisconsultes Gaius, Paul, Javolenus, Ulpien, nous éclaireront et nous aideront à appliquer les vrais principes à notre Droit, peut-être trop sobre de détails, et dont la codification est, nous pouvons le dire, si imparfaite dans la matière qui nous occupe.

5. — Nous n'aurons point à nous étendre ici avec le même soin qu'en Droit romain sur la dénomination juridique à

donner au contrat, puisque le système d'actions n'est plus le même, et nous entrerons immédiatement au cœur de notre sujet.

SECTION PREMIÈRE.

Du travail au temps.

Sommaire.

6. L'engagement le plus simple est celui du travail au temps; sa définition. — 7. A défaut de textes, il faut chercher dans les principes du Droit les règles de ce contrat. — 8. Il contient un engagement réciproque. — 9. Les formes sous lesquelles il se présente sont nécessairement simples. — 10. L'ouvrier promet son travail et son aptitude industrielle : de l'erreur en cette matière. — 11. L'obligation de l'ouvrier étant continue, il faut se préoccuper d'en déterminer la durée. — 12. Des cas où la durée a été fixée par les parties. — 13. Des cas où elle est fixée par l'usage. — 14. Des cas où la durée est indéterminée; obligation d'avertir à l'avance dans ce cas. Principe qui domine cette situation. — 15. Transition aux obligations du maître. — 16. L'obligation principale du maître est de payer le prix. — 17. Du congé. — 18. Le prix peut consister en tout autre chose qu'en argent monnayé. — 19. Le maître doit rendre à l'ouvrier son travail possible et sans dangers. — 20. La tacite réconduction est toujours possible. — 21. L'ouvrier fournit rarement la matière. — 22. Résumé de la section.

6. — Le premier contrat qui se présente, comme le plus fréquent dans la classe ouvrière pauvre et comme le plus simple, c'est l'engagement du travail au temps. C'est le contrat que les jurisconsultes appellent louage de service, et que le Droit romain désigne sous le nom de *locatio operarum*.

Par ce contrat, l'ouvrier s'engage à fournir au maître son travail et son aptitude pour une chose ou une classe de choses déterminées, et pendant un certain temps, moyennant un salaire fixé par les parties ou par l'usage.

Cette détermination du contrat, que nous croyons exacte, et que nous justifierons d'ailleurs, se retrouve en substance dans l'art. 1710 du Code Napoléon, qui définit ainsi le louage d'ouvrage : « Le louage d'ouvrage est un contrat par lequel l'une des parties s'engage à faire quelque chose pour l'autre, moyennant un certain prix que celle-ci s'oblige à lui payer. » Dans l'engagement au temps , il est vrai , l'ouvrier ne promet pas un résultat, mais il s'engage à accomplir une certaine catégorie de faits , et sous ce rapport il peut être considéré comme s'engageant à faire quelque chose, suivant les termes de l'art. 1710.

7. — Mais le Code Napoléon n'a reproduit nulle autre part que dans cette définition générale la détermination des droits et devoirs qui résultent de l'engagement du travail au temps. Il faudra donc , à cet égard , s'aider des principes généraux du Droit , et chercher à établir les règles fondamentales qui dominent ce contrat. La loi ne pose, en effet, qu'une seule règle en ce qui concerne l'obligation des ouvriers qui engagent leurs services ; elle est conçue dans les termes suivants , art. 1780 : « On ne peut engager ses services qu'à temps, ou pour une entreprise déterminée. » Mais , comme on le voit , aux termes mêmes de l'article, cette disposition n'est pas spéciale aux ouvriers employés au temps ; elle est commune à tous les ouvriers , quel que soit leur mode d'engagements. Aussi en devons-nous renvoyer l'étude à un autre chapitre. Au surplus , cette restriction du droit ne nous enseigne rien sur la nature du droit lui-même.

8. — La convention dont nous avons à parler ici est synallagmatique , c'est-à-dire qu'elle renferme une obligation de la part de l'ouvrier qui a pour correspondante une obligation du patron.

9. — Il ne faut pas espérer trouver dans des contrats pratiqués tous les jours par les gens les moins cultivés, des formes d'engagements complexes; mais , pour être presque tacites , ces formes n'en sont pas moins précises et concluantes.

10. — L'ouvrier, avons-nous dit, promet son travail et son aptitude. Sur le premier point, son obligation est simple ; elle consiste à fournir au maître une série de faits , telle que le maître a dû en concevoir raisonnablement l'idée à l'aspect de l'âge, du sexe, en un mot, de l'extérieur de l'ouvrier. Quant

à l'aptitude, elle est précisée dans le contrat par la qualification que l'ouvrier se donne.

Sans doute l'industrie reste libre, et l'apprentissage n'est plus une condition sans laquelle il soit défendu de travailler; mais celui qui prend une qualification doit en justifier par des travaux antérieurs, suivant les règles de la bonne foi et de l'équité. Au reste, les usages sur ce point sont venus satisfaire amplement le besoin de précision dont nous parlons; non-seulement les ouvriers peuvent indiquer leur industrie; mais, dans la même industrie, ils se distinguent par des noms quelquefois très-bizarres, souvent pittoresques, tirés des traditions du compagnonnage.

Plus le genre d'industrie est relevé, et plus l'aptitude personnelle de l'ouvrier est en jeu, et l'erreur sur cette aptitude pourrait, dans tous les cas où l'ouvrier a promis plus que sa force physique, être considérée, dans les engagements au temps, comme tombant sur la substance même de contrat, et entraîner la conséquence indiquée dans l'art. 1110, c'est-à-dire la nullité de ce contrat.

11. — L'obligation que contracte l'ouvrier a un caractère de continuité qui doit attirer encore notre attention. L'ouvrier promet une série d'actes qui doivent se continuer pendant un certain temps. Or, il peut arriver que ce temps ait été déterminé d'une manière précise, ou que ne l'ayant pas été, les usages viennent en préciser la durée.

12. — Si la durée de l'engagement a été fixée par les parties, l'ouvrier doit au maître de travailler pendant tout le temps qui a été spécifié. S'il venait à cesser son travail avant le terme, il devrait au maître une indemnité qui serait réglée d'après les principes généraux du droit, c'est-à-dire en proportion des dommages causés. Nous ne parlons pas ici du cas de force majeure dont nous étudierons plus tard les effets.

13. — Mais il arrive, la plupart du temps, dans l'industrie, que les périodes d'engagements sont déterminées par les

usages. Chaque genre d'industrie a les siens à cet égard. Pour les uns c'est la huitaine, pour d'autres c'est la quinzaine, pour d'autres enfin c'est le mois ou même l'année. La longueur de ces périodes dépend de la nature des travaux. Certaines industries sont faciles à exercer en hiver, difficiles en été ; à leur égard les engagements sont d'ordinaire faits à l'année. Les avantages d'une saison s'équilibrent ainsi pour chacune des parties, par les désavantages de l'autre saison. Les différences dans les durées d'engagements établis par les usages, ont toutes leurs raisons d'être. Sauf clause contraire, le juge doit considérer l'engagement comme fait d'après les usages du pays et de l'industrie. Dans toutes les grandes villes de France, les ouvriers de chaque industrie ont un lieu spécial de rendez-vous périodiques, où, quand ils sont libres, ils vont contracter de nouveaux engagements. Dans chacun de ces marchés du travail, s'il est permis de parler ainsi, tous les engagements se font tacitement pour la même période de temps.

14. — Il est encore conforme aux usages universellement admis en France, que si l'engagement affecte une durée plus longue que celle déterminée par les usages spéciaux de l'industrie, soit qu'il y ait eu tacites réconductions, soit pour tout autre motif, et que cette durée ne soit d'ailleurs déterminée par rien, le maître et l'ouvrier doivent, à moins de clause contraire, se prévenir un certain temps à l'avance de leur intention de cesser ou de faire cesser le travail. Cet usage n'est qu'une conséquence des principes du Droit, et c'est pour cela que nous en avons fait une mention spéciale.

Il est de principe, en effet, que tout fait quelconque de l'homme qui cause à autrui un dommage, oblige celui par la faute de qui il a été commis à le réparer. Or, voici ce qui se passe dans le cas dont nous parlons. Si l'ouvrier abandonne son maître inopinément, celui-ci est obligé d'attendre, pour obtenir un autre ouvrier, qu'un nouveau jour d'engagement arrive ; si au contraire c'est le maître qui donne congé à son ouvrier, celui-ci sera aussi obligé d'attendre le même jour pour trouver à se placer. Dans les deux cas, il y aura donc lieu d'allouer des dommages à la partie lésée. Ceux dus au maître par l'ouvrier, doivent être fixés par le juge, suivant les règles générales du Droit ; nous verrons sur quelles bases le juge doit se fixer pour déterminer ce qui est dû à l'ouvrier, lorsque nous aurons exposé les obligations du maître.

Ajoutons que si, en ce qui concerne l'époque de la signification des congés, il existait des usages établis, ce serait le cas, comme le dit M. Mollot (1), de se conformer à ces usages, et d'appliquer, par analogie, les art. 1759 et 1762 C. N.

15. — Ainsi, l'ouvrier doit ses services pour le temps pendant lequel il les a promis, mais en compensation, le maître doit le salaire qui a été fixé lors de la convention.

16. — L'obligation principale du maître est, comme on le voit, la prestation du prix. Si ce prix et la période de temps pendant lequel l'ouvrier devait travailler ont été fixés, il n'y a pas de difficulté.

Et d'abord, en ce qui concerne le prix, s'il n'y a pas eu de fixation, et qu'une contestation s'élève, il est certain que le juge ne peut pas toujours s'en rapporter aux usages pour faire cette fixation. Dans les mêmes industries, en effet, les prix doivent nécessairement varier suivant les forces et les aptitudes des ouvriers. Il faut que le juge ait recours à une appréciation. Un procédé qui, pensons-nous, est parfaitement légal et équitable, est celui qui consiste à ordonner que le maître devra payer à l'ouvrier le même prix qui a été payé à celui-ci dans les mêmes circonstances, par un précédent patron, chez lequel il a travaillé assez de temps pour être apprécié à sa valeur. Si cependant il s'agissait d'un atelier nombreux dans lequel un prix uniforme fût fixé pour tous les ouvriers de la même industrie, l'ouvrier devrait être con-

---

(1) De la compétence des prud'hommes, nos 166 et 180.

8

sidéré comme ayant accepté ce prix. Ce sont là des questions de fait qui restent confiées à l'arbitrage du juge.

17. — Quant à la fixation du temps, nous n'avons qu'à répéter ici ce que nous avons dit concernant l'ouvrier. Un seul point nous reste à préciser, c'est en ce qui touche la détermination du dommage à donner par le maître dans le cas où il renvoie l'ouvrier avant l'expiration du temps convenu, ou à une époque telle que l'ouvrier n'ait pas pu prévoir ce congé. Dans le premier cas, le maître doit à l'ouvrier le salaire de tout le temps de l'engagement, comme si celui-ci le continuait ; il faut complétement assimiler la situation dont nous parlons, à celle prévue par l'art 1794 C. N., à l'égard des devis et marchés. Dans le second cas, si le terme de l'engagement n'ayant pas été fixé ou ayant cessé de l'être par suite de tacites réconductions successives ou autrement, le maître vient à renvoyer l'ouvrier, il doit lui donner le salaire d'un nombre de journées suffisant pour qu'il puisse trouver du travail. Voilà le principe. Les usages sont encore venus éclairer cette matière ; ils veulent, dans la plupart des industries où les époques d'engagements ne sont pas fixées d'une manière périodique, que le congé du maître soit donné une huitaine à l'avance, comme cela est établi partout à l'égard des domestiques, et que cette huitaine soit payée à l'ouvrier, si le maître le renvoie sans vouloir qu'il travaille pendant le délai dont nous venons de parler.

Quant aux industries dont les époques d'engagements sont fixées d'une manière périodique, le juge doit tenir compte, dans l'appréciation des sommes dues à l'ouvrier, de la longueur de ces périodes. Dans tous les cas, le juge devra faire allouer à l'ouvrier le salaire du temps restant à courir sur une période commencée, mais il pourrait aller au delà si, vu les circonstances, le temps restant à courir paraissait insuffisant pour que l'ouvrier puisse trouver un nouvel engagement.

18. — Le prix peut être fixé soit en argent soit en denrées

quelconques ; il peut être payé par fractions ou dans son ensemble. Le Juge doit, à cet égard, rechercher la commune volonté des parties.

19. — Outre la prestation du prix, le patron doit encore mettre l'ouvrier dans les conditions nécessaires à l'exécution du travail ; il doit le prévenir et même le préserver contre tout danger, et ne l'occuper qu'aux travaux pour lesquels il l'a engagé. Nous reviendrons sur ces divers points, lorsque nous nous occuperons des questions de responsabilité.

20. — Tous les engagements du travail au temps peuvent se renouveler par tacite réconduction.

21. — Dans le louage du travail au temps, il est rare que l'ouvrier fournisse la matière ou même une partie de la matière. Nous l'avons déjà fait observer en Droit romain ; il est difficile de combiner le payement du travail au temps avec la fourniture des matières ; si cependant cette fourniture avait lieu, elle devrait être considérée comme indépendante de la prestation du travail. Le maître devrait le prix, non-seulement de la matière effectivement contenue dans le travail, mais de toute celle qui a été employée, même inutilement, par l'ouvrier, sans qu'il y ait faute de sa part, pendant qu'il travaillait pour le compte de ce maître. Nous avons dit que la même solution devait être admise dans le Droit romain.

22. — En résumé, ce qui caractérise le louage au temps, c'est que l'ouvrier donne ses services en échange d'un salaire, que par conséquent ce salaire lui est dû indépendamment de tout résultat obtenu ou à obtenir.

SECTION DEUXIÈME.

Du travail à la façon.

Sommaire.

23. — Dans les engagements du travail à la façon, le travail considéré en lui-même n'est qu'une obligation implicite; l'objet du contrat est le résultat à obtenir.

24. — Tout travail à la façon, depuis le simple travail aux pièces de l'ouvrier tisseur jusqu'à l'entreprise du constructeur d'édifices publics, contient les mêmes éléments. Tout ce que nous avons dit en Droit romain, nous pouvons le redire à cet endroit sur le Code Napoléon qui n'a rien innové. Le législateur, en effet, s'est inspiré de Pothier, et celui-ci, dans son Traité du louage, ne fait que développer, sans modifications importantes, ce qu'il avait dit dans ses Pandectes, de la *conductio operis*.

Nous devons cependant distinguer les ouvriers des entrepreneurs; les premiers rentrant seuls dans le cadre de notre travail. Recherchons d'abord quelles sont les variétés les plus importantes des engagements du travail à la façon, et quelles sont les règles qu'on doit leur appliquer.

25. — Le Code Napoléon a été moins sobre à cet égard qu'à l'égard des travaux payés à raison du temps, et il a consacré une section composée de treize articles à la réglementation des devis et marchés. Mais cette section nous paraît mériter le reproche de n'être pas conçue avec netteté. Certaines des règles qu'elle contient, auraient dû figurer, comme s'appliquant à tous les engagements du travail, dans une section consacrée aux règles générales ; d'autres se réfèrent uniquement aux entrepreneurs, tandis que les autres ne concernent que les ouvriers payés aux pièces.

26. — L'art. 1787, qui est le premier de la section des devis et marchés, s'exprime ainsi : « Lorsqu'on charge quelqu'un de faire un ouvrage, on peut convenir qu'il fournira seulement son travail ou son industrie, ou bien qu'il fournira la matière. » Cette distinction sera le premier point que nous étudierons.

D'après les principes que nous avons posés dans le Droit romain, cet article comprendrait dans ses termes, non-seulement des cas de louage, mais aussi des cas de vente. Nous avons dit, en effet, que du moment où toute la matière était fournie par l'ouvrier, il y avait non plus louage, mais vente. La même solution doit être admise dans le Droit français (arg. art. 1711) (1). Cette distinction, qui paraît au premier abord n'avoir qu'une importance terminologique dans le Droit français, lorsque l'on connaît la règle établie par l'art. 1788, en a une réelle au point de vue des risques et aussi de la compétence. Il est admis par tous les auteurs qui se sont occupés de ce sujet, que tout individu qui, en fournissant son travail, fournit en même temps la matière ou une partie

_____

(1) Fenet, tom. 14, pag. 340 ; Mouricault, Clamageran, n° 260, Troplong, louage, n° 976. Contra Duranton et Duvergier.

principale de cette matière, ne doit pas être considéré comme ouvrier; il est marchand, et à ce titre les difficultés qu'il peut avoir avec ceux, par exemple, qui lui commandent son ouvrage pour le revendre; ne rentrent pas dans la compétence des Conseils de prud'hommes (1). Quoi qu'il en soit, le Code a classé ce cas dans la section des devis et marchés, et à ce titre nous aurons à nous en occuper.

27. — Il y a cependant une seconde distinction à faire à cet égard, entre celui qui exécute un travail commandé sur une matière de son choix, et celui qui l'exécute sur un corps certain choisi par le maître de l'ouvrage. Dans la première opération on peut voir, la vente d'une chose une fois faite, vente d'une chose future et par conséquent conditionnelle. Tant que l'objet n'est pas ouvré et accepté, il reste la propriété de l'ouvrier; l'art. 1788 a consacré ce principe. Mais si le maître a choisi avant le travail la matière, l'objet certain sur lequel il veut que ce travail soit effectué, il nous paraît par cet acte avoir fait sien l'objet choisi. Pourrait-on concevoir que l'ouvrier fût responsable d'une matière qu'il n'a pas choisie? Ce serait inique, et ce serait pourtant la conséquence de l'opinion qui dirait que dans le cas dont nous parlons, l'ouvrier doit être considéré comme travaillant encore sur sa matière. Nous pensons donc que la détermination de l'objet par le maître, fait passer la propriété de cet objet sur sa tête, et que désormais il n'y a plus qu'un contrat à exécuter entre lui et l'ouvrier, qui est le louage de l'ouvrage.

28. — Ces distinctions, du reste, n'ont pas grande portée en ce qui concerne les obligations des ouvriers dont nous allons nous occuper immédiatement, mais nous en retrouverons les conséquences lorsque nous nous occuperons des risques de la chose et du travail.

29. — Tout ouvrier à la façon promet un résultat, avons-

---

(1) Mollot, Compétence des Conseils de prud'hommes. — Lingée, Code des prud'hommes.

nous dit ; mais la nature de ce résultat peut varier ; il peut
être un ensemble, une partie déterminée ou indéterminée ;
enfin cette promesse de résultat peut se combiner avec des
engagements au temps et bien d'autres. La plupart de ces
combinaisons ont reçu, dans l'industrie, des dénominations
distinctes.

30. — Le plus fréquent des engagements du travail à la
façon, est l'engagement du travail à *la pièce*. Par ce contrat,
l'ouvrier promet un objet dans son ensemble qu'il doit effectuer à ses risques et périls, pour un prix déterminé.

31. — L'engagement à *tant la mesure*, est celui en vertu
duquel le maître promet à l'ouvrier de lui donner une somme
déterminée en proportion de la quantité de travail qu'il effec-
tuera. La différence qui existe entre le travail à la pièce et
celui-ci, c'est que dans le premier, l'ouvrier s'engage à
fournir un ensemble, il contracte une obligation précise ;
dans celui-ci, au contraire, le maître seul s'engage à donner à
l'ouvrier en proportion de ce qu'il aura fait ; mais en principe, l'ouvrier ne s'engage à rien ; il peut commencer son
travail, et le cesser immédiatement en se faisant payer ce
qu'il a fait, sans que le maître puisse le contraindre. Aussi
cet engagement, qui ne contient en lui-même aucune garantie
pour le maître, est-il presque toujours accompagné de conditions qui le complètent. Par exemple, dans la plupart des
ateliers organisés sous ce système, bien que les payements
soient calculés par la quantité du travail fait, ils ne sont
effectués qu'à des époques périodiques déterminées ; les heures
de travail sont fixes, et à l'égard des congés, les parties sont
soumises aux mêmes règles que si l'engagement était effectué
au temps.

32. — A côté des travaux à tant la pièce, vient se placer
l'entreprise. Les différences entre l'entreprise et le travail à la
pièce, ne sont pas bien tranchées ; il en est cependant, et le
Code fait la distinction, puisqu'il décide (art. 1799), que

les ouvriers doivent être, dans certains cas, considérés comme entrepreneurs. Ce qui caractérise l'entreprise, pensons-nous, c'est l'importance des travaux à faire. La portée de cette expression est loin d'être précise; le Code semble l'avoir spécialement affectée, dans la section des devis et marchés, à ceux qui s'occupent de la construction des bâtiments et des édifices, en un mot, des gros travaux pouvant amener des dangers pour la sécurité publique. L'entreprise n'est pas autre chose qu'un travail à la façon, et quoique les entrepreneurs de construction ne doivent pas être considérés le plus souvent comme des ouvriers, à raison de la nature de leurs travaux personnels, nous aurons par la suite à nous occuper de leurs obligations, puisque, comme nous l'avons dit, les ouvriers sont, dans certains cas, assimilés aux entrepreneurs.

33. — Au-dessous des entrepreneurs, il est encore une classe d'industriels qui souvent sont ouvriers et travaillent de leurs mains à effectuer seuls l'engagement qu'ils ont contracté, d'autres fois s'associent ou prennent à leur aide d'autres ouvriers pour effectuer, au profit de l'entrepreneur, l'ensemble d'un genre de travaux. Ce sont les sous-entrepreneurs ou tâcherons. Cette classe de gens, nombreuse et utile, n'a pas été mentionnée par le Code Napoléon. Nous aurons cependant à nous en occuper, mais nous ne trouverons qu'un seul document législatif qui les mentionne, pour les proscrire.

34. — Enfin, il est un grand nombre d'autres engagements de travaux à la façon, qui affectent des caractères spéciaux intéressants. On en trouve quelques exemples dans l'industrie agricole. Là, les payements s'effectuent souvent en nature. Nous ne parlons pas des colons partiaires dont nous ne pouvons pas étudier ici les conditions spéciales; mais en dehors de cette classe, souvent les ouvriers agricoles sont payés par une quantité déterminée de la récolte qu'ils doivent remettre aux mains du propriétaire.

Il existe encore, dans cette même industrie, des espèces d'engagements du travail, qui sont de véritables louages à la façon, bien que le caractère aléatoire s'y fasse sentir plus que dans les autres. Il est très-fréquent et presque universellement admis, que les propriétaires ont des abonnements avec les forgerons pour réparer les instruments aratoires, avec les maréchaux-ferrants pour ferrer les bêtes de labour et de trait. Ces abonnements se paient le plus souvent en denrées agricoles, quelquefois en argent, mais ils ne portent pas moins sur de véritables travaux à la façon. Le salaire est proportionné, en effet, au résultat probable à obtenir, indépendamment du temps et de la peine que l'ouvrier devra y consacrer.

35. — En principe, la situation de tous les travailleurs que nous venons d'énumérer est la même, leurs obligations substantielles sont identiques.

Nous avons analysé avec quelque soin, dans le Droit romain, les rôles que jouent respectivement dans la *conductio operis*, les parties vis-à-vis l'une de l'autre; il en est résulté que l'ouvrier devait toujours être considéré dans ce contrat comme *conductor*, c'est-à-dire comme locataire. Tout ce que nous avons dit en Droit romain à cet égard, nous pouvons le répéter ici. L'ouvrier à la façon n'est pas un homme qui veut retirer un bénéfice directement de son travail, il cherche encore une source de bénéfice dans le mode d'accomplissement de ce travail. Le marché qui intervient entre lui et son patron, est celui-ci : ce travail qui, dans des conditions ordinaires, et fait à la journée, vous coûterait 20, somme à laquelle il faut ajouter 5, par exemple, pour les retouches, pertes de temps et obstacles de tous genres, ne le faites pas faire par vous-même, donnez-le moi, je vous le loue pour l'exploiter comme une source de bénéfice, et au lieu de 25 qu'il vous coûterait, je vous réduis ce chiffre de 6 ; cette réduction sera le prix du loyer, et vous n'aurez que 19 à me payer. Cette opération, nous le répétons encore une fois, est rendue sensible par les adjudications aux enchères de nos entreprises de travaux publics. L'ingénieur fixe un prix qu'il joint à ses plans, les adjudicataires rabaissent ce

prix et opèrent des réductions successives qui ne sont autre
chose que le prix qu'ils offrent pour avoir le droit d'exploiter
l'entreprise. Cette précision, nous l'avons vu, avait plus d'importance dans le Droit romain que dans notre Droit, mais
elle nous paraît aussi juste dans un Droit que dans l'autre,
et par ce seul fait elle devait être rappelée ici.

36. — Redirons-nous que le travail à la façon constitue
dans l'industrie un élément de progrès, qu'il est un progrès
par lui-même, et qu'il est plus noble que le travail au temps,
et tout cela, parce qu'il suppose plus d'initiative personnelle ?
Ces choses-là sont également vraies dans tous les temps et
sous toutes les législations, et nous préférons nous en référer,
pour le développement de ces pensées, à ce que nous avons
déjà dit.

Qu'est-ce donc que doit l'ouvrier, et en retour que doit
le maître ?

37. — L'ouvrier doit un résultat effectué suivant les lois
de la convention. Dans ces mots, est contenue la substance de
toutes les obligations des travailleurs à la façon.

Ainsi l'ouvrier doit un résultat, ce qui revient à dire que
quels que soient le travail et les matériaux par lui fournis, s'il
ne donne rien au maître, il ne lui est rien dû par ce dernier.

38. — Ce résultat doit, en outre, être effectué suivant les
lois de la convention. Ces lois varient nécessairement suivant
les modes d'engagements que nous venons d'énumérer ; elles
s'appliquent à la manière dont l'objet doit être effectué, aux
personnes qui doivent faire le travail, au temps, au lieu, à
la quantité du travail, aux matériaux enfin qui peuvent être
fournis par l'ouvrier.

La confection des objets peut présenter différents degrés de
perfection, et l'on peut dire que plus une industrie sera
relevée, plus les degrés pourront varier. Aussi ne s'agit-il pas
seulement de savoir, lorsque le moment de délivrer le travail
est venu, si ce travail peut être utile au maître, il faut encore

examiner si son degré de perfection correspond à l'idée que
lui en a fait concevoir l'ouvrier, soit par ses promesses, soit
même par les qualifications qu'il s'est donné. C'est ce qui doit
être jugé suivant les règles de la bonne foi.

39. — Quelquefois la personne de l'ouvrier est tellement
en jeu, que le juge n'a point à examiner si le travail a atteint
le degré de perfection que le maître était en droit d'espérer;
il suffira que le résultat ait été obtenu par un autre que celui
à qui il a été commandé, pour que le contrat soit censé inexé-
cuté. Cependant, telle n'est pas la situation ordinaire dans
l'industrie; tandis que la personne de l'artiste est toujours
essentiellement comprise dans le contrat, la personne de l'ouvrier reste une considération secondaire. Il faudrait donc,
pensons-nous, une clause formelle pour qu'il en soit autrement (art. 1237 C. N.).

40. — Il arrive souvent qu'un délai est fixé à l'ouvrier pour
l'exécution du travail qui lui est confié; d'autres fois l'ouvrier
promet d'entreprendre le travail à une époque fixe et de le
continuer sans interruption jusqu'à son parfait achèvement;
d'autres fois enfin, les parties ne fixent aucun délai. Dans le
premier cas, à l'expiration du terme; dans les autres cas,
à suite de la mise en demeure, l'ouvrier peut être soumis,
en vertu de l'art. 1142 C. N., à payer des dommages-intérêts
au maître. Le maître peut encore recourir à l'art. 1144, et se
faire autoriser à faire exécuter lui-même l'obligation aux dépens du débiteur. Nous avons vu dans le Droit romain, que
ce mode de procéder était quelquefois stipulé à l'avance par
les parties.

41. — Le travail doit encore être fait au lieu convenu, s'il
est immobilier, et y être au moins apporté lors de son achèvement s'il est mobilier.

Toutes ces obligations varient avec les circonstances, on le
comprend très-bien, et le juge du fait doit en être l'arbitre
équitable lorsque les parties n'ont rien formulé.

42. — Enfin, les obligations des ouvriers payés à la façon portent encore sur la qualité des matériaux qu'ils doivent fournir. Le maître aurait le droit de refuser des travaux effectués avec des matériaux de mauvaise qualité. Dans le cas où l'ouvrier fournit toute la matière, le maître aurait encore recours contre lui, même après l'approbation, parce qu'il y aurait vente, ainsi que nous l'avons établi plus haut (art. 1641 et suiv. C. N.).

43. — La principale obligation du maître est d'effectuer le payement à l'époque ou aux époques déterminées lors du contrat. Les ouvriers n'étant ordinairement pas en position de faire des avances, il est d'usage que le maître paye par portions, et d'avance, les travaux commandés. Cependant, en principe, le prix ne doit être payé qu'au moment de la livraison du travail que l'ouvrier s'est engagé à fournir.

44. — Le maître doit encore opérer l'approbation de l'ouvrage dès que l'ouvrier l'a terminé ; à cet égard, la mise en demeure pourrait avoir des conséquences que nous aurons plus tard à déterminer.

45. — L'approbation n'est pas soumise à des formes précises ; elle peut résulter dans certains cas de l'exécution du payement. L'art. 1791 s'exprime ainsi : « S'il s'agit d'un ouvrage à plusieurs pièces ou à la mesure, la vérification peut s'en faire par parties ; elle est censée faite pour toutes les parties payées, si le maître paye l'ouvrier à proportion de l'ouvrage fait.

SECTION TROISIÈME.

De l'Apprentissage.

Sommaire.

46. — Il nous reste enfin à étudier un contrat soumis à des règles spéciales, c'est celui qui règle l'apprentissage. Si nous eussions voulu suivre l'ordre des faits successifs dans la vie de l'ouvrier, nous aurions dû commencer par l'apprentissage qui est son éducation industrielle; nous avons pris l'ordre inverse pour commencer par étudier les situations les moins compliquées.

47. — La loi a été plus explicite à l'égard de ce contrat, qu'elle ne l'a été pour ceux que nous venons d'examiner. C'était justice. Le contrat d'apprentissage amène un certain nombre d'obligations complexes et réciproques de la part de chacune des parties, et ce motif devait engager le législateur à se montrer prévoyant. Mais, en outre, le contrat d'apprentissage touche à des droits sacrés; il fait passer dans les mains du maître une partie de la puissance et des devoirs du père. C'est une grave mission au double point de vue de la conscience et de l'intérêt social, et le législateur n'a pas trop fait en consacrant à cette matière une loi particulière, à la fois libérale et modérée. (L. 22 févr. 1851).

48. — La loi du 29 germinal an xi, dont nous avons déjà parlé en nous occupant du droit intermédiaire, avait établi certaines règles, mais la loi de 1851 a comblé une lacune vraiment regrettable.

L'apprentissage n'est pas plus aujourd'hui que sous le régime de la loi de l'an xi, une condition imposée à tout ouvrier. Il résulte de la force des choses, non de l'arbitraire des règlements, et il ne répond qu'à des besoins réels. Mais ces besoins eux-mêmes varient à l'infini, et avec eux, les formes et les clauses des contrats. Aussi est-il souvent bien difficile de distinguer l'apprentissage du louage d'ouvrage dans les contrats qui interviennent dans la pratique. L'intérêt, à vrai dire, n'est pas apparent au premier abord ; il existe cependant ; car nous verrons que certaines mesures sont imposées aux ouvriers et non aux apprentis ; il en est ainsi, par exemple, des livrets. La loi n'indique aucun trait précis, caractéristique du contrat, si ce n'est que le maître doit enseigner sa profession à l'apprenti ; mais cet enseignement se prolonge souvent au delà des limites de l'apprentissage, et quelquefois s'opère sous la forme et sous le nom d'un louage de travail.

49. — Au reste, les conditions de l'apprentissage sont très-variables. Suivant la difficulté que présentent les industries, non-seulement le temps de l'apprentissage varie, mais encore et surtout les conventions pécuniaires.

Dans certaines industries simples, l'apprenti reçoit immédiatement un modique salaire ; ce qui distingue alors son état d'apprenti, c'est précisément la modicité de ce salaire et ensuite un engagement pour une certaine durée de temps dans des conditions déterminées.

Il est des industries qui n'exigent que la force physique ; dans celles là, il n'existe pas d'apprenti puisqu'il n'est rien à apprendre, et que c'est l'éducation à faire qui est le seul trait caractéristique du contrat.

Il est d'autres industries un peu plus relevées, dans lesquelles l'ouvrier s'engage à travailler gratuitement pendant un certain temps, en retour de l'éducation qu'il reçoit. Le plus souvent, dans ces cas, on stipule un commencement de salaire pour les derniers temps de l'apprentissage. C'est un moyen de retenir l'apprenti, toujours porté, comme l'observait un ancien auteur, à abandonner son maître lorsque l'éducation qu'il a reçue devient fertile en résultats.

Enfin, dans les industries les plus compliquées, le maître ne se contente pas de ne rien donner, mais encore il exige une somme pour le prix de l'apprentissage, et stipule même une autre somme pour le cas de dédit, avant l'expiration du temps déterminé. C'est que dans tous les contrats d'apprentissage, le maître a le désir très-légitime de sa part, et très-favorable aux vrais intérêts de l'apprenti, de récupérer par les résultats de la dernière période de travail, les peines et soins qu'il a consacrés à l'apprenti dans la première.

50. — On le voit, l'apprentissage, dans notre Droit, donne lieu à un contrat complexe, d'une nature spéciale, d'où résultent quelquefois en même temps des deux côtés, des obligations *do ut facias* et *facio ut facias*.

51. L'article premier de la loi du 22 février 1851 définit ce contrat de la manière suivante : Le contrat d'apprentissage est celui par lequel un fabricant, un chef d'atelier ou un ouvrier, s'oblige à enseigner la pratique de sa profession à une autre personne, qui s'oblige en retour à travailler pour lui, le tout à des conditions et pendant un temps convenu.

52. — Pour commencer, suivant l'ordre adopté dans les précédents contrats, par les obligations dont le maître est en droit d'exiger l'accomplissement, nous dirons que, malgré ce que semble indiquer l'article, l'apprenti ne doit pas nécessairement travailler pour le maître. Ce n'est pas là une obligation substantielle et essentielle au contrat. Il arrive quelquefois, en effet, que l'apprenti payant un prix à son maître, se réserve le droit de disposer de ce qu'il produit comme il l'entend. Une pareille convention, qui ne rentre pas dans les

termes de l'article dont nous nous occupons, n'en est pas moins un apprentissage : *Omnis definitio periculosa in jure.* Cependant, il faut en convenir, l'article fait allusion aux cas les plus fréquents. Faire profiter le maître du travail de l'apprenti, c'est l'engager à rendre le plus tôt possible ce travail productif. Si le maître, pour arriver à ce but, ne contrevient pas à ses engagements en n'employant l'apprenti qu'à un seul genre de travail toujours le même, mais lui enseigne successivement toutes les pratiques de son art comme il doit le faire, tout est avantage pour les deux parties. L'apprenti progresse, et le maître profite en proportion des soins qu'il a pris pour enseigner. Quoi qu'il en soit, nous le répétons, ce n'est pas là une condition substantielle du contrat.

83. — L'art. 11 contient, dans sa première partie, une prescription qui s'applique à tous les cas. « L'apprenti doit à son maître fidélité, obéissance et respect; il doit l'aider par son travail dans la mesure de son aptitude et de ses forces. » La première obligation est la conséquence de la supériorité qui est donnée au maître par les conditions du contrat. Il est sans doute des apprentis de tous les âges, mais le maître reste toujours chargé de diriger une éducation, et à ce titre, il a droit de la part de tous, comme le dit la loi, à la fidélité, à l'obéissance et au respect, conditions essentielles de toute bonne éducation. Quant à la seconde obligation, elle peut être envisagée sous deux aspects.

84. — Si la loi a voulu dire que l'apprenti doit seconder le maître dans son œuvre d'éducation, il est certain que cette disposition s'applique à tous les apprentis. Une pareille obligation rentre dans la classe de leurs premiers devoirs. Mais si la loi a voulu dire que l'apprenti doit aider le maître à produire le travail qu'il effectue pour son compte, cette seconde obligation n'existe que dans l'hypothèse prévue par l'art. 1. L'apprenti payant et travaillant sous la direction du maître à des travaux dont il est libre de profiter, n'est pas tenu d'aider le maître à ses travaux personnels. La loi a continué à

voir les choses dans l'art 11, comme dans l'art. 1, d'une manière incomplète. C'est une trace des anciennes idées sur l'apprentissage.

55. — Le même art. 11 contient une seconde partie qui est ainsi conçue : « Il est tenu de remplacer à la fin de l'apprentissage le temps qu'il n'a pu employer par suite de maladie ou d'absence ayant duré plus de quinze jours. » Cette règle qui, répondant toujours à la même situation, est évidemment établie en faveur du maître, pourrait-elle être également invoquée par l'apprenti? Cela ne nous paraît pas douteux, pourvu toutefois qu'il fût établi que l'absence de l'apprenti a eu des causes légitimes. Il ne faudrait pas que par des interruptions fréquentes et prolongées, il puisse étendre la durée de l'apprentissage au delà des limites de temps assignées. Ce serait altérer le sens des termes du contrat, et le maître pourrait se refuser à continuer par intervalles et au gré de l'apprenti, un apprentissage qui pourrait devenir gênant.

56. — Les art. 9 et 10 contiennent des règles en ce qui concerne la durée du travail des apprentis dont nous renvoyons l'étude plus loin. Cette réglementation de détail ne touche pas à la substance des obligations des parties ; nous en présenterons l'économie lorsque nous nous occuperons de la loi sur la durée du travail des enfants dans les manufactures. Les deux lois s'éclaireront ainsi réciproquement par la comparaison.

57. — Les obligations du maître vis-à-vis de l'apprenti sont de deux espèces ; elles se rattachent au devoir moral, et au devoir professionnel.

58. — Que l'apprenti habite chez son maître ou non, qu'il y prenne ou non ses repas, le maître remplace le père tout le temps que l'enfant lui est confié. De là ces devoirs moraux que la loi ne peut déterminer, mais dont le juge doit tenir

9

grand compte et qu'il doit sanctionner par la rigueur de ses jugements.

L'art. 8 se réfère au genre d'obligations dont nous parlons. Il est ainsi conçu : « Le maître doit se conduire envers l'apprenti en bon père de famille ; surveiller sa conduite et ses mœurs, soit dans la maison, soit au dehors, et avertir ses parents ou leurs représentants des fautes graves qu'il pourrait commettre ou des penchans vicieux qu'il pourrait manifester. — Il doit aussi les prévenir sans retard, en cas de maladie, d'absence, ou de tout fait de nature à motiver leur intervention. — Il n'emploiera l'apprenti, sauf conventions contraires, qu'aux travaux et services qui se rattachent à l'exercice de sa profession. Il ne l'emploiera jamais à ceux qui seraient insalubres ou au-dessus de ses forces. »

59. — La dernière partie de l'art. 8 touche aux devoirs professionnels et est complétée, sous ce rapport, par l'art. 12 qui est ainsi conçu : « Le maître doit enseigner à l'apprenti, progressivement et complètement, l'art, le métier ou la profession spéciale qui fait l'objet du contrat. Il lui délivrera à la fin de l'apprentissage un congé d'acquit ou certificat constatant l'exécution du contrat. »

Toutes ces obligations sont essentielles, et le patron qui y contreviendrait serait considéré comme inexécutant le contrat, ce qui pourrait donner lieu à la résolution de ce contrat avec dommages.

60. — Ajoutons, avant de terminer, que le patron est revêtu d'une partie de la puissance paternelle, ce qui lui donne le droit de réprimande et de correction sur l'enfant. Mais le maître ne doit jamais aller jusqu'à maltraiter son apprenti ; et pour donner lieu à une action du père de l'enfant, il ne serait certes pas besoin que le maître lui ait crevé l'œil, *forma calcei*, comme le dit la loi romaine. Les juges devraient, au contraire, se montrer rigoureux sur ce point, et rappeler aux maîtres d'apprentissage, que les bases d'une bonne éducation

morale et industrielle, ne sont point la violence et l'injure, mais la patience, la douceur et la persuasion.

SECTION QUATRIÈME.

Des Agents de l'industrie et des termes consacrés pour les désigner.

Sommaire.

61. Objet de cette section. — Division des industries en trois catégories. — 62. Industrie agricole. — 63. Industrie manufacturière. — 64. Industrie des entreprises de grands travaux.

61. — L'apprenti, l'ouvrier, le maître; telles sont les trois personnes juridiques qui doivent nous occuper encore dans notre Droit. Nous les trouvons soit en relations directes entre eux, soit séparés par des représentants ou des personnes interposées, dont les noms varient. Quelques-uns de ces noms ont été empruntés par le législateur au langage industriel, il nous a paru utile d'en déterminer la valeur juridique.

On peut, à ce point de vue, distinguer les industriels en trois branches : les agriculteurs, les manufacturiers, et ceux qui, n'étant ni agriculteurs ni manufacturiers, confectionnent de grands travaux de maçonnerie ou de terrassements.

62. — Les agriculteurs conservent le nom de maître sans désignation générique ; ils sont ou propriétaires ou fermiers, et font cultiver par eux-mêmes ou par un représentant qui se nomme intendant, régisseur, ou homme d'affaires. Il n'est presque jamais d'intermédiaire entre le propriétaire ou son représentant, ou le fermier, et l'ouvrier travaillant de ses mains ; l'ouvrier agricole est ordinairement engagé et payé par celui à qui est destiné le produit du travail, sans qu'il y ait de personnes interposées, comme les sous-entrepreneurs.

63. — Il en est autrement dans l'industrie manufacturière. Là le maître prend ordinairement dans la pratique le nom de patron, et est appelé par les lois spéciales maître fabricant,

négociant fabricant ou marchand fabricant. C'est celui qui est à la tête de l'industrie. Il fournit les matières premières, et lorsqu'elles lui reviennent confectionnées, il les livre au commerce (1). Le maître a ordinairement sous ses ordres un homme qui le représente vis-à-vis des ouvriers, et que l'on nomme contre-maître. Celui-ci est payé à la journée, ou au mois ; la plupart du temps il met lui-même la main à l'œuvre, et sous ce rapport, il doit être considéré comme faisant partie des ouvriers ; nous pensons qu'il devrait encore leur être assimilé, quand même il ne mettrait pas la main à l'œuvre, parce que son travail porte toujours et uniquement sur l'exécution matérielle. Au reste, la loi du 1er juin 1853 sur les conseils de prud'hommes, classe les contre-maîtres au rang des ouvriers, non-seulement au point de vue de la compétence, mais encore en ce qui concerne le droit d'élire et d'être élu membre de ces conseils (2).

Au-dessous du maître ou du contre-maître se trouve, dans certaines industries, le chef d'atelier. Le chef d'atelier reçoit du maître une quantité déterminée de marchandises qu'il se charge de rendre confectionnées au patron pour un prix déterminé en proportion du travail. Mais ce qui distingue cet ouvrier qui met lui-même la main à l'œuvre, c'est qu'il a sous sa direction des ouvriers qu'il paie, et à l'aide desquels il accomplit le travail dont il s'est chargé. Ce genre d'engagement est en pratique dans les grands centres manufacturiers, tels que Lyon, Nîmes, Saint-Étienne, et en particulier dans l'industrie du tissage. Le chef d'atelier est le plus souvent propriétaire d'un ou de plusieurs métiers qu'il fait fonctionner personnellement et avec l'aide des ouvriers. Le chef d'atelier est considéré comme ouvrier dans toutes les lois spéciales à l'industrie manufacturière.

Enfin, au-dessous du chef d'atelier, vient le simple ouvrier qui traite, soit directement avec le maître fabricant, soit avec

---

(1) Lingée, législation industrielle, pag. 40, note 1.
(2) Voir aussi art. 15. L. 22, germinal an XI.

son représentant, ou bien avec le chef d'atelier, et est payé à raison de ce qu'il fait par lui-même, au temps ou à la façon.

64. — Dans l'industrie des travaux de construction, de terrassement et autres du même genre, si ce n'est pas le propriétaire du fonds ou celui qui est directement intéressé à la confection du travail qui se charge de la direction et des risques, le maître s'appelle entrepreneur. L'entrepreneur, dans les grands travaux, procède ordinairement sur les plans d'un ingénieur ou d'un architecte, qui, après avoir donné les plans, reste encore chargé de les faire exécuter fidèlement, et de recevoir les travaux quand ils sont complets. Au-dessous de l'entrepreneur, et pour le représenter vis-à-vis des ouvriers, est placé ce que, dans l'industrie manufacturière, on nomme le contre-maître. Ce mandataire spécial prend des noms différents, suivant l'importance des travaux ; il s'appelle conducteur, piqueur, marqueur, surveillant de travaux ou chef de chantier. Les tribunaux doivent distinguer, à raison de la nature des travaux de ces mandataires, si on doit ou non les considérer comme ouvriers. Il en devrait être ainsi si le mandat consistait uniquement à surveiller l'exécution matérielle du détail des travaux, comme cela a lieu pour le contre-maître. Si le mandataire joignait à son travail de surveillance un travail manuel, évidemment il devrait être considéré comme ouvrier.

Le sous-entrepreneur tient, à l'égard de l'entrepreneur, le même rang que le chef d'atelier à l'égard du fabricant. Il reçoit ordinairement de l'entrepreneur les matières premières, et se charge de confectionner, soit par lui-même, soit par des ouvriers qu'il prend sous ses ordres, une partie déterminée du travail de l'entreprise. Le sous-entrepreneur prend plus particulièrement le nom de tâcheron lorsqu'il travaille personnellement, avec les ouvriers qu'il a sous ses ordres, à la confection manuelle des travaux.

Le décret du 2 mars 1848 et l'arrêté du 4 avril suivant,

qui proscrivent le marchandage, n'ont pu détruire le contrat de sous-entreprise, espèce de louage de travail à la façon
qui n'a rien que de très-légal. C'est pourtant ce qui semblerait
devoir résulter de leurs termes, dont nous aurons plus tard à
critiquer l'inexactitude.

Au-dessous du sous-entrepreneur se trouve l'ouvrier, qui
traite soit avec le sous-entrepreneur, soit avec l'entrepreneur
ou son représentant, et travaille soit au temps, soit à la façon.
Dans ce dernier cas, il travaille quelquefois seul, d'autres fois,
il s'associe pour entreprendre en bloc un travail d'ensemble,
dans l'espoir d'augmenter son gain. Ces sociétés d'ouvriers
prennent dans l'usage des noms variés qui n'ont pas été consacrés par la loi.

Les ouvriers ont encore reçu de la loi d'autres noms, tels
que ceux d'artisans, de gens de travail, qui sont génériques,
et n'ont rien de spécial qui mérite nos observations.

Enfin, au bas de l'échelle de l'industrie, se trouve l'apprenti,
dont nous avons déjà parlé. L'apprenti est celui qui commence
son éducation industrielle. Le plus souvent il est confié à un
simple ouvrier; d'autres fois le maître d'apprentissage est un
patron, mais il faut que ce patron ait peu d'ouvriers à diriger
et qu'il mette lui-même la main à l'œuvre. Les industries simples ne comportent pas d'apprentissage proprement dit; mais,
à mesure que l'industrie s'élève, l'apprentissage devient plus
long et plus coûteux; l'apprenti devient élève, le maître se
rapproche du professeur.

CHAPITRE DEUXIÈME.

LIMITES FIXÉES PAR LA LOI CIVILE A LA LIBERTÉ DES ENGAGEMENTS DU TRAVAIL.

Sommaire.

65. — Nous avons posé en principe que le travail est libre sous la loi qui nous régit ; mais nous n'avons point entendu parler d'une liberté sans frein et sans limite qui serait exclusive de tout droit.

La justice veut que la liberté d'un citoyen ne puisse pas s'exercer aux dépens de celle d'un autre. C'est par le droit, c'est-à-dire par la fixation de la liberté de chacun, que l'on arrive à l'ordre, c'est-à-dire à la plus grande somme de liberté qui puisse être obtenue.

66. — De là ce principe essentiel qui doit s'appliquer aux engagements du travail plus qu'à tous autres, si c'est possible, et qui est posé dans l'art. 6 du Code Napoléon : « On ne peut déroger par des conventions particulières aux lois qui intéressent l'ordre public et les bonnes mœurs. » Toute contravention à cet article entraînerait nécessairement la nullité absolue de l'engagement contracté. Prêter son travail pour l'accomplissement d'un acte coupable, c'est être coupable. Nous n'avons pas à donner ici les développements de ce principe, qui touche aux plus graves questions du droit pénal, à la complicité, à l'imputabilité, mais nous aurons à en étudier quelques conséquences lorsque nous nous occuperons de la responsabilité des divers agents de l'industrie vis-à-vis les uns des autres et vis-à-

vis des tiers. Il y a cependant, à l'égard des ouvriers, une obligation spéciale qui se rattache à ce principe : c'est celle de respecter la propriété industrielle dans leurs travaux. Cette obligation est sanctionnée par l'art. 418 du Code pénal.

67. — Mais la liberté suppose la volonté, et la volonté n'est plus elle-même, si la raison ne l'accompagne pas pour la guider dans la personne de l'agent. De là cette seconde règle du Droit civil, qui veut que le mineur et l'interdit ne puissent agir par eux-mêmes, et qui s'applique aux engagements du travail comme à tous les autres engagements. L'ouvrier mineur ne peut agir par lui-même en justice ; il est restituable, à l'égard des engagements de son travail, pour cause de lésion. Quelques auteurs vont plus loin que nous, et déclarent que ces engagements sont nuls pour vices de forme.

68. — Quelles que soient les conséquences que l'on attribue à l'incapacité des mineurs à l'égard des engagements qu'ils contractent sans l'intervention de leur père ou tuteur, qu'il nous soit permis de dire que nous trouvons rigoureuse la loi qui fixe à vingt-un ans la majorité de l'ouvrier, même à l'égard des actes de sa profession. Disons donc tout de suite que nous voudrions un tempérament à cette règle. Sans aller aussi loin que le fait l'art. 374 C. N., qui autorise le fils, après l'âge de dix-huit ans, à s'enrôler sans la permission de son père, ne pourrait-on pas régulariser la situation d'une classe nombreuse et intéressante d'ouvriers français? Nous voulons parler des ouvriers voyageurs.

Il est d'usage, dans les principales industries, qu'au sortir de l'apprentissage, le jeune ouvrier aille effectuer ce que l'on appelle, dans le langage usuel, son tour de France. Cet usage, excellent à beaucoup d'égards, malgré les dangers qu'il peut amener, contribue à former des ouvriers habiles, à leur donner des habitudes de prévoyance qui se continuent après leur retour au pays. Or quelle est la situation de ces jeunes gens? La plupart du temps ils sont âgés de dix-huit à vingt-un ans. Durant toute cette période du voyage, ils contractent donc des engagements, pour le moins irréguliers ; car ils ne peuvent les contracter avec l'assistance de leur père ou tuteur. Si une difficulté s'élève entre eux et leur patron, ils sont obligés de se mettre en relations avec leurs parents pour vider une contestation dont ceux-ci ne peuvent rien connaître. Ce sont là des frais et des difficultés qui les condamneraient, le plus souvent, à l'inaction, si les patrons n'avaient pas à se montrer soucieux de leur réputation d'honnêteté.

À la vérité, les art. 487 C. N. et 2 Comm. autorisent l'émancipation à dix-huit ans, et l'art. 1308 C. N. déclare que le mineur artisan n'est pas restituable contre les engagements qu'il a pris à raison de son art. Mais, de l'aveu de tout le monde, l'art. 1408 ne parle encore que du mineur émancipé. Or peut-on penser que les formalités requises pour l'émancipation puissent entrer dans la pratique journalière de la classe ouvrière ? C'est évidemment inadmissible.

69. — Cependant lorsque le père a autorisé son fils à entreprendre son voyage, n'a-t-il pas donné le signal d'une véritable émancipation de fait ? Pourquoi cette autorisation n'aurait-elle pas les mêmes effets, par rapport aux engagements du travail, que l'émancipation soumise aux formes de l'art. 2 C. Comm., par rapport aux actes de commerce, si on a le moyen de donner les garanties nécessaires de publicité ?

Ce moyen est indiqué par la loi, qui impose à tous les ouvriers le livret. Les ouvriers voyageurs sont doublement contraints à avoir le livret, puisque, indépendamment de son utilité principale, il leur sert encore de passe-port. Pourquoi la loi ne déclarerait-elle pas que le *visa* du père ou du tuteur, avec autorisation de voyager, pourrait par le fait même conférer au mineur de plus de dix-huit ans l'émancipation pour tout ce qui se réfère à son art. Ainsi, non-seulement l'ouvrier contracterait régulièrement, mais encore il pourrait personnellement faire valoir, devant les tribunaux industriels, des droits que lui seul a fait naître, puisque lui seul a contracté en connaissance de cause.

Une pareille innovation mettrait le Droit d'accord avec la pratique, et donnerait une sanction aux devoirs de la loyauté industrielle, sans présenter d'ailleurs aucun inconvénient.

70. — Ainsi, la liberté du travail n'existe que tout autant qu'elle ne peut nuire à l'ordre social. La loi a même prévu les cas où l'industrie pouvait porter par sa nature un préjudice quelconque, et elle a organisé des mesures que nous n'avons point à étudier ici sur l'établissement des ateliers dangereux ou insalubres, parce qu'elles rentrent dans l'ordre administratif. De plus, l'exercice de cette liberté devait être confié à celui que la raison guidait ; l'enfant, le fou, ne sauraient être considérés comme capables d'en user.

Mais la loi a poussé plus loin, en ce qui concerne les engagements du travail, ses mesures de prudence. Elle a protégé d'abord l'enfant contre les excès nuisibles à son développement physique et moral ; elle a pensé en outre qu'il fallait protéger l'homme lui-même contre les égarements de sa propre volonté ; enfin, en faisant de la coalition un délit dont nous aurons à étudier les conséquences civiles, elle a voulu protéger la liberté du consentement contre des influences dangereuses résultant de l'entente de la part d'une classe de contractants contre l'autre.

Les deux premiers points feront chacun l'objet d'une section de ce chapitre, parce qu'ils peuvent être considérés comme limitant la liberté des engagements du travail ; quant aux coalitions, en établissant qu'elles supposent nécessairement la contrainte, nous établirons que, loin de constituer un acte de vraie liberté, elles en entravent l'exercice, que par conséquent la loi qui les proscrit ne peut rentrer au nombre de celles qui limitent la liberté. Aussi, en nous occupant de leur influence sur le Droit civil, ne rangerons-nous pas cette étude dans le chapitre qui s'occupe des limites apportées par la loi à la liberté des engagements du travail ; nous lui consacrons un appendice.

SECTION PREMIÈRE.

Limites fixées par les lois spéciales à la liberté des engagements
du travail des Enfants et des Apprentis.

Sommaire.

71. Les lois qui vont nous occuper ont un caractère pénal, mais elles ont une
influence directe sur la liberté des engagements du travail. — 72. Appréciation de ces lois. — 73. Ordre suivi dans cette section. — 74. La loi de
1851, sur les apprentis, ne peut être étendue aux jeunes ouvriers. — 75. Les
règles portées par cette loi peuvent se rattacher à trois chefs. 1° Limitation
des heures de travail. — 76. 2° Éducation morale et religieuse. — 77. 3° Formes du contrat, capacité des parties. — 78. Loi de 1841, sur le travail des
enfants. — 79. Quels enfants sont compris dans les termes de cette loi.
— 80. Les limites de cette loi sont trop étroites. — 81. 1° Limitation des
heures du travail. — 82. Travaux de nuit. — 83. Supputation de ce temps
pour le payement. — 84. 2° Éducation morale et religieuse. — 85. 3° Formes du contrat; garantie de l'exécution de la loi. — 86. Conclusion.

71. — Les lois dont nous avons à parler dans cette section
ne se sont pas spécialement occupées des engagements des enfants au point de vue du Droit civil. Nous devions cependant
les étudier, parce qu'elles ont une influence immédiate sur ce
Droit. En déterminant la limite au delà de laquelle la durée
du travail d'un enfant devient un fait punissable, elles déterminent l'étendue du droit de contracter sur ce travail, et
par conséquent rentrent dans notre sujet.

72. — Les lois qui fixent la durée maximum du travail
journalier des enfants, dans les mines, manufactures et ateliers, mettent une limite à la puissance paternelle, et en cela,
elles ne font que se conformer à la justice et à l'humanité. « Ce
n'est pas détruire l'autorité paternelle, disait M. Renouard,
rapporteur de l'une de ces lois à la Chambre des députés, que
de protéger l'existence et la santé des enfants contre les délits
du père. La société a intérêt à ce que le corps des enfants se
développe librement, tant qu'il n'a pas acquis la plénitude
de ses forces physiques ; que leur âme et leur intelligence re-

çoivent une éducation morale, tant qu'elles sont incapables de se diriger elles-mêmes. La puissance paternelle est le droit du bienfait et non le droit de l'abus (1). »

Tout le monde connaît le mot tristement célèbre du ministre anglais qui, répondant aux plaintes des industriels de son pays, leur disait : Les hommes vous manquent? prenez les enfants. Tout le monde connaît aussi les malheurs célèbres des ouvriers, et en particulier des enfants des ouvriers anglais. Aussi le législateur a-t-il dû recourir à des lois protectrices de l'enfance. De pareilles lois ne dérivent pas d'un système plus ou moins factice d'organisation industrielle; leur source remonte plus haut.

La France n'avait pas à déplorer d'aussi grands malheurs que l'Angleterre, mais elle pouvait les prévenir, et c'est ce qu'elle a voulu faire.

73. — A la vérité, les lois qui existent sur cette matière ne sont pas suffisantes, car la plus ancienne en date ne parle que d'une catégorie particulière d'ouvriers, c'est la loi du 22 mars 1841; l'autre, la plus récente, ne parle que des apprentis, c'est celle du 22 février 1851.

Commençons par l'étude de cette dernière, puisqu'elle s'occupe d'une classe d'individus tout entière; nous parlerons ensuite des prescriptions relatives aux cas spécialement déterminés par la loi de 1841.

74. — La loi de 1851 est relative aux apprentis seulement. Nous avons dit combien il est difficile de déterminer la ligne de démarcation qui sépare l'apprenti du jeune ouvrier. Ce qui constitue l'essence du contrat d'apprentissage, c'est la promesse de la part du patron, d'enseigner son art à l'apprenti; or un enfant au-dessous de seize ans n'est-il pas en réalité toujours un apprenti? Le sens spécial donné au mot apprenti

---

(1) Moniteurs des 12 avril, 5 juin 1840. — Voir aussi les Moniteurs des 15 janvier, 23 février, 5 au 11 mars, 22 au 30 décembre de la même année.

ne nous autorise pas à admettre cette solution que nous voudrions pouvoir admettre cependant.

Pourquoi le législateur de 1851 a-t-il adopté ce terme limitatif d'apprenti? pourquoi a-t-il considéré les choses à ce point de vue restreint dont nous avons déjà constaté les inconvénients sous un autre rapport? En 1847, on avait proposé d'étendre à tous les enfants les bienfaisantes mesures prises par la loi de 1841, à l'égard des enfants travaillant dans certaines fabriques ; c'était justice. Un projet fut présenté à la Chambre des députés, mais l'étude en fut interrompue et le projet n'eut pas de suite (1). La loi de 1851 a reproduit une partie des mesures prises par celle de 1841 ; elle les a même adoucies, mais elle les a réservées pour les apprentis, et nous savons dans quelles limites étroites elle place le contrat d'apprentissage. Nous verrons que ce n'est pas là le seul reproche que l'on puisse adresser à la loi de 1851, dont cependant on ne saurait trop louer la tendance humanitaire. Lorsque nous nous occuperons de la loi de 1841, nous verrons qu'il résulte de la comparaison de cette loi avec celle qui nous occupe, une étrange anomalie qui pourrait motiver à elle seule, une révision législative.

75. — Quoi qu'il en soit, on peut ramener à trois chefs les règles spéciales établies en ce qui concerne les engagements des apprentis.

Les premières concernent la limitation des heures de travail et sont énoncées dans l'art. 9 de la loi. « La durée du travail effectif des apprentis âgés de moins de quatorze ans, ne pourra dépasser dix heures par jour. — Pour les apprentis âgés de quatorze à seize ans, elle ne pourra dépasser douze heures. — Aucun travail de nuit ne peut être imposé aux apprentis âgés de moins de seize ans. — Est considéré comme travail de nuit, tout travail fait entre neuf heures du soir et cinq heures du matin. »

---

(1) Moniteur des 15 et 16 février 1847.

76. — La deuxième espèce de prescriptions se réfère à l'éducation intellectuelle, morale et religieuse de l'apprenti. L'art. 9 continue en ces termes : « Les dimanches et jours de fêtes reconnues ou légales, les apprentis, dans aucun cas, ne peuvent être tenus vis-à-vis de leur maître à aucun travail de leur profession. — Dans le cas où l'apprenti serait obligé, par suite des conventions, ou conformément à l'usage, de ranger l'atelier aux jours ci-dessus marqués, ce travail ne pourra se prolonger au delà de dix heures du matin. — Il ne pourra être dérogé aux dispositions contenues dans les trois premiers paragraphes du présent article, que par un arrêté rendu par le préfet sur l'avis du maire. » Et l'article 10 ajoute : « Si l'apprenti, âgé de moins de seize ans, ne sait pas lire, écrire et compter, ou s'il n'a pas encore terminé sa première éducation religieuse, le maître est tenu de lui laisser prendre sur la journée de travail, le temps et la liberté nécessaires pour son instruction. — Néanmoins ce temps ne pourra pas excéder deux heures par jour. »

77. — La troisième série de règles spéciales édictées par la loi de 1851, se réfère aux formes du contrat et à la capacité du maître. Quant aux formes du contrat, quoique les articles 2 et 3 s'étendent sur ce point, on peut dire qu'il n'en est point exigé de précises qui soient nécessaires à l'existence du contrat, puisque, aux termes de l'article 2, le contrat peut être fait verbalement. L'art. 12 autorise l'apprenti à exiger à la fin de l'apprentissage « un congé d'acquit ou certificat constatant l'exécution du contrat. »

Les art. 4, 5, 6 et 7 contiennent des règles qui nous paraissent parfaitement sages sur la capacité du maître. « Nul ne peut recevoir des apprentis mineurs, dit l'art. 4, s'il n'est âgé de 21 ans au moins. » Art. 5. « Aucun maître, s'il est célibataire ou en état de veuvage, ne peut loger comme apprenties, des jeunes filles mineures. » On conçoit facilement quel est l'esprit de ces articles.

L'art. 6 dit : « Sont incapables de recevoir des apprentis ;

les individus qui ont subi une condamnation pour crime, ou qui ont été condamnés pour attentats aux mœurs ; ceux qui ont été condamnés à plus de trois mois d'emprisonnement, pour les délits prévus dans les art. 388, 401, 405, 406, 407, 408, 423. C. P. »

Cet article, dont on comprend le but et la portée morale, donne lieu à des observations relatives au cas de concours de délits.

Si en même temps qu'il est poursuivi pour un fait contraire aux bonnes mœurs, le maître est poursuivi pour un autre fait qui entraîne une peine supérieure, cette dernière peine absorbera celle encourue à raison du premier fait ; cependant il est incontestable que l'incapacité de recevoir des apprentis devra résulter de la seule constatation juridique du fait contraire aux mœurs, quoique la peine encourue ne soit pas prononcée. L'apprentissage constitue une mission de confiance, dont la loi juge indignes les hommes immoraux ; pourrait-elle se montrer plus confiante envers eux, si à leur première faute ils en joignaient une seconde plus grave.

Cependant, quant aux faits compris dans les articles du Code pénal ci-dessus énumérés ; ils ne devraient exercer d'influence sur la capacité de recevoir des apprentis, que tout autant que le jugement prononcerait expressément à leur égard une peine supérieure à trois mois d'emprisonnement. La loi a attaché l'incapacité à la quotité de la peine ; il faut donc que cette peine soit prononcée et que la quotité en soit déterminée, ce qui n'aurait pas lieu, s'il eût été prononcé une peine supérieure pour un autre fait que ceux prévus dans lesdits articles.

Enfin, l'art. 7 ajoute : « L'incapacité résultant de l'art. 6, pourra être levée par le préfet sur l'avis du maire, quand le condamné, après l'expiration de sa peine, aura résidé pendant trois ans dans la même commune. A Paris, les incapacités seront levées par le préfet de police. »

78. — La loi du 22 mars 1841 contient des dispositions

analogues à celles que nous venons d'étudier, mais elle s'applique seulement à deux situations déterminées par l'article premier qui est ainsi conçu : « Les enfants ne pourront être employés que sous les conditions déterminées par la présente loi : 1° Dans les manufactures, usines et ateliers à moteur mécanique ou à feu continu, ou dans leurs dépendances ; 2° dans toute fabrique occupant plus de vingt ouvriers réunis. » La généralité des termes de cet article nous indique clairement que les apprentis aussi bien que les ouvriers sont compris dans les mesures que veut prescrire le législateur.

79. — Si la loi sur l'apprentissage avait étendu ses bienfaits sur tous les enfants employés dans l'industrie, nous n'aurions plus à rechercher l'étendue des catégories d'ouvriers dont parle la loi de 1841 ; mais nous savons qu'il n'en est pas ainsi. Demandons-nous donc, si l'on peut comprendre dans ces catégories les jeunes ouvriers employés dans les mines et carrières exploitées par des galeries souterraines. Nous ne le pensons pas. Cette question fut posée lors de la discussion de la loi à la Chambre des députés (1). Il fut répondu que le décret du 3 janvier 1813, art. 29, défendait de laisser descendre dans les mines des enfants de moins de dix ans. La réponse était exacte, car cet article paraît n'avoir été abrogé par aucune loi (2). Mais elle était loin d'être péremptoire. Il n'était nullement question des enfants de 11, 12, 13, 14 ans, qui méritent certainement la protection du législateur. M. Teste, alors ministre des travaux publics, ajouta que les mines sont placées sous la surveillance du gouvernement, qui peut prendre des mesures concernant la limite du travail en ce qui touche les enfants.

80. — L'expérience a démontré que les limites de la loi étaient non-seulement insuffisantes, mais iniques et dangereuses. En effet, les ateliers contenant moins de vingt ouvriers,

(1) Voir les numéros du Moniteur indiqués plus haut.
(2) Féraud Giraud. Législation des ouvriers, page 141.

par exemple, sont à l'abri de l'application de la loi, et c'est précisément dans ces ateliers que se commettent les plus grands abus. C'est pour cela que le projet présenté en 1847, dont nous avons parlé plus haut, commençait ainsi : « Les dispositions de la loi du 22 mars 1841 seront applicables aux enfants travaillant dans toutes les manufactures, fabriques, usines, chantiers et ateliers. » Nous savons que ce projet n'a pas eu de suites.

81. — Les prescriptions de la loi de 1841 peuvent, comme celles de la loi de 1851, être rangées en trois catégories.

La première est relative à la fixation des heures de travail. L'art. 2 s'exprime ainsi : « Les enfants devront, pour être admis, avoir au moins huit ans. — De huit à douze, ils ne pourront être employés au travail effectif plus de huit heures sur vingt-quatre divisées par un repos. De douze à seize ans, ils ne pourront être employés au travail effectif plus de douze heures sur vingt-quatre, divisées par des repos. Ce travail ne pourra avoir lieu que de cinq heures du matin à neuf heures du soir. L'âge des enfants sera constaté par un certificat délivré sur papier non timbré et sans frais par l'officier de l'état civil. »

Ainsi donc, dans ces catégories d'industries considérées comme particulièrement défavorables à l'enfant, le travail ne pourra commencer avant huit ans ; il est constant que cela s'appliquerait aussi bien à l'apprentissage qu'à tous les autres engagements du travail. La même observation doit être faite à l'égard du second paragraphe de l'article, et tandis que dans les industries ordinaires l'apprenti de huit à douze ans peut être employé jusqu'à dix heures par jour, dans celles-ci, il ne doit travailler que huit heures. Cela s'explique et se justifie très-bien. Mais que dire de la disposition suivante, qui autorise de douze à seize ans le travail pendant douze heures ? La loi sur l'apprentissage ne permet, jusqu'à quatorze ans, que dix heures de travail, et l'on arrive à cette étrange conclusion, que s'il s'agit de travaux ordinaires, un apprenti de treize ans, par exemple, peut y être attaché pendant dix heures seulement, tandis que s'il s'agit de travaux effectués dans des conditions prévues comme particulièrement défavorables, l'enfant de treize ans pourra être retenu douze heures au travail.

82. — Les mêmes anomalies se rencontrent encore à l'égard des travaux de nuit. La loi sur l'apprentissage défend tout travail de nuit jusqu'à seize ans; l'art. 3 de la loi de 1841 est ainsi conçu : « Tout travail entre neuf heures du soir et cinq heures du matin est considéré comme travail de nuit. Tout travail de nuit est interdit pour les enfants au-dessous de treize ans. Si la conséquence du chômage d'un moteur hydraulique ou des réparations urgentes l'exigent, les enfants au-dessus de treize ans pourront travailler la nuit en comptant deux heures pour trois entre neuf heures du soir et cinq heures du matin. Un travail de nuit des enfants, ayant plus de treize ans, pareillement supputé, sera toléré s'il est reconnu indispensable, dans les établissements à feu continu, dont la marche ne peut pas être suspendue pendant le cours de vingt-quatre heures. » Les apprentis eux-mêmes seraient-ils soumis à ces règles, malgré la loi qui les protège ? Cela nous paraît certain, car la loi sur l'apprentissage s'occupe des cas généraux, et n'est pas censée avoir abrogé la disposition concernant les apprentis dans les cas spéciaux prévus par la loi de 1841.

Nous remarquons que le législateur se montre plus rigoureux pour les travaux de nuit, soit dans la loi de 1851, soit dans celle de 1841. Il a pensé que les heures de la nuit étant celles que la nature entière nous indique comme celles du repos, le travail pendant ce temps devrait être considéré comme particulièrement nuisible aux jeunes travailleurs.

83. — L'article que nous venons de transcrire, nous offre un exemple assez curieux de supputation du temps. Si les parties n'avaient rien stipulé à l'égard du salaire de la nuit,

faudrait-il supputer de la même manière pour faire effectuer le paiement? nous le pensons. Ainsi, six heures de jour et quatre heures de nuit, devraient être payés comme douze heures de jour. La loi établit une présomption que le juge doit suivre. Cependant, comme elle n'a pas eu directement en vue le taux des salaires, les parties pourraient légalement stipuler que les heures de nuit devraient être payées au même taux que celles du jour. Mais la convention qui assimilerait les heures de la nuit aux heures de jour au point de vue de la durée du travail, serait absolument nulle, parce que le but de la loi est précisément de déterminer cette durée (1). Ainsi, si l'on stipulait qu'un enfant de quinze ans devrait travailler de neuf heures du soir à six heures du matin, on contreviendrait à la loi et la convention serait nulle, car de neuf heures du soir à cinq heures du matin, on devrait compter quinze heures au lieu de dix, plus une heure de cinq à six, ce qui ferait un total de seize heures de travail.

84. — Le second point sur lequel portent les dispositions de la loi de 1841, se réfère aux besoins intellectuels, moraux et religieux du jeune ouvrier. Le législateur a pris avec raison des mesures rigoureuses pour garantir la satisfaction de ces divers besoins, dans des industries où l'entraînement du travail était plus à redouter que dans toutes autres. Voici ce que dit la loi, art. 4 : « Les enfants au-dessous de seize ans ne pourront être employés les dimanches et jours de fêtes reconnues par la loi. » Art 5. « Nul enfant âgé de moins de douze ans, ne pourra ê.re admis, qu'autant que ses parents ou tuteurs justifieront qu'il fréquente actuellement une des écoles publiques ou privées existant dans la localité. Tout enfant admis devra, jusqu'à l'âge de douze ans, suivre une école. Les enfants âgés de plus de douze ans seront dispensés de suivre une école, lorsqu'un certificat donné par le maire de leur résidence, attestera qu'ils ont reçu l'instruction primaire élémentaire. »

---

(1) Foucart, Éléments du Droit administratif, t. 1, p. 335.

85. — La troisième partie de la loi, qui se compose de sept articles, s'occupe de faciliter l'exécution des précédentes prescriptions en exigeant de la part du jeune ouvrier un livret, de la part du maître un registre d'inscription ; de garantir cette exécution par une sanction pénale, et de la rendre féconde en heureuses conséquences en donnant une grande latitude au pouvoir administratif, en ce qui concerne le droit de mettre les détails de la loi, de niveau avec les besoins des diverses industries.

86. — Nous avons ainsi terminé ce que nous avions à dire sur la situation des enfants dans l'industrie. On le voit, les lois existantes révèlent des tendances pleines d'humanité, mais elles sont encore insuffisantes, parce qu'elles ne forment pas un tout homogène ; parce que, excellents pour quelques-uns, les principes de ces lois devraient pouvoir être appliqués à tous, et qu'il n'en est pas ainsi.

SECTION DEUXIÈME.

Limites fixées à la liberté des engagements du travail des ouvriers.

Sommaire.

87. Objet et plan de cette section. — Division en deux paragraphes.

87. — Nous venons de voir que la loi a fixé les bornes de la puissance paternelle à l'égard du droit de disposer du travail des enfants ; mais elle est allée plus loin dans cette voie de prudence. Après avoir protégé l'enfant contre les sentiments de cupidité ou d'indifférence coupables de son père ou de son maître, elle a voulu protéger l'homme contre ses propres égarements. C'est de ce principe qu'elle est partie pour édicter des règles, d'abord en ce qui concerne la durée de l'engagement et celle du travail journalier, ensuite pour soumettre quelques-uns de ces engagements à des formes précises et nécessaires à l'existence même du contrat. Étudions successive-

ment ces deux catégories de règles. Ce sera l'objet des deux paragraphes qui composeront la présente section.

§ 1.

Règles concernant la durée de l'engagement et celles du travail journalier.

_____

88. — L'article 1780 du Code Napoléon est ainsi conçu : « On ne peut engager ses services qu'à temps , ou pour une entreprise déterminée. » Ce principe dont l'origine remonte au Droit romain et qui, ainsi que nous l'avons vu, était admis dans notre ancienne jurisprudence, a pour but de protéger l'homme contre les écarts de sa volonté. Aliéner sa liberté est, on peut le dire, un acte de liberté, mais c'est l'acte suprême de la liberté, se détruisant elle-même; l'ordre social et par suite la loi morale qui en est le fondement, ne pouvaient pas plus autoriser cette destruction de la liberté par elle-même, qu'elles n'autorisent le suicide. Aliéner sa liberté, c'est tomber dans l'esclavage, dans cet état que les Romains admettaient, mais qu'ils savaient être en contradiction avec le droit de la nature, et qu'ils avaient, à cause de cela, rattaché à un autre droit naturel secondaire, qu'ils appelaient *jus gentium*.

89. — En ne considérant que les divisions faites par le Code Napoléon, dans l'art. 1779 et le titre de la section dont l'art. 1780 est le premier article, on pourrait croire d'abord que la règle qui nous occupe ne doit se référer qu'aux engagements du travail au temps ; mais les termes de l'article prouvent, d'une manière évidente, qu'il en est autrement, puisqu'il y est question d'une entreprise déterminée. Il faut donc admettre avec tous les auteurs anciens et modernes, et avec la lettre de la loi, que l'article 1780 s'applique à tous les ouvriers, qu'ils aient engagé leurs services par la *locatio operarum* ou par la *conductio operis*. Ainsi tomberait sous la prohibition de cet article, tout engagement, soit par voie de louage de services, soit par voie d'entreprise qui équivaudrait à un engagement perpétuel. Dans tous les cas, les tribunaux sont les souverains appréciateurs de la chose, et si un nombre considérable d'années avait été fixé dans le contrat, ce serait à eux à apprécier, suivant les circonstances, si l'art. 1780 a été respecté. Ils devraient pour cela prendre en considération l'âge de l'ouvrier, la nature de l'industrie et toutes les circonstances propres à les éclairer (1).

90. — Mais la Cour de Paris, dans un arrêt assez récent, nous paraît avoir exagéré la portée de l'art. 1780, en déclarant que non-seulement on ne peut pas s'engager à vie pour une entreprise, mais qu'encore on ne peut pas renoncer pour toujours à une industrie déterminée (2).

Voici l'espèce : Une association ouvrière s'était formée à Paris, le 6 janvier 1843, pour l'exploitation de la bijouterie ; cette société devait durer 30 ans. L'art. 11 de l'acte social

_____

(1) Duvergier, tom. 2, pag. 284. — Delvincourt, tom. 2, pag. 240. — Duranton, tom. 17. — Troplong, louage, tom. 2, pag. 288. — Marcadé, art. 1780, n° 2. — Clamageran, louage d'ouvrage et d'industrie, 142.

(2) Voir le Droit du 20 octobre 1855.

portait les mots suivants : « Toute personne qui aura fait partie de la société, et qui en sera sortie pour une cause quelconque, ne pourra exploiter le commerce de bijouterie d'aucune espèce, soit pour son propre compte, soit pour le compte d'autrui, ni à Paris ni ailleurs, pendant toute la durée de la société ; à moins de payer à la société la même indemnité de 25,000 francs. » Le tribunal de commerce de la Seine eut à statuer, le 23 mars 1859, sur les droits de l'un des associés qui se retirait. Il déclara que cet article devait être considéré comme liant les associés pour leur vie, en les privant de tous moyens d'existence. « Attendu, disait le jugement, que l'art. 11 a pour but d'attacher chaque travailleur à la société, d'une façon indissoluble, en le condamnant à l'inaction, dans le cas d'une retraite volontaire ou d'une exclusion. » Le tribunal était le souverain appréciateur du fait et il jugeait juridiquement, en se basant sur le motif ci-dessus transcrit ; mais c'est à tort, selon nous, que la Cour ajoutait à ces motifs les suivants : « Considérant que cette interdiction par le temps pour lequel elle est faite, équivaut à une prohibition absolue, et viole le principe tutélaire de la liberté du travail sur lequel est fondé l'art. 1780 ; qu'en effet la vie de l'ouvrier ne doit pas s'entendre de son existence physique, mais du temps pendant lequel la nature a donné les facultés physiques et morales nécessaires à l'exercice de sa profession ; qu'à ce point de vue la liberté qui, dans le système des appelants, ne devra être rendue à Dupuis qu'au terme assigné à la société, en 1873, ne serait plus pour lui d'aucune utilité. »

Les motifs adoptés par le Tribunal de commerce nous paraissent très-légaux, nous l'avons dit ; ils jugent en fait, que l'associé est lié par la force des choses d'une manière indissoluble, et à cause de cela, ils annulent la clause, c'est parfaitement juridique. Mais les motifs de l'arrêt de confirmation vont trop loin. Nous conviendrons, sans doute, que l'art. 1780 est fondé sur le principe de la liberté du travail ; mais si l'on n'a pas le droit de se livrer pour la vie à une personne ou à une entreprise indéterminée, est-ce à dire pour cela que l'on ne puisse pas renoncer pour la vie à la profession que l'on exerce. Nous n'avons plus rien à dire si on juge en fait que la renonciation « interdirait au renonçant un travail professionnel indispensable au soutien de sa famille et de sa propre existence, » comme le dit le jugement du tribunal de commerce, et si l'engagement entraîne une coërcition à laquelle il est impossible de se soustraire; mais est-il contraire au régime de la liberté du travail de s'engager volontairement à ne pas exercer telle ou telle industrie s'il est loisible d'en prendre une autre à son choix? Nous ne le pensons pas. La Cour de Paris nous semble mettre des entraves à la liberté des conventions, sans y être autorisée par la loi. L'article 1780 contient une prohibition qu'il ne faut pas étendre. Que la loi empêche les hommes d'aliéner leur liberté parce qu'il faut éviter tout ce qui semblerait un retour à l'esclavage, c'est justice. Mais il n'en est pas ainsi de la clause qui nous occupe. Celui qui se sera obligé à renoncer à une industrie, en sera quitte pour perdre quelque temps à en apprendre une autre; ce sera une sorte de clause pénale qu'il se sera librement imposée et que les tribunaux devront respecter.

On pourrait objecter que l'abus d'une pareille liberté, dans le cas de société analogue à celui qui nous occupe, pourrait ramener au régime des anciennes corporations; mais grâces à Dieu, notre industrie est loin de ce régime, et si l'on avait à craindre un excès d'association entre ouvriers, il vaudrait mieux s'opposer directement à ces excès en fractionnant les sociétés, que de s'opposer à la liberté des engagements individuels. L'habileté acquise par un individu, est son bien; pourquoi ne pas lui en laisser la libre disposition? pourquoi ne pas permettre qu'il mette ce bien en gage comme il pourrait y mettre sa propre fortune? Ne pourra-t-il pas réparer sa perte par un nouvel apprentissage, comme il pourrait réparer les brèches de sa fortune par un nouveau travail? Ce sont deux conditions bien différentes de s'engager pour toute sa vie à faire une même chose, et de renoncer pour toute sa vie à ne pas faire une chose, lorsque l'on conserve la liberté de faire toutes les autres.

Nous ferons une autre critique encore sur la manière dont la cour a cru devoir interpréter l'art. 1780. Suivant les mêmes idées de liberté industrielle, elle a décidé que la vie de l'ouvrier ne doit pas s'entendre de la durée de son existence physique, mais du temps pendant lequel la nature lui donne les facultés physiques et morales nécessaires à l'exercice de sa profession. Peut-on faire une distinction entre la durée de la vie industrielle et celle de la vie réelle, l'art. 1780, l'autorise-t-il ? C'est faire dire à cet article une chose à laquelle, croyons-nous, ses rédacteurs n'ont jamais pensé. Nous ne nous étendrons point sur l'étude de la distinction en elle-même et de sa valeur intrinsèque; nous nous contenterons de remarquer que la loi n'ayant point distingué, on doit considérer la vie comme durée de l'être vivant, et non comme période industrielle.

91. — Evidemment, l'art. 1780 touche aux plus graves intérêts de la société et à l'ordre public, par ses tendances et par son but; mais faut-il conclure de là, comme beaucoup d'auteurs l'ont fait (1), que tout engagement contraire à ses termes, soit nul d'une nullité absolue, pouvant être invoquée aussi bien par une partie que par l'autre? nous ne le pensons pas.

La seule raison sur laquelle on se base pour dire que la nullité est absolue est celle que nous avons donnée, à savoir que la règle de l'art. 1780 est d'ordre public. Nous le reconnaissons ; mais ne doit-on pas faire une distinction entre les lois d'ordre public? Est-ce que les prohibitions prononcées à l'égard des mineurs, des interdits, des femmes mariées, des communes, ne touchent pas aussi à l'ordre public, et de la

---

(1) Zachariæ, tom. 3, pag. 35. — Aubry et Ran. — Duranton, tom. 17, pag. 226. — Duvergier, n° 285.

même manière absolument que la prohibition qui nous occupe? Or, à l'égard des infractions à ces prohibitions, il est incontesté qu'elles n'engendrent que des nullités relatives. Les auteurs dont nous combattons l'opinion, auraient dû reconnaître, avec M. Solon et les juristes qui se sont comme lui spécialement occupés des nullités, que les nullités d'ordre public doivent se diviser en deux classes.

La première de ces classes doit comprendre les nullités d'ordre public proprement dites. Ce sont celles qui contreviennent aux lois dont l'objet est de déterminer les droits de la société à l'égard de chacun de ses membres : telles sont les lois qui constituent notre Droit public concernant les bonnes mœurs, la police générale, ou se rapportant aux choses placées hors du commerce. — La seconde classe de nullités dérive des contraventions aux lois qui, quoique n'étant pas portées dans un intérêt général, s'élèvent néanmoins au-dessus du pur droit privé : telles sont celles qui règlent la forme des actes, celles qui intéressent les communes, les mineurs, les interdits, etc. (1).

Ici l'ordre public n'exige qu'une chose : c'est que celui qui a aliéné sa liberté puisse la reprendre quand il le voudra. Or c'est là le résultat de la déclaration de nullité relative. La liberté donnée, dans tous les cas, à l'ouvrier de détruire son engagement rend par le fait même illusoire tout engagement à vie. Un contrat fait dans de pareils termes devient, par la force même de la loi, un contrat qui liera le patron à payer son ouvrier tout le temps que celui-ci le servira, mais qui laissera l'ouvrier libre. Le patron aurait-il pris donc un engagement illicite de son côté? Nullement : rien ne l'empêchait de constituer une rente viagère sur la tête de son ouvrier, s'il l'avait entendu ainsi. Il peut donc s'engager aussi à payer l'ouvrier tant que celui-ci travaillera pour lui. Seule-

---

(1) Solon, Théorie sur la nullité des actes, n° 8. — Perrin, Traité des nullités, pag. 53. — Toullier, tom. 7, n° 553. — Dunod, Traité des prescriptions, 1re partie, chap. 8, pag. 17.

ment, si le contrat est résolu, si l'ouvrier cesse de travailler, la cause du contrat cessant pour le patron, l'obligation de payer devra cesser aussi.

Le but de la loi est que l'ouvrier soit libre ; il l'est, puisqu'il peut rompre à chaque instant un engagement qui ne le lie pas. « On se place donc dans le faux, dit M. Troplong, qui professe l'opinion que nous venons d'exposer, quand on raisonne comme les jurisconsultes que je combats. Et ce qui n'est pas moins grave, ajoute-t-il, c'est que l'on commet une injustice criante contre ceux que l'on a l'air de vouloir protéger. On leur arrache leur pain, sous prétexte de leur rendre leur liberté ! Voilà, en effet, un domestique qui s'est engagé, sa vie durant, chez un tel particulier ; il a consacré sa jeunesse à son service, il a fait ses efforts pour remplir ses devoirs, aucun reproche ne lui est adressé, et le maître viendra, un beau jour, se parer des couleurs mensongères du bien public pour jeter ce fidèle serviteur hors de chez lui, et cela au mépris de ses engagements ! Il pourra le laisser sans moyens de subsistance ! L'humanité se refuse à ces résultats ; il faudrait bien aussi la compter pour quelque chose. »

Concluons donc que la nullité du contrat passé en violation de l'art. 1780 est purement relative, c'est-à-dire que l'ouvrier seul, dans l'intérêt duquel elle est édictée, pourra s'en prévaloir.

92. — Mais l'ouvrier qui interromprait ainsi son engagement serait-il tenu de donner des dommages au patron avec lequel il a contracté ? Il est incontestable que si le patron a contracté de bonne foi, soit qu'il ignorât la loi, soit qu'il ait pensé que la durée fixée dans le contrat ne dût pas être jugée excessive, il pourra résulter pour lui un dommage du départ de l'ouvrier.

On peut faire observer à cet égard, que l'ouvrier peut objecter au maître que nul n'est censé ignorer la loi, et qu'il devait savoir en contractant à quoi il s'exposait ; que par conséquent il n'a point de dommages à demander. Cependant cette solution est contestée. Dans l'ancienne jurisprudence on accordait des dommages ; nous ne pensons pas qu'aujourd'hui il en doive être de même. En invoquant la nullité du contrat, l'ouvrier ne fait qu'exercer un droit qui n'a cessé de lui appartenir. A son égard, le contrat était sans cesse supposé se renouveler par tacite réconduction, mais sans faire naître d'engagements pour l'avenir. Le principe qui veut que toute obligation de faire se résolve en dommages-intérêts suppose que l'obligation est juridiquement valable ; or ici il n'y a point d'obligation juridique ; il ne peut donc y avoir de transformation en dommages-intérêts (1).

On a dit que le tribun Mouricault avait entendu les choses autrement en exposant les principes sur lesquels repose l'article 1780. « Il était convenable, disait ce tribun, de consacrer de nouveau le principe de la liberté individuelle ; c'est ce que fait le projet, en statuant qu'on ne peut engager ses services qu'à temps ou pour une entreprise déterminée. Il résulte du même principe cette conséquence, que l'engagement, s'il n'est pas exécuté, se résout en dommages-intérêts. »

Mais M. Troplong fait remarquer, avec juste raison, que le tribun a exposé deux conséquences du même principe tout à fait distinctes l'une de l'autre ; la manière hâtive et sommaire avec laquelle les législateurs traitèrent le louage d'ouvrage permet bien de le supposer, et voici comment la phrase reçoit son explication naturelle. Il résulte du principe de la liberté du travail deux conséquences : 1° on ne peut engager son travail qu'à temps ou pour une entreprise déterminée ; 2° on ne peut jamais être contraint à travailler malgré soi : *Nemo potest præcise cogi ad factum* ; et, dans ce second cas, l'obligation faute d'exécution se résout en dommages-intérêts.

93. — Mais, quelle que soit la solution que l'on adopte pour les dommages demandés par le patron, il est hors de doute que l'ouvrier a le droit de demander le salaire du travail

---

(1) Clamageran. Louage d'ouvrage et d'industrie, page 206.

qu'il a effectué jusqu'au moment où le contrat a été résolu ; car nul ne peut s'enrichir aux dépens d'autrui. La seule question qui s'élève sur ce point est celle de savoir sur quelles bases ce salaire devra être apprécié. Nous pensons que ce salaire doit être fixé, non d'après les termes de la convention, qui est annulée dans toutes ses parties, mais d'après les usages des lieux, ou la valeur intrinsèque des travaux faits. Le salaire fixé dans le contrat avait pu être haussé ou baissé en considération de la longue durée du contrat ; il ne pourrait donc servir de base à une équitable appréciation (1).

94. — Outre la limitation à la durée de l'engagement édictée par l'art. 1780, il existe encore des règles en ce qui concerne la durée maximum des heures pendant lesquelles l'ouvrier doit travailler chaque jour. C'est un décret législatif du 9 septembre 1848 qui formule ces règles, que nous allons étudier.

Le 2 mars 1848, avait été rendu par le Gouvernement provisoire un décret composé de deux articles. Le premier, le seul dont nous ayons à nous occuper pour le moment, était ainsi conçu : « Art. 1er. La journée de travail est diminuée d'une heure. En conséquence, à Paris, où elle était de onze heures, elle est réduite à dix ; et, en province, où elle avait été jusqu'ici de douze heures, elle est réduite à onze. » Le motif de cette mesure était présenté de la manière suivante en tête du décret : « Considérant qu'un travail manuel trop prolongé, non-seulement ruine la santé du corps, mais encore, en l'empêchant de cultiver son intelligence, porte atteinte à la dignité de l'homme .. » Certes le motif était louable ; mais le décret devait-il et pouvait-il atteindre le but exposé ? Loin de là, au lieu d'améliorer l'état des classes ouvrières, il devait au contraire l'empirer.

95. — D'abord il mettait une inégalité bizarre et inexplicable entre les ouvriers de Paris et ceux de province. Ensuite

---

(1) Duvergier, no 288. — Clamageran, pag. 142. Loc. cit.

il avait pour résultat, sinon pour but réel, d'influer sur le taux des salaires ; car si les ouvriers consentaient à diminuer la durée de leur journée, ils ne devaient pas consentir à en diminuer le prix. De là une hausse sur le prix de revient des produits industriels. Mais les ouvriers eussent-ils accepté un rabais proportionné, que la mesure n'en aurait pas moins été malheureuse encore pour l'industrie nationale, et en particulier pour l'industrie parisienne, à la production de laquelle elle mettait des entraves.

Il ne fallait pas plus que cela pour que le travail se ralentît. Ainsi tournait au préjudice des ouvriers une loi faite pour eux. Les événements se chargèrent de démontrer surabondamment ces vérités. La loi ne s'exécutait que difficilement ; il fallut y porter une sanction pénale, ce qui eut lieu par un décret du 4 avril. Mais, cinq mois après, il fallut encore revenir sur les décrets du 2 mars et 4 avril, et le décret du 9 septembre 1848 qui nous régit fut promulgué. L'art. 6 de ce décret est ainsi conçu : « Le décret du 2 mars, en ce qui concerne la limitation des heures du travail, est abrogé. »

96. — L'art. 1er de ce décret porte : « La journée de l'ouvrier, dans les manufactures et usines, ne pourra excéder douze heures de travail. » Ce décret était évidemment basé sur les mêmes motifs que les précédents, mais il était infiniment plus sage ; il donna cependant lieu à des débats longs et animés devant l'Assemblée constituante.

97. — Trois systèmes étaient en présence. Le premier, tirant ses arguments de la doctrine socialiste, voulait atteindre ouvertement dans ce second décret, le but que quelques-uns avaient peut-être clandestinement cherché dans le premier : la hausse légale du salaire et sa fixation par l'État. Un second système, se basant sur l'humanité, voulait que l'on fixât un maximum de onze ou douze heures de travail, avec autorisation de préciser, par mesure administrative, les dérogations permises que les circonstances exigeraient. C'est ce système qui a prévalu. Enfin, un troisième système voulait l'abrogation

pure et simple du décret du 2 mars ; c'était l'opinion des éco-
nomistes, représentés dans la discussion par MM. Wolowski et
Léon Faucher.

« Il faut, disaient le rapporteur, M. Pascal Duprat, et
M. Sénart, alors ministre de l'intérieur, il faut s'opposer aux
excès du travail, même consentis par les ouvriers eux-mêmes; »
et un représentant, parlant dans le sens du décret, répondait
à ceux qui invoquaient le principe de la liberté des conventions, que les ouvriers, les gens de la classe inférieure, devaient
être considérés comme des mineurs à qui la loi doit protection.
Au point de vue des intérêts de l'industrie, on disait à l'appui
du décret que l'excès dans le travail diminue la production,
en énervant les forces physiques et morales de l'ouvrier.

Les mobiles de ces derniers étaient louables, mais leur moyen
n'était pas heureux.

98. — Remarquons d'abord que le décret n'est pas équitable ; car il ne s'occupe, comme le porte l'art. 1er, que des
ouvriers employés dans les manufactures et usines, et ne parle
nullement, par exemple, de l'importante classe des ouvriers
agricoles. Sans doute, peut-on dire, le travail des champs
n'est pas aussi malsain que le travail des villes, en ce sens que
les ouvriers agricoles peuvent toujours respirer librement ; mais
ne sont-ils pas exposés à l'intempérie des saisons, et leur travail les empêche-t-il moins de cultiver leur intelligence que ne
le fait le travail manufacturier ? On a reconnu, avec raison,
qu'une pareille loi était impossible pour les travaux des champs,
à cause de la variété, dans la nature de ces travaux, suivant
les saisons, à cause de l'exigence des climats. Mais l'industrie
manufacturière n'a-t-elle pas, elle aussi, ses variations ? n'a-
t-elle pas aussi ses moments de presse, ses saisons beaucoup plus impérieuses dans leurs exigences, quelquefois
bizarres et inattendues, comme lorsqu'elles résultent d'une
mode ? Et alors comment fera le manufacturier ? pourra-t-il
songer à égaliser le travail dans l'année, suivant l'expression
employée à la Chambre ? Cela ne se peut pas plus dans l'in-

dustrie que dans l'agriculture. Cette dernière suit les variations atmosphériques, l'autre suit les variations de la demande, souvent aussi fort irrégulières.

Si le travail est borné par la loi, comment l'ouvrier pourra-t-il réparer, lors de la demande, par des labeurs assidus et productifs, le temps où il était condamné au chômage? L'ouvrier souffrira donc; le fabricant, ne pouvant suffire aux exigences commerciales, perdra ses relations, et, en fin de compte, l'ouvrier en subira encore les conséquences.

99. — Le décret du 9 mars renferme les deux précisions suivantes : « Art 2. Des règlements d'administration publique détermineront les exceptions qu'il sera nécessaire d'apporter à cette disposition générale, à raison de la nature des industries ou des causes de force majeure. »

« Art. 3. Il n'est porté aucune atteinte aux usages et aux conventions qui, antérieurement au 2 mars, fixaient, pour certaines industries, la journée de travail à un nombre d'heures inférieur à douze. »

En conséquence du premier de ces articles a été rendu un décret qui détermine les industries dans lesquelles certaines situations autorisent la prolongation du travail. (Décret du 17 mai 1854.)

Enfin, l'art. 4 prononce certaines peines contre ceux qui ont commis des infractions aux dispositions que nous venons de parcourir.

100. — Les conventions contraires aux dispositions du décret du 2 mars sont-elles frappées de nullité absolue? C'est certain. Il en est de cette loi comme de celle relative aux excès du travail des enfants; la sanction pénale qu'elles contiennent leur donne nécessairement le caractère de loi de police ou d'ordre public, ce qui entraîne la nullité absolue de tout acte contraire à leurs prescriptions.

101. — Résumons-nous en disant qu'en matière d'industrie, la liberté doit être la règle ; que la limitation doit être l'ex-

ception. L'ouvrier ne doit pas être considéré comme un mineur qu'il faille guider. Ce n'est pas en restreignant sa liberté d'action qu'on le guidera vers le bien-être ; mais, au contraire, en le relevant à ses propres yeux, en lui apprenant à user pour le bien de cette liberté qui lui appartient, et qu'on ne peut lui ravir, en lui montrant que la voie du devoir moral est celle du progrès, que c'est la seule qui puisse l'amener au bien-être, et que cette voie de progrès est aujourd'hui ouverte à tous.

102. — Disons, avant de terminer ce qui a rapport à la limitation des engagements du travail, qu'une loi du 18 novembre 1814, dans un intérêt d'ordre public, art. 2, 4°, interdit « aux artisans et ouvriers de travailler le dimanche extérieurement, et d'ouvrir leurs ateliers. » Cette loi nous régit encore sur ce point, pensons-nous, quoique cela ait été gravement contesté (1), elle a abrogé la loi du 17 thermidor an VI, dans laquelle elle a pris sa source, mais elle ne reçoit, surtout en certains points du pays, que très-imparfaitement son application.

§ II.

Règles concernant la forme nécessaire à l'existence de certains contrats.

Sommaire.

103. Obligation pour les ouvriers qui s'engagent pour plus d'un an, de passer un écrit. Loi du 22 germinal an XI. — 104. A qui s'applique cette loi ? — 105. Elle ne s'applique qu'aux engagements faits au temps. — 106. But de la loi. — 107. Loi de 1854 sur les livrets. — 108. A quelles personnes elle s'applique. — 109. Formalités qu'elle exige. — 110. Leur influence sur la validité des contrats. — 111. De la signature du maire ou du commissaire de police, au lieu de celle du maître. — 112. But de la loi. — 113. Des avantages pour le maître et pour l'ouvrier. — 114. Elle n'abroge pas les dispositions relatives au livret des enfants. — 115. Du marchandage. Décret du 2 mars 1848. — 116. Critique de cette disposition qui reste comminatoire. — 117. Vœu pour son abrogation.

103. — La loi du 22 germinal an XI renferme une règle

(1) Cassat. 23 juin 1838, 6 déc. 1845, 21 déc. 1850. Foucart, Morin, contra Chauveau et Hélie. Massé. Dufour.

qui est ainsi conçue : « Art. 13. L'engagement d'un ouvrier ne pourra excéder un an, à moins qu'il ne soit contre-maître, conducteur des autres ouvriers, ou qu'il n'ait un traitement et des conditions stipulées par un acte exprès. » Cet article, comme on le voit, a pour résultat d'obliger tout ouvrier qui s'engage pour plus d'une année à passer un acte écrit, sous peine de faire un contrat nul pour vice de forme, c'est-à-dire absolument nul. Cette disposition, qui en réalité ne porte pas atteinte au principe de la liberté des conventions, nous paraît opportune. Elle est d'accord avec les usages de la pratique ; elle est établie dans l'intérêt des patrons comme dans celui des ouvriers, et ne s'oppose nullement, du reste, aux engagements par tacite réconduction.

104. — Mais nous devons faire remarquer que l'art. 11 dont nous parlons, ne s'applique qu'aux ouvriers des manufactures, fabriques et ateliers en vue desquels la loi de l'an XI a été édictée (1).

Il résulte de là que si, par exemple, un ouvrier de manufacture s'engageait à vie avec son maître sans faire d'acte écrit, cet engagement serait nul absolument, et que le maître aussi bien que l'ouvrier pourraient à tous instants se prévaloir de cette nullité, puisqu'elle reposerait sur un vice de forme, tandis que si le même engagement avait lieu entre un maître et un ouvrier agricole ou tout autre, qui ne rentre pas dans les termes de la loi de l'an XI, la nullité ne serait que relative. Dans ce dernier cas, nous rentrerions sous l'empire de l'art. 1780, dont nous avons expliqué les effets.

105. — Nous ferons remarquer, en outre, que la loi de l'an XI ne saurait s'appliquer qu'aux engagements faits au temps, et que l'on devrait considérer comme parfaitement valable un engagement à l'entreprise fait verbalement, quand

---

(1) C'est ce qui ressort des termes de la loi elle-même, et surtout des mots employés par l'arrêté consulaire du 9 frimaire an XII, pour désigner ceux dont la loi a entendu parler.

même l'exécution de cette entreprise devrait durer plus d'une année. Ce que la loi entend exiger, c'est que la durée de l'engagement soit précisée ; or cette durée est parfaitement déterminée par le travail lui-même dans le cas d'entreprise.

106. — Le but de la loi a été d'empêcher que les ouvriers n'engagent à la légère leurs services pour un temps un peu long ; elle a voulu les faire réfléchir ; c'est une mesure de prudence faite pour garantir l'existence de la vraie liberté.

107. — Nous arrivons ainsi à l'étude d'une loi plus générale dans ses termes, plus récente et plus importante par la portée de son application, c'est la loi sur les livrets.

L'institution des livrets remonte à une origine très-reculée, ainsi que nous l'avons dit en nous occupant de l'ancien Droit français, et du Droit intermédiaire ; en 1847 et 1848, les Chambres eurent à s'occuper de modifier la loi du 22 germinal an XI ; mais elles furent interrompues dans ce travail par les événements de 1848. La loi du 14 mai 1851 vint porter quelques modifications à la loi de l'an XI, mais c'est la loi du 22 juin 1854 qui est venue régler d'une manière définitive et complète les difficultés concernant le livret.

108. — L'art. 1er de cette loi est ainsi conçu : « Les ouvriers de l'un et l'autre sexe attachés aux manufactures, fabriques, usines, mines, minières, carrières, chantiers, ateliers et autres établissements industriels, ou travaillant chez eux pour un ou plusieurs patrons, sont tenus de se munir d'un livret. »

On le voit, l'énumération est assez étendue ; mais elle ne comprend pas les ouvriers agricoles, à l'égard desquels on a reconnu qu'il était impossible d'exiger le livret. Cela résulte du silence de la loi et du rapport de M. Bertrand au Corps législatif (1). Le livret ne doit pas être exigé non plus des personnes travaillant à domicile chez les particuliers, comme les couturières et autres ouvrières du même genre ; « la pres-

_____

(1) Moniteur du 2 juin 1854.

cription du livret eût été excessive, dit encore l'exposé des motifs, si elle eût été imposée à toute personne qui travaille accidentellement ou sans continuité dans l'un des établissements spécifiés à l'art. 1er (1). » Nous ne pensons pas non plus que les apprentis soient soumis à l'obligation du livret.

109. — « Art. 3. Les chefs ou directeurs d'établissements spécifiés en l'art. 1er, ne peuvent employer un ouvrier soumis à l'obligation prescrite par cet article, s'il n'est porteur d'un livret en règle. » L'art. 11 fixe une sanction pénale à l'inaccomplissement de cette prescription. Les autres articles indiquent les formes suivant lesquelles le livret doit être reçu et quelles constatations il doit porter. Ce sont des détails à l'égard desquels nous devons nous contenter de renvoyer au texte de la loi. Qu'il nous suffise de dire que le patron doit inscrire sur le livret l'époque où l'ouvrier commence à travailler pour lui, et qu'à l'époque de la sortie de l'ouvrier, le maître doit en inscrire la date sur le livret, avec cette seule mention, que l'ouvrier est libre de tout engagement. Ces deux mentions doivent être rapportées par le maître sur un registre *ad hoc*.

110. — Mais que résulte-t-il des prescriptions des art. 3 et 11 par rapport à la validité des engagements contractés au mépris des termes du premier de ces articles ?

Avant que la loi de 1854 eût porté une sanction à l'obligation du livret, l'omission de cette formalité n'avait pas de sanction pénale, et au point de vue civil, elle ne faisait que donner naissance à une action en dommages contre le maître qui avait reçu l'ouvrier sans livret. C'est ce qui résulte clairement des discussions de la loi qui nous occupe devant le Corps législatif. Mais aujourd'hui nous pensons que les conséquences de cette omission vont plus loin, et qu'elles entraînent la nullité absolue des engagements contractés.

L'art. 3 est formel ; il enlève au patron le droit de recevoir

(1) Exposé des motifs de la loi du 22 juin 1854.

un ouvrier sans livret, et la sanction pénale apportée par l'art. 11 ; démontre bien qu'il s'agit là d'une mesure d'ordre public, dont la violation ne pourrait en aucune manière être sanctionnée par la loi.

111. — Il nous reste un mot à dire sur le texte de cette loi ; c'est pour éclaircir la portée des termes de l'art. 7 qui s'exprime ainsi : « Art. 7. Lorsque le chef ou directeur de l'établissement ne peut remplir l'obligation déterminée au troisième paragraphe de l'art. 4 (inscription sur le livret, à la sortie de l'ouvrier, de l'acquit de ses engagements), et au deuxième paragraphe de l'art. 5, le maire ou le commissaire de police, après avoir constaté la cause de l'empêchement, inscrit, sans frais, le congé d'acquit. »

Il ne faudrait pas croire que cet article donne aux maires et commissaires de police le droit de mettre sur le livret l'acquit des engagements de l'ouvrier, si le maître se refusait à le faire. La loi parle d'empêchement, non de refus. Dans ce dernier cas, en effet, c'est la juridiction appelée à juger civilement l'état des relations contractuelles du maître et de l'ouvrier, qui seule pourrait ordonner que le patron soit contraint de signer le congé d'acquit, en déclarant que l'ouvrier doit être considéré comme libéré. En cas de refus obstiné du patron, le juge pourrait, pensons-nous, ordonner que l'acquit soit donné par le maire ou le commissaire de police.

L'ouvrier n'a donc le droit d'exiger l'acquit de ses engagements sur le livret, que si réellement il a accompli toutes ses obligations ; mais si, dans ce cas, le maître le lui refusait, l'ouvrier ne pouvant aller offrir son travail ailleurs, devrait obtenir du maître des dommages à raison des pertes de temps qu'il aurait éprouvées injustement par suite de ce refus.

112. — La loi sur les livrets a pour but, et nous pouvons le dire pour résultat, de donner des garanties à l'ordre public tout en donnant des garanties à l'exécution des obligations privées. Elle n'est pas contraire aux principes de la liberté

du travail, comme cela fut avancé dans les discussions du Corps législatif, car la délivrance du livret d'ouvrier n'est soumise à aucune condition de capacité, pas même à la constatation de l'apprentissage. Elle ne s'oppose qu'à des faits illégaux, et ne touche donc pas à la vraie liberté qui doit toujours être dans la légalité.

113. — Les prescriptions de la loi de 1854 ont été sagement conçues ; elles ne peuvent qu'être utiles et à l'ouvrier et au patron : à l'ouvrier, puisque par le livret il a le moyen de faire connaître son passé, et de le faire valoir auprès des maîtres auxquels il offre son travail. La loi a même poussé la prudence jusqu'à exiger d'une manière très-opportune, que nulle annotation ne soit faite sur le livret pour apprécier la conduite de l'ouvrier. Une pareille autorisation eût été dangereuse. Le livret en dit assez, en indiquant le nom des patrons chez lesquels l'ouvrier a travaillé, et le temps pendant lequel il a été employé par chacun d'eux. Un industriel exercé ne peut pas se tromper avec de pareilles indications.

Le patron trouve aussi dans l'institution qui nous occupe d'incontestables avantages, puisqu'il a dans le livret, et le moyen de connaître l'ouvrier qu'il emploie, et le moyen de se garantir sa fidélité. Nous aurons à revenir sur ce dernier point.

114. — La disposition de la loi sur les livrets doit-elle s'étendre jusqu'à abroger les prescriptions de la loi de 1841 sur le travail des enfants dans les manufactures, en ce qui concerne le livret spécial que cette loi exige ? La négative nous paraît certaine, la loi de 1841 ayant pour but de régler un cas tout spécial. Nous ferons cependant remarquer en fait, que les livrets exigés par les deux lois dont nous parlons, ne diffèrent que par une seule mention exigée de plus à l'égard des enfants dont parle la loi de 1841, qu'à l'égard des ouvriers dans les cas ordinaires ; c'est la constatation du temps pendant lequel l'enfant a suivi l'enseignement primaire (art. 6, L. 22 mars 1841).

115. — Avant de terminer l'étude des lois générales qui ont fixé les limites du principe de la liberté des engagements du travail, nous devons parler de la prohibition prononcée par l'art. 2 du décret du 2 mars 1848, en ce qui concerne le marchandage. Cet article s'exprime ainsi : « L'exploitation des ouvriers par des sous-entrepreneurs, ou marchandage, est abolie. Il est bien entendu que les associations d'ouvriers qui n'ont point pour objet l'exploitation des ouvriers les uns par les autres ne sont pas considérées comme marchandage. » L'arrêté du Gouvernement provisoire, du 21 mars 1848, porta une sanction pénale à cette disposition. Tous les auteurs sont d'accord aujourd'hui pour reconnaître que cette disposition a un caractère dangereux et un principe mauvais ; aussi tous ont-ils cherché le moyen d'en éluder les termes, et de justifier ainsi la pratique quotidienne qui leur est absolument contraire. Quelques-uns ont dit qu'il fallait distinguer les cas où le sous-entrepreneur ou tâcheron travaillait par lui-même, du cas où ce sous-entrepreneur ne travaille pas et ne fait que prendre une sous-entreprise en spéculant sur le travail des ouvriers. Mais ce dernier procédé se pratique tous les jours, et il est considéré comme parfaitement licite. Un auteur, agissant d'une manière plus radicale, déclare que le décret dont nous parlons a été abrogé avec toutes les autres mesures prises en 1848 sur l'organisation du travail ; mais aucun texte n'autorise cette solution. L'auteur le reconnaît bien implicitement, du reste, puisqu'il analyse la portée du décret et qu'il en recherche les intentions, en le mettant plutôt comme loi inapplicable que comme une loi abrogée.

116. — La vérité est que ce monument législatif existe, mais qu'il n'est jamais invoqué et qu'il ne peut l'être, comme le dit M. Féraud-Giraud, car personne ne peut contester à un entrepreneur le droit de charger un tiers de lui chercher un certain nombre d'ouvriers pour un prix convenu. Qui peut dire, d'un autre côté, que le sous-entrepreneur ne fait pas un contrat parfaitement juridique lorsqu'il débat ses prix

avec des ouvriers qui sont libres de les accepter ou de les refuser.

117. — Le décret de 1848 demande une abrogation légale qui fasse disparaître ainsi une disposition purement comminatoire, engendrée par les doctrines les plus contraires à l'ordre et à la vraie liberté. Nous avons ainsi terminé l'étude des dispositions qui limitent d'une manière générale la liberté des engagements de travail ; car nous n'avons pas à parler des mesures administratives prises en dehors de ces lois ou en vertu de leurs termes. Nous ne parlerons pas non plus des dispositions spéciales à certaines classes d'industries ; nous sortirions du cadre que nous nous sommes tracé, et qui ne s'étend pas au delà des mesures qui touchent à l'ordre général de l'industrie.

Appendice sur les Coalitions considérées au point de vue du Droit civil.

Sommaire.

118. — Le mot *coalition* appliqué à l'industrie, et pris dans son sens le plus large, signifie toute espèce d'entente, soit entre patrons, soit entre ouvriers, dans le but de modifier les conditions du travail. On le comprend aisément, une pareille entente n'a rien de mauvais en elle-même, et ne pouvait, par conséquent, être punie, si on n'y ajoutait un élément qui en changeât le caractère. Cet élément, c'est la violence que la coalition exerce ou veut exercer. Telle est la doctrine qui nous paraît résulter soit des débats législatifs de la dernière réforme opérée sur les articles 414 et 415, C. P.,

en 1849, soit de l'interprétation jurisprudentielle de ces arti-
ticles.

Lorsque fut proposée à la Chambre, en 1849, la réforme
des articles du Code pénal dont nous venons de parler, il
existait, depuis 1808, dans ces articles, une différence cho-
quante entre les patrons et les ouvriers. A l'égard des premiers, il
fallait qu'ils aient forcé, *injustement ou abusivement*, par coalition, le taux des salaires ; à l'égard des seconds, les tribunaux n'avaient pas à se préoccuper de savoir si l'élévation du
salaire était légitimement réclamé ou injustement.

La loi du 27 novembre 1849 fit disparaître l'inégalité en
effaçant les mots *injustement* et *abusivement*, qui ne s'appli-
quaient qu'aux patrons, et l'art.415 fut rédigé de la manière
suivante : « Art. 415. Sera puni d'un emprisonnement de six
jours à trois mois, et d'une amende de seize francs à trois
mille francs, 1° toute coalition entre ceux qui font travailler
les ouvriers, tendant à forcer l'abaissement des salaires, s'il
y a eu tentative ou commencement d'exécution ; 2° toute coalition de la part des ouvriers pour faire cesser en même temps
de travailler, interdire le travail dans un atelier, empêcher
de s'y rendre et d'y rester avant ou après certaines heures, et,
en général, pour suspendre, empêcher, enchérir les travaux, s'il y a eu [tentative ou commencement d'exécution.
Dans les cas prévus par les deux paragraphes précédents, les
chefs ou moteurs seront punis d'un emprisonnement de deux
à cinq ans. »

Lorsque cet article fut proposé par la Commission, il sou-
leva, à la Chambre, de nombreuses oppositions ; trois opinions se manifestèrent (1). La première, agissant d'une manière radicale, voulait laisser impunies les coalitions dans
tous les cas ; la seconde, représentée par l'auteur des
Harmonies économiques, Bastiat, et par M. Morin, voulait
que le mot *coalition* fût supprimé, et que l'on se contentât de
punir les violences faites par les coalisés pour arriver à leur

---

(1) Moniteur des 16, 17, 19 novembre 1849.

fin. Ces deux opinions furent confondues dans la même pros-
cription. Pouvait-on humainement tolérer que les classes ouvrières se jetassent aveuglément et sans frein, dussent-elles
en tirer une instruction profitable pour l'avenir, dans cette
épouvantable suite de calamités privées et publiques qui
avaient fatalement accompagné les coalitions anglaises ?

Une troisième opinion était représentée par MM. Valette et
Wolowski ; elle voulait que les mots *injustement* et *abusivement*
fussent appliqués aux coalitions d'ouvriers comme aux coalitions de patrons. C'était rendre les tribunaux juges d'une
grave question économique ; celle de savoir comment devait
être établi dans les espèces qu'ils avaient à juger, l'équilibre
entre l'offre et la demande, et quel était le taux de salaire qui
en devait déterminer la pondération. Ce n'était pas accorder
un droit nouveau aux tribunaux, disait M. Valette, puisque,
depuis 1804 jusqu'à 1849, ils avaient eu un pouvoir semblable pour les coalitions entre patrons, et qu'ils l'avaient
encore dans le cas prévu par l'art 419 du C. P., lorsqu'il s'a-
gissait de punir les coalitions entre détenteurs d'une même
denrée. Mais la difficulté de cette appréciation n'en existait
pas moins pour l'avenir ; elle devait être, pour un cas nouveau, ce qu'elle avait été dans le passé pour les deux cas déjà
prévus (1). Ces trois systèmes durent céder devant celui que
présentait la Commission. Ce dernier système a été sévère-
ment traité, parce que l'on n'a peut-être pas assez observé qu'il
punit la coalition, non pas comme manifestation simultanée,
mais comme moyen spécial de violence. C'est pourtant dans
ce sens qu'il fut présenté à la Chambre, et c'est dans le même
sens que la jurisprudence a rendu ses arrêts.

119. — « Pour qu'il y ait délit de coalition répréhensible,

_____

(1) M. le professeur Batbie a publié dans le Journal *le Correspondant*, n° du
25 nov. 1863, un article extrêmement intéressant, dans lequel il reconnaît
les périls et les maux qu'entraînent les coalitions, et adoptant les conclusions
de MM. Valette et Wolowski, il propose un moyen propre à les rendre pra-
ticables et utiles.

disait M. de Vatimesnil (1), rapporteur de la loi, il faut qu'il y ait une *pression* Cette *pression*, qui est exigée lorsqu'il s'agit de la coalition des patrons, elle est exprimée par le mot *forcer* l'abaissement des salaires. Quand il est question des coalitions des ouvriers tendant à exercer une pression sur les patrons, vous n'allez pas retrouver le mot *forcer*, mais des expressions équivalentes qui supposent nécessairement une *pression. C'est là ce qu'il faut.* » Et il ajoutait ailleurs : « Conclure de la liberté que chacun a de négocier personnellement, à la faculté de former une coalition pour imposer à autrui ses conditions, c'est faire un raisonnement évidemment faux. C'est comme si du droit que chacun a de stationner sur la voie publique on tirait la conséquence qu'il peut se réunir à d'autres individus pour y former des attroupements. »

120. — C'est bien le même sens que la jurisprudence a adopté. Dans une cause où les réclamations des ouvriers paraissaient équitables, la Cour de cassation disait (1) : « Attendu que les articles 414 et suivants ont pour objet d'assurer la liberté industrielle et commerciale en réprimant toute *contrainte ou pression*, soit de la part des patrons, soit de la part des ouvriers, qui serait de nature à porter atteinte à cette liberté...; qu'il importe peu que les causes d'une réclamation puissent paraître en elles-mêmes légitimes ; que la loi, exclusivement préoccupée de protéger la liberté de l'industrie, a puni les coalitions indépendamment de ces motifs, et, par cela seul, que les ouvriers agissent collectivement avec le but de *forcer* le patron à modifier les conditions du travail. »

A la vérité, les extraits que nous venons de transcrire ne contiennent pas le mot *violence*, c'est la *contrainte*, la *pression* qu'ils considèrent comme rentrant dans les éléments constitutifs du délit. Mais ces mots n'affectent-ils pas dans la circonstance le vrai sens juridique affecté par le Droit civil au mot *violence* ?

---

(1) 24 février 1850. — Paris, 24 août 1860. — Journal le *Droit*, n° du 21 oct. 1860.

L'article 1112 du Code Napoléon est ainsi conçu : « Il y a violence lorsqu'elle est de nature à faire impression sur une personne raisonnable, et qu'elle peut lui inspirer la crainte d'exposer sa personne ou sa fortune à un mal considérable et présent. » Or, pour ne parler que des coalitions d'ouvriers, à l'égard desquelles la loi entre dans quelques détails, y aura-t-il seulement crainte vaine ? N'y aura-t-il pas, au contraire, menace, devant laquelle le patron devra céder lorsque tous les ouvriers viendront en même temps lui annoncer qu'ils cessent leurs travaux ? S'il ne cède pas, que deviendront pour le patron et les matières premières dont il s'est approvisionné, et les avances de tout genre qu'il a faites, et les engagements commerciaux qu'il a contractés, qu'il ne poura tenir, et à l'égard desquels il sera obligé de payer des indemnités ?

Dans toutes les contraintes exercées par voie de coalition, l'intérêt, mis en jeu, est nécessairement considérable ; le point menacé est capital ; pour le patron, c'est sa fortune, son honneur commercial : pour l'ouvrier, c'est son existence même et celle de sa famille qui sont mis en péril ; c'est en perspective, l'abandon du sol natal, ou la mendicité. Certes, ce sont des intérêts d'une gravité telle, qu'ils touchent même à l'ordre public. Mais pourquoi parler de cette dernière considération ? Nous n'avons pas à nous préoccuper ici de la légitimité de la peine ; il devait nous suffire d'établir que la coalition suppose la violence. S'il est démontré que la contrainte est nécessairement un des résultats auxquels doit tendre la coalition ; que cette contrainte s'exerce sous la menace d'un mal considérable et présent, nous pouvons dire que la coalition doit nécessairement exercer une action sur les contrats civils qui se forment à sa suite et sous son influence.

121. — Supposons, par exemple, qu'une coalition ait lieu entre tous les ouvriers d'un même atelier. Ces ouvriers se rendent auprès de leur patron, et ils lui déclarent que s'ils ne sont pas augmentés ils vont le quitter à l'instant ; il y a délit, puisqu'il y a entente, et que de cette entente résulte la con-

trainte. Mais si nous supposons que le patron cède et consente à payer le prix convenu, nous disons que cette promesse ne le liera pas, parce qu'il ne l'a pas faite librement. Il en sera de même de toutes les coalitions, par rapport aux contrats qu'elles pourront engendrer.

Mais de ce que les coalitions sont des délits, faudra-t-il conclure que la nullité des contrats qu'elles engendrent soit absolue et puisse être invoquée par les coalisés aussi bien que par ceux qui ont été contraints? La négative nous paraît évidente. Ce n'est pas, en effet, le contrat qui constitue le délit; comme lorsqu'il s'agit, par exemple, d'engager un enfant à des travaux excessifs, le contrat, ici, n'est que le résultat du délit; il en est le fruit. Ce qui influe sur le contrat ce n'est pas le caractère délictueux de la coalition, c'est la contrainte ou la violence qu'elle suppose; il y a donc seulement nullité relative, c'est le cas d'appliquer la règle posée par l'art 1117, C. Nap., relative aux vices du consentement. Si donc après la coalition et la contrainte exercée les choses venaient à changer brusquement, comme il arrive quelquefois dans les crises industrielles, et s'il survenait que les coalisés eussent intérêt à détruire l'effet des concessions qu'ils ont obtenues, la partie adverse serait en droit de maintenir le contrat, en renonçant simplement à en invoquer la nullité, et elle pourrait en exiger l'exécution.

122. — Terminons en faisant observer que si le délit de coalition ayant été relevé il survenait une ordonnance de non lieu ou un acquittement, il ne s'ensuivrait pas que l'action civile en nullité du contrat pour cause de violence dût nécessairement déchoir. Le délit de coalition suppose deux éléments; la violence et l'association de plusieurs individus dans le but de l'exercer. Si le dernier de ces éléments fait défaut, le fait cesse d'être punissable, mais la violence peut n'en pas moins exister. L'action publique tombera, mais l'action civile sera admissible, et l'on pourra établir les faits de contrainte individuelle.

CHAPITRE TROISIÈME.

DE LA RESPONSABILITÉ RÉSULTANT DES DIVERS ENGAGEMENTS DU TRAVAIL.

Sommaire.

123. Objet de ce chapitre. — 124. Ordre adopté. Division en trois sections.

123. — Les engagements du travail entraînent de nombreuses et difficiles questions de responsabilité. D'une part, en effet, ils engendrent des relations très-variées, souvent compliquées par la présence d'intermédiaires de diverses espèces entre le maître destinataire de l'ouvrage, et l'ouvrier proprement dit; d'autre part, l'exécution de ces engagements entraîne des chances et des dangers de tous genres. Sur quelles personnes doivent retomber directement ou indirectement les conséquences de ces chances et de ces dangers, lorsqu'ils se sont réalisés? Telle est la question que nous allons chercher à résoudre dans ce chapitre.

124. — Nous aurons à nous préoccuper, pour arriver aux solutions que nous allons rechercher, de la nature juridique des engagements contractés entre les parties. Sur ce point nous nous réfèrerons à l'exposé que nous avons fait dans notre premier chapitre. C'est sur ces bases que nous étudierons dans trois sections : 1° Les questions de responsabilité relatives à l'ouvrage ou à la matière employée; 2° celles qui résultent des dommages causés aux tiers par les ouvriers; 3° celles relatives au préjudice souffert par les ouvriers eux-mêmes dans l'exercice de leur travail.

SECTION PREMIÈRE.

Responsabilité concernant l'ouvrage et la matière sur laquelle il est effectué.

Sommaire.

125. Objet et plan de cette section.

125. — Les questions que nous avons à résoudre dans cette section, se rattachent d'une manière toute particulière et intime à la nature des engagements contractés par les ouvriers. Aussi ces questions se diviseront-elles naturellement suivant le caractère de ces engagements, et nous étudierons successivement les cas dans lesquels l'ouvrier est engagé au temps ; ensuite ceux où il s'est engagé à la façon ; enfin, nous nous occuperons des règles spéciales concernant les cas où l'ouvrier doit être considéré comme entrepreneur dans la partie qu'il traite (art. 1799).

§ I.

Des engagements du travail au temps.

Sommaire.

126. Influence de la nature des divers contrats sur l'étendue de la responsabilité. — 127. De l'ouvrier au temps ; la faute ne se présume pas. — 128. Sa responsabilité à l'égard de la matière.

126. — Nous avons dit, dès le début de cette étude, qu'il résulte de la nature des choses, deux espèces d'engagement parfaitement distinctes l'une de l'autre. Dans la première espèce, l'ouvrier promet ses soins et son habileté, indépendamment de tout résultat a obtenir ; dans la seconde, au contraire, c'est le résultat qui est promis ; le travail et les soins de l'ouvrier ne sont qu'implicitement compris dans cet engagement. Cette distinction est capitale dans la matière qui nous occupe.

On comprend très-bien que la responsabilité de l'ouvrier employé au temps soit très-peu étendue, car, ainsi que l'observe M. G. Demante (1), « le domestique, l'ouvrier, le salarié quel qu'il soit, est sous la dépendance de celui qui l'emploie. Dans le marché, l'entrepreneur exécute à ses risques et périls la chose déterminée qu'il doit fournir. » Dans le louage des services au temps, c'est le maître qui dirige l'ouvrage ; il se sert des facultés de l'ouvrier comme d'un instrument, d'un moyen qu'il peut employer à son gré dans les limites de la convention. Évidemment, du moment où l'ouvrier s'est donné comme il s'était promis, il a accompli son obligation, et il n'a en aucune façon à s'inquiéter du résultat.

127. — Cependant l'ouvrier au temps n'est pas dégagé de toute responsabilité, car s'il ne donne pas à une chose tous les soins qu'il a promis d'y donner, s'il s'est présenté pour plus habile qu'il ne l'est, et s'il a trompé ainsi la confiance du maître, il sera responsable des conséquences de sa faute, *spondet peritiam artis.*

Le maître étant chargé de la surveillance et de la direction de l'ouvrier, la faute de celui-ci ne se présume pas, elle doit être établie par le maître.

128. — Les règles que nous venons d'établir s'appliquent soit en ce qui concerne la perte de la portion d'ouvrage déjà effectuée et qui a une valeur, soit en ce qui concerne la perte de la matière. Ainsi, la chose venant à périr, l'ouvrier devra être payé à raison du temps pendant lequel il a travaillé, et le maître subira la perte de la matière.

Rarement l'ouvrier au temps fournit la matière, nous avons déjà dit pourquoi ; si cependant cela avait lieu, nous pensons

---

(1) Exposition raisonnée des principes de l'enregistrement, par M. G. Demante, professeur à la Faculté de Droit de Toulouse, pag. 310, n° 365, 2ᵉ édit.

que l'on devrait considérer l'ouvrier comme effectuant deux contrats parfaitement distincts, un louage de services et une vente de matière. La conséquence de cette observation, c'est que, à moins de clause contraire, il faudrait attribuer à l'ouvrier, non pas seulement le prix de la partie de matière effectivement contenue dans l'ouvrage accompli, mais de toute la matière qui a pu être employée, soit en essais, soit en pertes de tous genres faites pour arriver au résultat obtenu. La raison en est bien simple, elle repose sur l'interprétation naturelle de la volonté des parties. L'ouvrier étant sous la direction du maître, est obligé de suivre les indications de celui-ci, d'opérer à son gré des changements, des retouches qui peuvent nuire à la matière première et amener des déperditions. On comprend que n'étant pas libre de manipuler la matière à son gré, il ne se charge pas d'avance de la fourniture à forfait. La présomption dans le contrat de louage au temps sera donc, si l'ouvrier fournit la matière, qu'il a entendu être payé en proportion directe de la matière employée soit utilement, soit en pure perte, pendant tout le temps du travail. Il y aurait lieu d'appliquer, en ce qui concerne la matière, la règle que nous avons posée plus haut, et de dire qu'à cet égard, contrairement à ce qui a lieu dans le cas de louage à la façon ou d'entreprise, l'ouvrier fournissant la matière ne devrait répondre que de la perte occasionnée par sa faute, ou par le vice de la matière qu'il a fournie, conformément aux principes de la vente. On voit par là que l'observation que nous avons faite n'est pas purement théorique et qu'elle a une portée par ses conséquences.

12

§ II.

Des engagements du travail à la façon.

129. — Dans le louage à la façon ou aux pièces, les règles
de la responsabilité sont mieux déterminées par la loi, qui
est restée à peu près muette à l'égard du louage de service.

Le premier des articles composant la section des devis et
marchés qui va faire spécialement l'objet de notre étude,
s'exprime ainsi : « Art. 1787. Lorsqu'on charge quelqu'un de
faire un ouvrage, on peut convenir qu'il fournira seulement
son travail ou son industrie, ou bien qu'il fournira aussi la
matière. »

130. — Nous avons dit dans notre premier chapitre que le
cas où l'ouvrier fournit la matière ou la partie principale de
la matière, doit être considéré comme un cas de vente, et que
l'ouvrier qui travaille dans ces conditions doit être considéré comme un commerçant; cependant nous pensons que
l'art. 1788, qui s'occupe de ce cas, doit être compris dans notre
étude. Cet article est ainsi conçu : « Si, dans le cas où l'ouvrier fournit la matière, la chose vient à périr, de quelque
manière que ce soit, avant d'être livrée, la perte en est pour
l'ouvrier, à moins que le maître ne fût en demeure de recevoir
la chose. » Dans le cas où l'ouvrier fournit la matière, il est

censé la vendre sous condition suspensive; la vente n'est censée accomplie que lorsque le travail est effectué.

L'article fait cependant une précision, en ce qui concerne la mise en demeure, qui est parfaitement conforme aux principes de Droit, et à l'égard de laquelle nous n'avons pas d'observation particulière à présenter.

Lorsque le travail est reçu, le contrat étant une vente, l'ouvrier n'est pas dégagé de toute responsabilité, il reste soumis aux obligations du vendeur, et peut être actionné en garantie, conformément aux règles établies dans les articles 1625 et suivants du Code Napoléon.

131. — Mais si nous supposons que l'ouvrier ne fournit pas la matière, nous rentrons plus spécialement dans la pratique de la vie des ouvriers proprement dits. L'art. 1789 pose la règle en ce qui concerne la matière; l'art. 1790 s'occupe du travail effectué. « Art. 1789. Dans le cas où l'ouvrier fournit seulement son travail ou son industrie, si la chose vient à périr, l'ouvrier n'est tenu que de sa faute (1). » Le même principe était admis dans le Droit romain ; nous savons que pour déterminer s'il y a faute, il faut avant tout considérer la manière dont l'ouvrier a engagé le contrat, et l'opinion qu'il a dû inspirer au maître sur son compte, lors de l'engagement.

Dans la faute on doit comprendre le retard que peut apporter l'ouvrier à la livraison. Cette précision fut faite au Conseil d'État à l'époque des travaux préparatoires et fut approuvée avec raison (2). Le retard fait donc passer les risques de la chose sur la tête de l'ouvrier.

132. — Art. 1790. « Si, dans le cas de l'article précédent, la chose vient à périr quoique sans aucune faute de la part de l'ouvrier, avant que l'ouvrage ait été reçu, et sans que le

---

(1) Cette règle est applicable en ce qui concerne aussi les engagements de travail au temps, ainsi que nous l'avons dit ci-dessus.

(2) Fenet., tom. 14.

maître fût en demeure de le vérifier, l'ouvrier n'a point de salaire à réclamer, à moins que la chose n'ait péri par le vice de la matière. » Nous croyons avoir démontré que contrairement à l'opinion de Pothier et de certains juristes modernes, on devait admettre les mêmes solutions dans le Droit romain, pour les deux cas prévus par l'art. 1790.

Le premier de ces cas est celui où la chose a péri sans aucune faute ni de part ni d'autre. La loi applique très-sagement le principe *res perit domino*. En effet, la matière n'est que déposée entre les mains de l'ouvrier pour l'accomplissement de l'ouvrage ; elle ne cesse pas d'appartenir au maître, et la perte doit en être pour lui. Quant à l'ouvrage déjà effectué et qui représente une valeur, il est juste que la perte n'en soit pas supportée par le maître. Dans le louage à la façon ou à l'entreprise, ce qui est promis c'est un résultat, or, ici le maître n'en a aucun ; ce principe est tellement certain, que si le contrat vient à être résolu sans que la partie d'ouvrage effectuée périsse, et que cette partie représente un résultat obtenu qui soit mis à la disposition du maître, celui-ci en doit la valeur. (Art. 1795.)

Mais dans le cas qui nous occupe, aucun résultat n'est offert au patron. Le travail ne devient la propriété du maître que lorsqu'il est effectué et accepté. Ce système fut développé par le tribun Mouricault. Il est tellement certain, qu'aucun juriste ne saurait contester à l'ouvrier le droit de détruire puis de refaire et de détruire encore son ouvrage, d'en disposer comme d'une chose dont il est maître, pourvu que la matière n'en souffre pas, et qu'il n'y ait pas de retard dans la livraison.

Cependant les effets de la mise en demeure du maître devraient produire à son égard les mêmes effets que le retard par rapport à l'ouvrier ; et si le maître était mis en demeure de vérifier, les risques passeraient sur sa tête ainsi que le dit l'article qui nous occupe.

133. — Le second cas prévu par cet article, est celui où la chose périt par le vice de la matière. Dans ce cas, le patron est

considéré comme s'il était en faute, et il doit subir la perte de l'ouvrage et de la matière. L'ouvrier aura le droit de réclamer des dommages pour le temps qu'il a consacré à travailler inutilement une matière défectueuse. C'est l'application du principe posé dans les art. 1382 et 1383. Mais il faut bien préciser que par vice de la matière on n'entend pas parler de la fragilité ordinaire de cette matière, cela n'en serait pas un vice mais un attribut. Il faut que le défaut soit exceptionnel et n'ait pas pu être prévu par l'ouvrier. Il est certain, en prenant pour exemple le cas choisi par M. Troplong, que si l'on donne à un joaillier une pièce de corail à ciseler, quelque fragile que soit la matière, si elle vient à se casser entre les mains de l'ouvrier, il en sera responsable; il n'en serait autrement, que si le corail contenait un défaut caché, comme une veine qui le fasse éclater en morceaux. On peut encore citer l'exemple d'une perle à monter, exemple que nous avons trouvé dans les textes romains et que nous avons donné en traitant de ce Droit.

Avant de contracter, la matière doit être examinée; si elle contient des vices apparents et que l'ouvrier garde le silence, il est présumé en assumer les risques; il en est autrement si les vices sont cachés. Dans ce cas, pour faire supporter la perte à l'ouvrier il faudrait qu'il ait formellement pris à sa charge tous les risques du travail (1).

134. — En cas de doute sur la manière dont la chose a péri, on s'est demandé quelle devait être la présomption. Faut-il présumer la faute de l'ouvrier, ou le vice de la matière, ou la force majeure? Nous pensons, avec M. Troplong, que l'ouvrier sera tenu d'établir la force majeure ou le vice de la matière s'il veut en bénéficier. « C'est au débiteur de la chose, à celui qui est précisément tenu de la restituer, à s'exonérer de cette obligation, par la preuve de l'excuse valable qui lui sert d'exception (2). »

---

(1) L. 13, § 5, D. Loc. cond.
(2) Troplong, de l'échange et du louage, n° 987.

135. — L'effet de l'acceptation ou de la réception de l'ouvrage est de faire passer les risques sur la tête du maître. L'acceptation n'est soumise à aucune forme; elle peut résulter, comme nous l'avons vu d'après les termes de l'art. 1791, d'un payement proportionné à l'ouvrage effectué. Il est bien entendu que l'on ne doit pas assimiler ces payements à de simples avances ou à-comptes, comme l'avait fait la Cour de Toulouse dans ses observations, au sujet de la rédaction du Code Napoléon.

Dès le moment de la vérification, le maître n'a plus aucun recours contre l'ouvrier, pour tous les ouvrages autres que ceux dont nous parlerons à propos de l'art. 1792. C'est ce que disait M. Bérenger au Conseil d'Etat. « L'art. 1790 se rapporte à tout ouvrage quelconque, au lieu que l'art. 1792 établit une règle particulière pour les ouvrages dirigés par les architectes. On peut facilement vérifier si un meuble est confectionné comme il doit l'être ; aussi, dès qu'il est reçu, il est juste que l'ouvrier soit déchargé de toute responsabilité. »

Il faut d'ailleurs remarquer, avec MM. Duvergier et Troplong (1), que puisque pour les gros ouvrages immobiliers dirigés par les entrepreneurs, ceux-ci sont soumis à la responsabilité de dix ans seulement, on ne peut soumettre l'ouvrier à la responsabilité trentenaire du droit commun, la seule qui serait applicable dans le silence de la loi.

De ce silence, des termes de la discussion au Conseil d'Etat, de l'esprit même de la loi, il faut conclure, que s'il n'y a ni dol, ni fraude de la part de l'ouvrier, toute responsabilité disparaît à son égard même pour les vices cachés.

136. — Il est hors de doute que les conventions des parties peuvent modifier ces principes, et que l'ouvrier peut garantir les vices ou certains vices de son ouvrage, comme cela se fait tous les jours.

---

(1) Duvergier, t. 2, n° 317. Troplong, n° 991.

137. — Terminons en disant que nous n'avons pas de distinction à faire en ce qui concerne les règles que nous venons d'établir et ce qui concerne les ouvriers aux pièces et les ouvriers à la façon, ou qui ont entrepris *per aversionem.* Ces divers engagements ne diffèrent les uns des autres que par l'étendue de l'obligation contractée ; les principes restent les mêmes, qu'il s'agisse d'un travail partiel ou d'un ensemble. Nous nous référons, au surplus, à ce que nous avons dit en traitant le Droit romain, et à ce que contient sur ce point le premier chapitre du Droit français actuel.

§ III.

Des cas où l'Ouvrier doit être considéré comme entrepreneur.

Sommaire.

138. — Nous nous sommes occupé, dans les paragraphes

précédents , des obligations de l'ouvrier, abstraction faite de la qualité de la personne vis-à-vis de laquelle il s'engage.

En effet, les règles que nous venons d'exposer s'appliquent de la même manière, soit que l'ouvrier traite directement avec le destinataire définitif de l'ouvrage , soit qu'il contracte avec des intermédiaires agissant en leur nom personnel.

Mais nous allons maintenant examiner des règles qui résultent pour les ouvriers, de leur qualité d'entrepreneur, et cette qualité, comme nous le démontrerons, leur vient, dans la matière , de ce qu'ils traitent avec le destinataire définitif de l'ouvrage , sans qu'il y ait d'intermédiaires entre eux et ce dernier.

189. — L'art. 1999 s'exprime ainsi : « Les maçons , charpentiers, serruriers et autres ouvriers qui font directement des marchés à prix fait , sont astreints aux règles prescrites dans la présente section : ils sont entrepreneurs dans la partie qu'ils traitent. » Évidemment, la rédaction de l'article est fautive , car, d'après ces termes, on croirait que la section ne s'occupe que des entrepreneurs ; or, il est certain qu'elle s'applique aux ouvriers, et ce mot même s'y trouve employé à plusieurs reprises.

Cependant, l'art. 1799 a une portée, c'est celle d'appliquer aux simples ouvriers dont il parle , les règles édictées spécialement à l'égard des entrepreneurs de gros ouvrages, dans les art. 1792 et 1793. Nous ne nous occupons pour le moment que de ces deux articles , les seuls dans lesquels il soit édicté des règles concernant la responsabilité à l'égard du travail.

140. — Le but évident des art. 1792 et 1793 a été de prendre des mesures en vue de la sécurité publique. Dans l'art. 1792, la loi a voulu imposer une responsabilité à l'entrepreneur, à l'égard de certains ouvrages de construction , pour que les entreprises de ce genre ne fussent faites que par des gens aptes et expérimentés , qui ne craignent pas d'affecter leurs biens personnels à la garantie de leurs ouvrages.

141. — On le voit, d'après ces principes, l'art. 1792 fait plus qu'établir une présomption, il organise une mesure à laquelle est intéressée la sécurité publique. « Les architectes, disait M. Réal au Conseil d'État (1), pour déterminer les propriétaires à construire, cherchent ordinairement à leur persuader que la dépense sera modique ; peut-être y a-t-il lieu de craindre, si on leur fournit un moyen de ne pas répondre des mauvaises constructions, qu'ils ne prennent plus aucun soin de rendre les édifices solides. » Sur cette observation qui fut faite aussi par deux Cours impériales, le Conseil d'État retrancha une dernière partie de l'article du projet qui portait que les entrepreneurs sont responsables des vices du sol, « à moins qu'ils ne prouvent avoir fait au maître les observations convenables pour l'empêcher d'y bâtir. » Et l'art. 1792 fut rédigé tel que nous allons l'étudier.

142. — Quant à l'art. 1793, il établit une présomption *juris* et *de jure* qui a encore évidemment pour but de mettre les particuliers, en général, qui n'ont aucune connaissance de l'art des constructions, à l'abri des manœuvres des entrepreneurs (2).

De ces principes nous tirerons des conséquences, d'abord à l'égard de la nature des travaux dont parlent les art. 1792 et 1793, ensuite, et ce sera le résultat fondamental de ce paragraphe de notre étude, nous déduirons de là quels ouvriers doivent être considérés comme soumis aux obligations portées par lesdits articles ; nous terminerons par une étude sur ces obligations elles-mêmes.

« Art. 1792. Si l'édifice construit à prix fait, périt en tout ou en partie, par le vice de la construction, même par le vice

----

(1) Fenet., tom. 14, p. 264.

(2) La doctrine et la jurisprudence sont d'accord pour admettre ces principes. On peut même consulter à cet égard les travaux préparatoires du Code Napoléon dans Fenet et Locré. — Voir au surplus Duvergier, n° 365. Troplong, 1001. Vazeille, prescript., n° 550. Zachariæ, etc.

du sol, les architectes et entrepreneurs en sont responsables pendant dix ans. »

« Art. 1793. Lorsqu'un architecte ou entrepreneur s'est chargé de la construction à forfait d'un bâtiment, d'après un plan arrêté et convenu avec le propriétaire du sol, il ne peut demander aucune augmentation, ni sous le prétexte de l'augmentation de la main-d'œuvre ou des matériaux, ni sous celui de changements ou d'augmentations faits sur ce plan, si ces changements ou augmentations n'ont pas été autorisés par écrit, et le prix convenu avec le propriétaire. »

143. — Les espèces de travaux dont il est parlé dans les deux articles ci-dessus ayant été mentionnés en vue de la sécurité publique et de celle des particuliers, il faudra considérer comme compris dans leurs termes tous les travaux analogues à ceux de construction, qui peuvent compromettre cette sécurité.

C'est dans ce sens qu'il a été jugé que la responsabilité édictée par l'art. 1792 devait s'appliquer aux constructeurs d'un puits (1), d'un pont suspendu (2), d'une cabane (3), à ceux qui ont fait un plafond (4). Mais cette responsabilité ne devrait pas s'appliquer à des travaux mobiliers qui ne sont devenus immeubles que par destination ; ainsi il a été jugé avec raison que cette responsabilité ne pouvait être imposée à raison de la confection d'un pressoir. Mais nous pensons qu'on devrait appliquer l'art. 1792 au constructeur d'une machine à vapeur, ou de toute autre machine pouvant compromettre la sécurité des citoyens. L'art. 2270 dont les termes concordent, comme nous le verrons, avec ceux de l'art. 1792, parle de *gros ouvrages ;* ce sont des termes dans lesquels on peut faire rentrer les machines dont nous parlons, ce qui du reste est conforme à l'esprit de la loi.

_____

(1) Paris, 2 juillet 1828.
(2) Cassation, 18 décembre 1839. Journal du Palais, tom. 1, 1840, p. 292.
(3) Aix, 16 mars 1832.
(4) Poitiers, 1 mars 1844. J. P., tom. 2, 1844, p. 186.

Pour savoir donc à quels ouvriers s'appliquent les art. 1792 et 1793, il faut rechercher d'abord s'ils ont effectué les travaux de construction.

144. — Mais en outre il faut, aux termes de l'art. 1799, que les travaux aient été exécutés par suite de marchés à prix fait, et que ces marchés aient été faits directement.

Nous savons ce que l'on entend par marché à prix fait ; c'est cet engagement de travail à la façon, en vertu duquel le travailleur, moyennant un prix déterminé, promet un ouvrage effectué, un résultat.

On comprend très-bien que la responsabilité établie par l'art. 1792 ne puisse pas s'appliquer aux travailleurs au temps qui sont censés effectuer leur ouvrage sous les ordres et la direction de leur maître. Nous ferons remarquer d'ailleurs que les travailleurs au temps ne peuvent pas se trouver dans la position prévue par l'art. 1793.

Le louage du travail à tant la pièce ou la mesure, ne doit pas non plus être compris dans les termes de l'art. 1799, si l'ouvrier ne s'est pas engagé à fournir l'ensemble de l'ouvrage. Si, au contraire, l'ouvrier, tout en étant payé à tant la pièce ou la mesure, s'est engagé à fournir l'ensemble de l'ouvrage, il doit rentrer dans les termes de l'art. 1799, et les art. 1792 et 1793 lui sont par conséquent applicables.

145. — Mais il existe une troisième condition pour que l'art 1799 soit applicable aux ouvriers ; il faut que ceux-ci aient contracté directement. « Les maçons, charpentiers, serruriers et autres ouvriers qui font directement des marchés à prix fait, » dit l'article. Ce mot *directement* s'explique d'une manière évidente si l'on remonte aux principes que nous avons exposés plus haut. La loi a voulu protéger les particuliers contre les entreprises hasardeuses de gens inhabiles ou inexpérimentés. Aussi, pour que l'architecte ou l'entrepreneur soient déclarés responsables, aux termes de l'art. 1792, la jurisprudence et la doctrine se préoccupent-elles avant tout

du point de savoir quel est celui qui a pris les travaux à sa charge en traitant avec le particulier.

146. — C'est l'inexpérience de ce dernier que la loi a voulu mettre à l'abri, et cela est si vrai que, si le propriétaire qui fait construire était lui-même un homme de la partie et qu'il ait dirigé l'entrepreneur, celui-ci cesse d'être responsable. C'est ce qu'a jugé la Cour de cassation, par arrêt du 4 juillet 1838 (1).

Mais si le propriétaire n'était pas un homme de la partie, non-seulement l'entrepreneur resterait chargé de la responsabilité édictée par l'art. 1792, mais encore il ne saurait se décharger de cette responsabilité même par stipulation expresse faite avec le propriétaire (2).

147. — Il résulte de cet exposé que le mot *directement* a été évidemment placé dans l'art. 1799, pour en limiter les effets au cas où les ouvriers effectuent les gros ouvrages dont nous avons parlé, sans qu'il y ait d'intermédiaire entre eux et le propriétaire. On doit conclure de là, que le sous-entrepreneur qui se charge d'un ensemble de travail même à prix fait, n'est pas compris dans les termes de l'art. 1799. Si donc l'ouvrage dont un ouvrier s'est chargé d'effectuer l'ensemble vis-à-vis d'un entrepreneur général, comme, par exemple, la charpente d'un bâtiment, venait à s'écrouler, le propriétaire aurait son recours contre l'entrepreneur général ; mais celui-ci, les travaux une fois vérifiés et acceptés, n'aurait aucun recours, à raison de la malfaçon de ses travaux, vis-à-vis du sous-entrepreneur.

Il nous paraît cependant évident que la clause par laquelle le sous-entrepreneur engagerait sa responsabilité personnelle, n'aurait rien que de très-légal.

Ce que nous venons de dire à l'égard de l'art. 1792 s'appliquerait également à la présomption établie par l'art. 1793.

---

(1) Cassation, 4 juillet 1838, (J. P. tom. 2, 1838, p. 359.)

(2) V. Troplong, art. 1792 et les raisons péremptoires tirées par cet auteur des Travaux préparatoires du Code civil. Contra Duranton.

Comment supposer, en effet, qu'un entrepreneur principal puisse être entraîné à des dépenses qu'il ne pouvait prévoir, contre sa volonté? Faire une pareille supposition, ce serait admettre et encourager chez l'entrepreneur une inexpérience ou un défaut de surveillance qui le constitueraient personnellement en faute.

Il faut donc conclure que les ouvriers qui traitent à forfait ne doivent être soumis aux règles édictées par les art. 1792 et 1793 à l'égard des entrepreneurs, que lorsqu'ils traitent, sans intermédiaires, avec les propriétaires à qui sont destinés les travaux. C'est là le sens qu'il faut attribuer au mot *directement* employé dans l'art. 1799.

148. — Si entre le propriétaire et l'ouvrier travaillant à forfait, se trouve un intermédiaire chargé de faire exécuter les travaux qui soit un homme de l'art, comme, par exemple, un architecte ou un ingénieur, ou un entrepreneur principal, où si le propriétaire peut, par la nature de ses occupations, exercer lui-même un rôle actif, les règles établies par les articles 1792 et 1793 ne s'appliquent pas, et l'ouvrier doit être déchargé de toute responsabilité (1)

149. — Examinons maintenant quelles sont les obligations qui résultent pour les ouvriers des art. 1792 et 1793, dans les cas où, en vertu de l'art. 1799, ils doivent être considérés comme entrepreneurs.

La doctrine a donné des développements assez étendus aux difficultés qui se rattachent à la responsabilité établie par l'article 1792, et à la présomption établie par l'article 1793; nous n'entrerons pas dans les mêmes développements (2). A la vérité, nous pourrions nous contenter de dire que l'on doit s'en rapporter aux principes établis à l'égard des entrepreneurs pour savoir ce qui se réfère aux ouvriers qu'on

---

(1) Casation, 12 févr. 1850. Dalloz. 1850, 1.
(2) On peut voir notamment Lepage, Lois des bâtiments.

leur assimile ; cependant nous pensons que les règles posées dans les articles 1792 et 1793 ne doivent pas passer
inaperçues dans cette étude, à cause de leur caractère spécial
de lois du travail.

150. — Nous allons nous occuper d'abord de l'art. 1792,
dont nous avons déjà donné le texte ci-dessus. Il résulte de cet
article que les entrepreneurs, ou ceux qui leur sont assimilés,
sont responsables de la perte totale ou partielle de la chose
par le vice de la construction , même par le vice du sol ;
qu'ils en sont responsables pendant dix ans. Etudions
d'abord l'étendue de la responsabilité et les cas dans lesquels
elle a lieu ; nous nous occuperons ensuite du délai de dix
ans dont nous venons de parler.

151. — La responsabilité de l'ouvrier entrepreneur est en
jeu, lorsque la chose vient à périr par le vice du sol ou par le
vice de la construction.

Il est bien évident que nous parlons ici seulement du cas où
c'est le maître qui fournit le sol ; car si c'est l'entrepreneur
qui l'a fourni , il est censé avoir fourni la partie principale
des matériaux (ædificium solo cedit) , et alors il y a non plus
louage d'ouvrage , mais vente.

Aux vices du sol , nous assimilerons les vices de la matière
pour tous les gros ouvrages dont la perte pourrait être dangereuse pour la sécurité des citoyens.

C'est à l'ouvrier à faire ses observations au maître , et à
refuser son travail si un danger peut en résulter. (1). Nous
avons déjà dit que toute stipulation contraire serait nulle et de
nul effet.

152. — L'ouvrier entrepreneur est encore responsable des
vices de construction , et cela quand même les matériaux auraient été fournis par le maître, ou choisis sur son indication.

_____

(1) MM. Duvergier , Marcadé , Zachariæ, Troplong et plusieurs arrêts de
cassation consacrent cette doctrine.

C'est ce qui a été décidé notamment par la Cour de Paris, le 9 juin 1853 (1). L'ouvrier ne pourrait pas prétexter que ce n'est pas le vice de la construction qui a causé la chute ; il serait dans tous les cas responsable du vice des matériaux, conformément à ce que nous avons dit ci-dessus.

On assimile encore aux vices de construction, les défauts résultant des vices relatifs à l'inobservation des règlements sur la voirie et autres, ou des lois sur le voisinage.

Nous avons déjà fait mention d'un arrêt de la Cour de cassation du 18 décembre 1839. Cet arrêt décide que l'entrepreneur qui s'était chargé de la façon des câbles pour un pont suspendu devait être exempt de responsabilité, parce que, bien que la chute résultât de la qualité du fer qu'il avait fourni, ce fer avait été choisi par lui sur les indications qui lui avaient été données. Cet arrêt, qui paraît en contradiction avec notre doctrine, y est au contraire parfaitement conforme. Si l'entrepreneur est dégagé ici, c'est qu'il y avait entre lui et le destinataire de l'ouvrage un homme de l'art qui avait fourni ses instructions, et qui par sa qualité mettait la responsabilité de l'entrepreneur à couvert.

153. — Mais il peut arriver, pensons-nous, que cette responsabilité soit partagée entre l'architecte et l'entrepreneur, suivant le rôle que chacun d'eux a joué vis-à-vis du propriétaire. Sous ce rapport, l'étendue de la responsabilité de l'un est limitée par la part de responsabilité qui incombe à l'autre. Le texte de la loi ne s'oppose nullement à cette solution.

Si, par exemple, un architecte a fourni le plan à un propriétaire, et qu'il ait ensuite indiqué à l'entrepreneur le moyen d'exécuter ce plan, sans toutefois diriger les travaux, nous pensons qu'une part de responsabilité correspondante à l'engagement pris vis-à-vis du propriétaire incombera à l'un et à l'autre. Si la perte a lieu par suite des fautes du plan, c'est l'architecte qui sera responsable; si c'est par le défaut d'exé-

---

(2) Journal du Palais, 1854, p. 202.

cution ou par le vice des matériaux, la responsabilité incombera à l'entrepreneur, à moins que les matériaux ne lui aient été imposés par l'architecte. S'il y avait vice des deux côtés, la responsabilité devrait être supportée par l'architecte et l'entrepreneur conjointement (1).

154. — La responsabilité des ouvriers entrepreneurs peut encore être limitée par suite des associations qu'ils peuvent contracter entre eux. Il arrive souvent que plusieurs ouvriers s'associent et s'engagent ensemble à fournir un travail pour un prix fait : dans ce cas, si les ouvriers ont contracté directement avec le propriétaire, ils doivent tous être considérés comme entrepreneurs ; seulement leur part de responsabilité respective sera réglée par la loi de leur association.

155. — Cette responsabilité se résoudra naturellement en dommages, que l'entrepreneur devra payer au propriétaire, et dont la quotité sera fixée suivant les règles du droit commun. Sans doute le propriétaire aurait le droit de demander que les choses soient rétablies dans le même état où elles étaient avant la perte, sans préjudice de l'indemnité à raison des dommages résultant de cette perte ; mais si l'entrepreneur se refusait à cette opération, l'obligation devrait encore se résoudre en dommages-intérêts (art 1142 C. N.)

Ainsi, toute personne qui aura directement contracté avec le destinataire de l'ouvrage, en se donnant le titre, les qualités et les obligations de l'architecte ou de l'entrepreneur, sera responsable des pertes résultant des vices du sol ou de la matière, et des vices de la construction, suivant les distinctions que nous avons établies.

156. — Mais si la perte s'est réalisée, quelle sera la présomption à l'égard de la cause ? Faudra-t-il que l'ouvrier prouve

---

(1) On peut voir sur cette matière un article de M. Pont, inséré au 1er volume de la Revue critique. Cet article contient des détails intéressants et l'analyse de plusieurs décisions importantes de la Cour de cassation.

la force majeure, comme cela doit avoir lieu dans l'hypothèse posée dans l'art. 1790? Nous ne le pensons pas. Ce sera, au contraire, au propriétaire à prouver que l'accident provient de l'un des vices dont parle l'art. 1792. La règle posée par l'article 1790 s'applique au cas où le maître n'a pas encore reconnu le travail ; ici, au contraire, le travail a été déclaré admissible, le maître l'a accepté ; il invoque donc, en revenant sur sa déclaration, une règle de sévérité exceptionnelle que l'on doit restreindre plutôt que d'en étendre la portée.

157. — On s'est demandé si la réception de l'ouvrage par des experts peut dégager l'entrepreneur de la responsabilité qui lui incombe. Nous répondrons négativement, les experts fussent-ils nommés par jugement ; la loi a établi obligatoirement un mode d'épreuve qui vaut mieux que toutes les expertises et ne peut les remplacer : c'est l'épreuve du temps (1).

158. — Ce temps, avons-nous dit, a été fixé à un délai de dix années. « Les entrepreneurs sont responsables pendant dix ans, » dit l'art. 1792. Ces expressions ont donné lieu à de vives controverses.

Passé le délai de dix ans, tous les événements qui se produiront seront considérés, en vertu d'une présomption *juris et de jure,* succomber pour toute autre cause qu'un vice du sol ou un vice de construction, à moins que la fraude ne soit prouvée de la part de l'entrepreneur, cas dans lequel la prescription de trente ans ne commencerait que du jour de la découverte de la fraude. Tout cela est généralement admis. Mais quand commence le délai de dix ans dont parle l'article 1792? quand se termine-t-il ? comment doit-on entendre les termes de l'art. 2270 et les combiner avec ceux de l'article 1792? Ce sont là des questions qui ont été très-diversement résolues.

Trois systèmes ont été soutenus. Le premier de ces systèmes

_____

(1) Lepage, Lois des bâtiments, p. 390.

13

a été adopté par la Cour de Paris dans deux arrêts, l'un du 15 novembre 1836 , l'autre du 17 février 1853 (1). En vertu de l'article 1792 , dit la Cour de Paris , il faut que le vice de la construction se manifeste dans les dix ans , qui commencent au jour de l'achèvement des travaux ; donc toute perte partielle ou totale qui se manifestera après ce délai ne pourra donner lieu à aucune action en garantie. L'art. 2270 ajoute : « Après dix ans, l'architecte et les entrepreneurs sont déchargés de la garantie des gros ouvrages qu'ils ont faits ou dirigés. » Donc , si la réclamation n'est pas faite dans les dix ans , qui commencent au jour où les ouvrages ont été terminés , dit la Cour de Paris , l'architecte ou entrepreneur sera libéré de toute responsabilité. Ainsi l'art. 1792 détermine la durée de la garantie ; l'art. 2270 détermine la durée de l'action en garantie. Il résulte de ce système que plus l'accident aura tardé à se produire , moins le propriétaire aura de facilités pour se plaindre ; ce qui n'est pas en désaccord avec l'équité. Si , en effet, le vice se manifeste la première année, d'après le système de la Cour de Paris, le propriétaire aura neuf ans pour se plaindre : si la perte a lieu la neuvième année, il n'aura qu'un an, et il ne pourra plus se plaindre si la perte a lieu à l'expiration de la dixième année.

M. Duvergier a adopté un autre système , mais non sans hésitation , comme il le dit lui-même. L'art. 1792 , dit-il , détermine la durée pendant laquelle l'immeuble doit se maintenir pour qu'il soit censé bien fait. Toute perte qui surviendra plus de dix ans après l'achèvement des travaux, devra donc être attribuée à toute autre chose qu'aux vices du sol ou de la construction. Quant à l'art. 2270, M. Duvergier reconnaît, comme la Cour de Paris , qu'il a eu en vue de régler la durée de l'action en garantie ; mais, en vertu du principe : *Contra non valentem agere non currit præscriptio* , les dix ans dont parle cet article ne courent que du jour où le vice s'est manifesté.

_____

(1) Journal du Palais , 1837, p. 1629 et 1853 , t. I, p. 279.

M. Troplong a adopté une opinion plus ancienne et plus généralement admise que les deux précédentes (1), et il attaque ces dernières très-vivement. Cette opinion consiste à dire que l'art. 1792 fixe le délai pendant lequel les vices ont dû se manifester, sans quoi l'ouvrage cesse d'être sous la responsabilité de l'entrepreneur. Sous ce rapport, les trois opinions sont unanimes ; mais, d'après celle que nous exposons, la durée de l'action en garantie n'aurait pas de limites spéciales ; elle pourrait être exercée pendant trente ans, à partir de l'accident. Mais quelle est alors la portée de l'art. 2270 ? On ne peut pas admettre que cet article ait été rédigé dans le seul but de répéter ce que disait déjà l'art. 1792. M. Troplong trouve trois raisons d'être à cet article ; la première est de faire comprendre dans l'étendue de la responsabilité de l'entrepreneur tous les gros ouvrages ; la seconde est de soumettre à cette responsabilité les architectes qui ont dirigé les travaux, même quand ils n'ont pas fait de marché à forfait. La troisième est d'étendre les conséquences de la responsabilité à tous les cas de perte partielle ou totale.

Nous admettons très-bien toutes les conséquences que M. Troplong attribue à l'art. 2270, et nous pensons que, pour appliquer les règles de la responsabilité, on doit, en effet, éclairer le texte de l'art 1792, par celui de l'art. 2270. Mais, en vérité, peut-on supposer que le législateur ait ajouté un article au titre de la prescription dans le seul but d'étendre la portée d'un article qui règle une question de responsabilité ? Évidemment cet article a été rédigé pour établir une règle de prescription ; c'est ce que reconnaît M. Duvergier; c'est aussi ce que déclare la Cour de Paris.

159. — Mais sur quoi se base M. Duvergier pour faire courir la durée de l'action en garantie du jour de la perte ? Sur le principe *contra non valentem agere non currit præscriptio*,

---

(1) Duranton, t. 17, n° 255. Aubry et Rau sur Zacharie, t. 3, p. 383 et note 15. Marcadé, art. 1792.

avons-nous dit. C'est un principe dont nous pouvons nier l'existence, mais que l'on ne doit pas appliquer dans le cas actuel. Nous pensons que l'on doit adopter l'opinion de la Cour de Paris, et déclarer que l'entrepreneur doit être libéré de toute crainte et de toute sollicitude au bout de dix ans écoulés depuis l'achèvement des travaux.

160. — Plusieurs raisons nous font admettre cette opinion. La première est une raison de texte. L'article 1792 régit la durée de la garantie ; l'art. 2270 régit la durée de l'action en garantie. Or, ce dernier article commence par ces mots : Après dix ans, les architectes sont déchargés, et il se termine par ces mots : des gros ouvrages qu'ils ont faits ou dirigés. L'emploi de ces derniers mots dans l'article indique bien que c'est là le fait qui doit servir de base au calcul des dix années dont il vient d'être parlé.

On peut observer d'ailleurs que la diminution de durée de la prescription à mesure que le travail dure plus longtemps est parfaitement rationnelle. N'est-il pas juste que l'entrepreneur dont l'ouvrage a duré neuf ans et demi soit dans une position plus favorable que celui dont le travail est tombé au bout de quelques jours ?

Enfin, la responsabilité de l'architecte, qui s'étend aux vices d'un sol qui lui a été indiqué, et des matériaux qui lui ont été fournis, même au vice résultant d'opérations qu'il a faites contre son gré, sur la demande du propriétaire, est un droit exorbitant : s'il y a un doute, c'est dans le sens de l'extinction de ce droit qu'il faut se prononcer.

Nous pensons donc que la loi a établi une présomption de bonne construction si la perte de l'ouvrage n'a pas eu lieu dans les dix ans qui ont suivi sa livraison, et que, dans tous les cas, passé ce délai de dix ans, l'architecte ou entrepreneur est en toute sûreté ; le maître devait agir avant l'expiration de ce délai.

161. — Il nous reste, pour compléter l'exposé des consé-

quences de la règle établie dans l'art. 1799, à dire quelques mots de l'art. 1793.

Cet article est ainsi conçu : « Lorsqu'un architecte ou un entrepreneur s'est chargé de la construction à forfait d'un bâtiment, d'après un plan arrêté et convenu avec le propriétaire du sol, il ne peut demander aucune augmentation de prix, ni sous le prétexte de l'augmentation de la main d'œuvre ou des matériaux, ni sous celui de changements ou d'augmentation faits sur ce plan, si ces changements ou augmentations n'ont pas été autorisés par écrit et le prix convenu avec le propriétaire. » Cet article contient une prescription qui n'offre rien de spécial, et qui est de l'essence de tous les travaux à la façon ; c'est celle qui met à la charge de l'entrepreneur les chances qui peuvent résulter de l'augmentation du prix et de la main d'œuvre. Ces chances sont, comme nous l'avons dit, l'une des principales choses prises en considération par les parties qui contractent à prix fait, soit aux pièces, soit à la mesure, soit à l'entreprise.

162. — Mais l'art. 1793 contient une deuxième prescription qui est spéciale aux entrepreneurs et aux ouvriers qui leur sont assimilés par l'art. 1799. L'art. 1792 a pour but, avons-nous dit, d'assurer aux propriétaires et au public qui y est intéressé, la solidité des constructions ; l'article que nous étudions a voulu assurer, à l'égard des mêmes travaux, la fortune des particuliers contre les manœuvres des entrepreneurs et architectes. C'est encore l'ignorance des particuliers en matière de travaux de construction que la loi a prise en considération, et dans cette vue elle a déclaré l'entrepreneur passible des frais, sans recours contre le propriétaire, pour tous changements et augmentations qui auraient été faits par lui en dehors de certaines conditions.

A la vérité, le moyen de garantie que la loi emploie est un mode spécial de preuve, que nous aurons a rappeler lorsque nous traiterons des moyens de preuve particuliers, aux ouvriers ; mais nous avons cru devoir placer ici ce que nous de-

vons dire su. l'article 1792, à cause de l'esprit et du but final
de cet article, qui est de résoudre des questions de responsabilité. D'ailleurs, ainsi que nous l'avons dit, il se rattache,
par la nature des cas qu'il prévoit, la nature des personnes
dont il s'occupe, à l'art. 1792, et aux développements que
nous avons donnés.

163. — Nous devons dire cependant, que l'on ne devrait
pas étendre la portée des termes de l'article 1793, jusqu'à admettre qu'il puisse comprendre les gros ouvrages dont nous
avons parlé au sujet de l'art. 1792. D'une part, en effet,
l'art. 2270 ne saurait étendre la portée des termes de l'article 1793; d'autre part, cet article, en employant ces mots,
« le propriétaire du sol » paraît se restreindre au cas où il
s'agit uniquement de travaux immobiliers.

164. — Pour que la responsabilité des changements et augmentations dont parle l'art. 1793 retombe à la charge de l'entrepreneur, il faut qu'un plan des travaux ait été convenu et
arrêté avec le propriétaire du sol. Si donc, comme il arrive
le plus souvent à l'égard des ouvriers entrepreneurs dont
parle l'art. 1799, il n'avait pas été dressé de plan, on sui-
vrait les règles ordinaires du Droit, c'est-à-dire, que l'ouvrier
serait en droit de faire constater, par tous les moyens légaux,
que des augmentations ou des changements ont été postérieurement faits au projet primitif, sur lequel il avait établi son
prix, et de se faire payer en sus les frais qui sont résultés
pour lui de ces changements ou augmentations.

165. — Mais si un plan a été préalablement dressé, il faudra,
pour que l'entrepreneur puisse réclamer un supplément de
prix à raison des changements ou augmentations, 1° que ces
changements ou augmentations aient été autorisés par écrit;
2° que le prix en ait été convenu avec le propriétaire.

166. — Ainsi, l'autorisation doit être écrite, mais il n'en
est pas de même de la fixation du prix; il suffit que ce prix

ait été déterminé entre le propriétaire et l'entrepreneur de quelque manière que ce soit; et si ce prix a été convenu, même verbalement, et que l'architecte puisse en fournir une preuve juridique quelconque, il est en droit d'en réclamer le montant.

Mais remarquons que la fixation préalable du prix est une condition essentielle du droit au payement de l'augmentation. La loi a voulu que le propriétaire connût la portée pécuniaire de l'autorisation qu'il donnait. Si l'une ou l'autre des deux conditions dont nous venons de parler venait à défaillir, l'entrepreneur serait présumé avoir voulu tromper le propriétaire : les frais faits en sus du plan primitif resteraient à sa charge, et il ne saurait en réclamer le montant, quand même il serait établi, par expert, que sa réclamation est équitable (1).

L'article dont nous venons de parler ne s'appliquerait pas si, quoique un plan ait été fait, il n'avait pas été primitivement fixé de prix entre le propriétaire et l'entrepreneur lorsque les travaux ont été commencés. La loi a voulu protéger ceux qui ont pris eux-mêmes des mesures; elle a voulu que ces mesures ne fussent pas rendues illusoires par les manœuvres des entrepreneurs; mais elle ne pouvait aller jusqu'à se substituer aux parties : *vigilantibus jura subveniunt, non dormientibus.*

167. Notre article ne s'appliquerait pas non plus au cas où l'entrepreneur aurait construit sur son propre sol; car, d'après les principes que nous avons exposés, il y aurait vente dans ce cas. Cependant M. Duranton a soutenu l'opinion contraire. Mais ne doit-on pas observer que l'article spécifie la situation par les mots exprès : « le propriétaire du sol?» M. Troplong combat victorieusement cette doctrine par des considérations puissantes, indépendamment des raisons de Droit que nous venons de reproduire.

----

(1) Troplong, n° 1110, loc. cit.

SECTION DEUXIÈME.

Responsabilité à l'égard des dommages causés aux tiers par les Ouvriers.

---

168. — En principe, tout homme est responsable de ses actes, et l'article 1382 C. N. pose cette règle fondamentales qui est la base de cette partie de notre étude : « Chacun est responsable des dommages qu'il a causés non-seulement par son fait, mais encore par sa négligence ou par son imprudence. » La responsabilité du maître par rapport au fait de ses subordonnés, repose sur ce principe. Si le maître n'est en rien dans l'accident qui peut causer un dommage à autrui, il ne saurait donc être responsable. Mais parmi les obligations du maître, il en est trois qui doivent nous occuper, parce qu'elles peuvent être considérées comme les sources de sa responsabilité à l'égard des tiers : 1° le maître doit bien choisir ceux qu'il emploie ; 2° il doit surveiller leurs travaux ; 3° il doit subir les conséquences des ordres qu'il donne. Mais la responsabilité résultant de ces deux obligations pour le maître, n'est pas telle qu'elle doive toujours effacer la responsabilité personnelle de l'agent qui est sous ses ordres. La nature des relations qui existent entre ces deux personnes, les circonstances dans lesquelles les faits dommageables se sont produits, la nature même de ces faits, tout cela vient contribuer à modifier la part de responsabilité personnelle qui revient à chacun.

169. — Aussi peut-on distinguer trois degrés dans les modes de distribution entre le maître et l'ouvrier, des parts de responsabilité résultant des actes de ce dernier.

Ou bien le maître peut être seul responsable des actes de l'ouvrier, ou bien il peut être responsable, sauf son recours contre l'ouvrier, ou bien l'ouvrier peut être seul responsable de ses actes sans que le maître puisse être en rien recherché.

Après avoir examiné quelles personnes sont responsables des actes des ouvriers, nous rechercherons quel est celui des divers degrés de responsabilité que nous venons d'énumérer qui doit être appliqué selon les cas.

170. — Mais avant d'entrer dans cette étude, disons que l'action en responsabilité peut s'étendre à tous les dommages résultant de l'acte dont on est responsable ; que cette action comprend et le « *damnum emergens*, et le « *lucrum cessans.* » — Mais la peine résultant d'un acte punissable ne peut frapper que celui à qui le fait est imputable, suivant les principes du Droit criminel ; et l'amende ne saurait être, en principe, réclamée qu'à lui (1). La responsabilité que nous devons étudier ne porte que sur le préjudice causé aux tiers et sur la réparation qui en est due.

§ I.

A quelles personnes incombe la responsabilité des actes des Ouvriers.

Sommaire.

171. L'art. 1797 est complété par l'art. 1384 C. N. — 172. L'ouvrier-entrepreneur est seul responsable de ses actes. — 173. Cependant le propriétaire engagerait sa propre responsabilité s'il choisissait un entrepreneur d'une incapacité notoire. — 174. L'ouvrier dont le travail est soumis à une surveillance ou à une direction supérieure cesse d'être seul responsable. — 175. *Quid* du sous-entrepreneur ? — 176. Responsabilité à raison du fait de l'apprenti. — 177. Dans quelles conditions doivent se trouver, soit le maître, soit l'apprenti pour engager la responsabilité du maître. — 178. *Quid* de l'apprenti majeur ?

171. — Nous serons brefs sur cette matière qui prête à de

_____

(1) L'art. 46 du Code forestier renferme une exception qui résulte du caractère réparateur qu'affecte l'amende en cette matière.

nombreux détails. Nous n'avons, en effet, à nous préoccuper que de l'ouvrier. Mais pour déterminer la part de responsabilité qui lui incombe, il est utile de rechercher quels sont ceux qui doivent la partager avec lui : c'est ce que nous allons faire dans ce premier paragraphe.

L'art. 1797 C. N. est ainsi conçu : « L'entrepreneur répond du fait des personnes qu'il emploie. » Et cet article est complété par l'art. 1384, qui dit : « On est responsable non seulement du dommage que l'on cause par son propre fait, mais encore de celui qui est causé par le fait des personnes dont on doit répondre, ou des choses que l'on a sous sa garde. — Le père, et la mère après le décès du mari, sont responsables du dommage causé par les enfants mineurs habitant avec eux. — Les maîtres et les commettants, du dommage causé par leurs domestiques et préposés dans les fonctions auxquelles ils les ont employés. — Les instituteurs et les artisans, du dommage causé par leurs élèves et apprentis pendant le temps qu'ils sont sous leur surveillance. — La responsabilité ci-dessus a lieu, à moins que les père et mère, instituteurs et artisans, ne prouvent qu'ils n'ont pu empêcher le fait qui donne lieu à cette responsabilité. »

172. — On voit, d'après les textes de ces articles, que le maître ne saurait être considéré comme responsable du fait de l'entrepreneur, que, par conséquent, les ouvriers, assimilés aux entrepreneurs par l'art. 1799, sont seuls responsables de leurs actes. La loi, suivant toujours ce même système que nous avons signalé dans le dernier paragraphe de la précédente section, veut que ceux qui se présentent comme architectes ou entrepreneurs, en face de particuliers incapables de contrôler leurs actes, subissent toutes les conséquences du titre qu'ils se donnent. La Cour de cassation a donné la raison fondamentale de ce principe dans un arrêt du 20 août 1847 (1) : « La responsabilité à laquelle l'art. 1384

(1) Sirey, p. 855. Voir aussi Paris, 15 nov. 1812 et 15 avril 1817.

soumet les commettants, dit la Cour, ne dépend pas seulement de ce qu'ils ont choisi leurs préposés, mais suppose, en outre, qu'ils ont le droit de leur donner des ordres et instructions sur la manière de remplir les fonctions auxquelles ils les emploient. »

Lors donc qu'un particulier s'adresse à un artisan d'une profession déterminée pour faire exécuter un travail quelconque, cet artisan est seul responsable de tous les accidents qui peuvent survenir pendant le travail. Cet artisan n'est pas mon préposé, puis-je dire, il s'est donné comme habile dans son art. «Je n'avais aucune instruction, aucun ordre à lui donner sur la manière d'exécuter son travail ; je ne suis pas coupable de négligence à cet égard (1). » En vertu de ces principes, le propriétaire n'est donc pas responsable des faits de l'entrepreneur, ni des faits commis par les ouvriers de celui-ci, pas plus que des faits commis par les ouvriers qu'il emploie directement à prix fait (1799).

173. — Il faut cependant admettre un tempérament très-judicieusement proposé par M. Sourdat, dans son ouvrage sur la responsabilité (2). Si le choix du propriétaire portait sur un artisan d'une incapacité notoire, on devrait considérer ce choix comme un acte de négligence ou d'imprudence, et appliquer la règle établie pour ce cas par l'art. 1383 C. Nap.

174. — Mais l'ouvrier cesserait d'être seul responsable, si au lieu d'être libre et maître de la direction de son travail, il était employé au temps, ou même payé aux pièces, mais soumis, en ce qui concerne l'ensemble du travail et sa direction, aux ordres du propriétaire.

C'est toujours dans cette dernière situation que les entrepreneurs et les fabricants sont censés se trouver par rapport à

(1) Cassation, 25 mars 1824. Douai, 25 juin 1811. Sirey, 1812, 2, 19. Sourdat, de la responsabilité, tom. 2, p. 186.

(2) Loc. cit.

leurs ouvriers ; leur titre leur impose des devoirs spéciaux de surveillance ; ils doivent offrir au public des garanties particulières dont ils ne sauraient se libérer par des conventions intervenues entre eux et leurs ouvriers.

La chose n'est point douteuse en ce qui concerne les entrepreneurs ; l'art. 1797 le dit formellement, et la Cour de cassation a déclaré à bon droit, par un arrêt du 8 mars 1811, que les chefs d'atelier sont soumis, à l'égard de leurs ouvriers, à la même responsabilité que les maîtres à l'égard de leurs domestiques.

175. — Mais il est quelquefois entre le maître et l'ouvrier un intermédiaire dont nous avons souvent parlé, et qui est le sous-entrepreneur ou tâcheron. Evidemment, l'entrepreneur est responsable des actes du tâcheron. Les termes de l'art. 1797 indiquent suffisamment cette solution, puisqu'ils déclarent l'entrepreneur responsable du fait de tous ceux qu'il emploie.

Mais il est certain qu'à son tour, le sous-entrepreneur répond, vis-à-vis de l'entrepreneur, des faits des ouvriers qu'il emploie. En effet, entre l'entrepreneur et le sous-entrepreneur, intervient un contrat qui fait de ce dernier l'employé de l'entrepreneur, art. 1797 ; mais il intervient un autre contrat entre le sous-entrepreneur et son ouvrier, d'où il résulte que celui-ci a été choisi par le sous-entrepreneur, et est placé sous sa surveillance, art. 1384.

Il résulte de tout cela que, vis-à-vis du propriétaire, l'entrepreneur est responsable du fait du sous-entrepreneur, et encore du fait des ouvriers de celui-ci, mais que, à son tour, le sous-entrepreneur est responsable vis-à-vis de l'entrepreneur, non-seulement de son fait personnel suivant les règles générales, mais encore du fait des ouvriers qu'il emploie. Nous verrons dans la section suivante comment ces divers recours doivent être réglés.

176. — Enfin, l'art. 1384 établit une responsabilité spéciale qui incombe à l'ouvrier et à l'artisan à raison du fait de son

apprenti. Cet article se termine par une précision que nous ne devons pas passer sous silence.

L'art. 1384 ne soumet la responsabilité du maître, qu'à une seule condition : c'est que l'ouvrier ou l'employé aient commis le fait dommageable « dans les fonctions auxquelles ils sont employés. » Il est incontestable que la même règle doit être appliquée aux entrepreneurs en ce qui concerne les gens qu'ils emploient. C'est du ressort du bon sens. Mais la fin de l'art. 1384 établit que la responsabilité du fait commis par les apprentis pendant qu'ils sont sous la surveillance des artisans, n'incombe à ces derniers, que s'ils ne prouvent pas, « qu'ils n'ont pu empêcher le fait qui donne lieu à cette responsabilité. » Ainsi, le maître d'apprentissage est assimilé, par l'art. 1384, au père et à la mère.

Pourquoi cette différence entre l'entrepreneur, ou le chef d'atelier et le maître d'apprentissage? C'est que, tandis que l'entrepreneur doit choisir parmi ses ouvriers et affecter les uns à un service, les autres à l'autre, le maître d'apprentissage doit, comme le père, accepter l'enfant qui lui est confié avec sa nature, ses défauts. L'ouvrier vicieux ne doit pas être employé indifféremment à tous les travaux ; peut-être y aurait-il dans cette suspicion qu'il inspire, un élément de moralisation pour lui ; il importe, au contraire, que l'enfant qui manifeste de mauvais penchants trouve facilement un bon maître. C'est ainsi que, tandis qu'un entrepreneur manque à son devoir vis-à-vis des tiers, et vis-à-vis de la société, en plaçant un mauvais ouvrier en position de commettre le mal, au contraire, l'ouvrier qui reçoit un apprenti vicieux avec l'intention de le corriger fait acte de bon citoyen. Nous avions dit déjà, que le contrat d'apprentissage créait les devoirs et les liens de la paternité, l'art. 1184 nous fournit une nouvelle preuve de notre assertion.

Ainsi l'entrepreneur, le manufacturier, le chef d'atelier sont responsables de leur choix, et c'est pour cela qu'ils répondent du fait de leur ouvrier tout le temps qu'il exerce ses fonctions, quand même ils prouveraient que ce fait a été commis dans de telles circonstances qu'ils ne pouvaient l'empêcher (1) ; le maître d'apprentissage ne promet que sa surveillance ; aussi est-il dégagé s'il prouve qu'il n'a pu empêcher le fait dommageable causé par son apprenti.

177. — Mais comment doit-on comprendre ces mots « dans l'exercice des fonctions auxquelles ils sont employés, » que porte l'art. 1384 à l'égard des ouvriers, et ces mots : « pendant qu'ils sont sous la surveillance du maître, » employés en ce qui concerne les apprentis ?

À l'égard des ouvriers, il suffit que le préjudice ait été commis par eux dans l'exercice de leurs fonctions, pour que la responsabilité du maître soit en jeu. Il n'est pas nécessaire que le fait soit le résultat des fonctions de l'ouvrier ; il suffit que ce fait soit produit par l'ouvrier pendant leur exercice. C'est dans ce sens qu'il a été jugé (2) qu'un entrepreneur est responsable de l'incendie causé par son ouvrier en fumant dans l'appartement où il a été placé par cet entrepreneur, ou des suites de la chute d'un corps dur, qu'un ouvrier a laissé tomber d'un échafaudage sur un passant (3). C'est le résultat de ce principe qui dit, que le maître est responsable du choix de ses ouvriers. A raison des obligations qu'il contracte, l'entrepreneur doit offrir au propriétaire des garanties, au lieu et place de ses ouvriers, qui étant la plupart du temps insolvables, n'en offrent aucune par eux-mêmes.

Mais si le fait était commis en dehors des heures du travail, il est constant que l'entrepreneur ne serait plus responsable (4). Cependant, si le dommage était commis par les ouvriers à proximité des chantiers, à la sortie ou à la rentrée,

---

(1) La doctrine et la jurisprudence sont d'accord sur ces points ; l'opinion contraire ne se trouve que dans un document qui a, il est vrai, son importance, mais à l'égard duquel il a été passé outre, c'est le discours de M. Tarrible au Corps législatif.

(2) Paris, 15 avril 1817. Journal du Palais, t. 1, 1817, p. 653.

(3) Cassation, 28 juin 1811. Journal du Palais, t. 1, 1843 p. 203.

(4) Cassation, 2 mars 1811.

ou bien aux heures du repos et dans des conditions que le maître ait pu prévoir, il serait encore responsable de ces faits vis-à-vis des tiers.

A l'égard des apprentis, comment doit-on entendre les expressions de la loi ? Quelquefois les apprentis restent chez leur patron, non-seulement pendant le temps du travail, mais ils y mangent et y couchent ; d'autres fois ils n'y restent qu'une partie de la journée et n'y couchent pas.

Dans le premier cas, le maître conserve toujours son apprenti sous sa surveillance, il en est continuellement responsable. C'est une véritable paternité qu'il exerce. Dans le second cas, c'est-à-dire si l'apprenti doit rentrer chez ses parents ou à un domicile déterminé par le contrat, le maître n'est censé surveiller que pendant le temps qui lui est dû par l'apprenti.

Le maître serait-il responsable des faits commis par l'apprenti pendant le temps où il devrait être à l'atelier ? Cela ne nous paraît pas douteux. Si l'apprenti s'absente aux heures du travail, le maître qui est mandataire des parents à cette heure, doit s'informer de la cause de l'absence de l'enfant ; s'il ne le fait pas, il est coupable de négligence, et si l'enfant trompant ses parents est allé vaguer et a commis des dommages, le maître doit être déclaré responsable.

Le maître ne pourra dire qu'il n'a pu empêcher le fait dommageable commis par l'apprenti, que tout autant qu'il n'y aura aucune imprudence ou négligence de sa part. Il n'en serait pas ainsi dans le cas précédent. Les tribunaux sont les souverains appréciateurs des circonstances qui peuvent être considérées comme pouvant motiver la responsabilité du maître d'apprentissage.

178. — Il reste une dernière question à résoudre en ce qui concerne les apprentis : le maître est-il responsable de ses apprentis, même majeurs ? La question a été résolue affirmativement par M. Duranton, négativement par M. Sourdat.

Les apprentis sont généralement mineurs, dit ce dernier auteur ; or, la loi se préoccupe des cas ordinaires, *quod ple-*

rumque fit, donc elle ne s'occupe que des apprentis mineurs. D'un autre côté, ajoute-t-il, le père cesse d'être responsable à la majorité, donc il doit en être de même du maître.

Nous pensons qu'il n'y a pas lieu de faire une distinction qui n'a pas été faite par la loi. Remarquons, d'une part, qu'il résulterait du système précédent, que le maître ne serait plus responsable de son apprenti majeur, tandis qu'il serait responsable de son ouvrier. Observons d'ailleurs que les conséquences du principe de responsabilité que nous admettons, seraient profondément modifiées par les faits eux-mêmes.

Il faut, avons-nous dit, que le dommage ait été causé par l'apprenti pendant qu'il était sous la surveillance du maître. Or, qui ne comprend que la portée de ce mot *surveillance* varie singulièrement selon l'individu auquel il s'applique. Pourrait-on dire, par exemple, qu'un apprenti de vingt-cinq ans est sous la surveillance du patron chez lequel il habite pendant les heures du dimanche? A mesure que l'ouvrier avance en âge, la surveillance du patron doit se restreindre et sa responsabilité doit décroître en proportion. A un moment donné, la surveillance du patron ne devra porter que sur ce qui a trait aux fonctions de son apprenti. Ainsi, se rapprocheront au point de vue de la responsabilité, comme à tous les autres points de vue par une marche proportionnée, la situation de l'ouvrier et celle de l'apprenti que si peu de chose différencie quelquefois l'un de l'autre.

§ II.

Étendue de la responsabilité. — Voies de recours.

Sommaire.

179. Triple situation qui peut être faite au patron par les actes de l'ouvrier. — 180. Cas où le patron ne peut exercer de recours. — 181. Du cas où l'ouvrier est en faute; but que la loi s'est proposé en déclarant le maître responsable. — 182. L'ouvrier ne peut repousser l'action directement intentée contre lui. — 183. Mais le patron ne peut repousser l'action sous prétexte que l'ouvrier est solvable. — 184. Résumé. — 185. Du cas où il y a faute du maître et de l'ouvrier. — 186. Du sous-entrepreneur.

179. — Nous avons dit, au début de ce chapitre, que l'ou-

vrier est dans certains cas seul responsable des faits qu'il a commis. Ces cas sont ceux que nous venons de déterminer, comme n'entraînant pas la responsabilité du maître, et comme étant cependant imputables à l'ouvrier. Si, en effet, le dommage est résulté d'un cas fortuit ou qu'il ait été causé par un homme ou un enfant incapable d'apprécier la portée de ses actes, et n'étant pas sous la responsabilité du maître, le dommage sera supporté par celui qui l'a subi, sans qu'il ait le droit d'exercer une demande contre qui que ce soit.

Mais si l'ouvrier ou l'apprenti se trouve dans l'un des cas dont nous venons de parler, comme rendant le patron responsable, il peut se faire, soit que le dommage doive être supporté par le patron seul, soit que le patron ne réponde que sauf son recours contre l'ouvrier.

180. — Si l'ouvrier a accompli l'acte dommageable sans consentement libre et éclairé, le maître seul est responsable, sans qu'il puisse exercer aucun recours contre l'ouvrier.

Ce défaut de liberté de l'ouvrier peut résulter d'abord de sa situation personnelle. Ainsi on ne saurait rendre responsable de ses propres actes un fou, ou un enfant que le maître aurait employé dans un chantier. Le maître répond seul de son choix ou de son imprudence ; il n'a pas de recours à exercer contre le fou ou le mineur.

L'ouvrier doit encore être considéré comme n'étant pas responsable de ses actes, lorsque cela résulte nécessairement de sa situation personnelle vis-à-vis de celui qui lui donne des ordres. Ainsi, par exemple, on doit considérer d'une manière générale, comme irresponsables, les agents de l'Administration lorsqu'ils exécutent les ordres, instructions et plans qu'ils en reçoivent. Dans ce cas, comme le dit M. Sourdat (1), « les garanties que présentent les formalités prescrites par les lois et règlements, pour les décisions de l'autorité supérieure, sont de nature à affranchir ceux qui les exécutent purement

---

(1) Loc. cit.

et simplement de toute imputation. » On pourrait considérer comme étant en général dans la même situation, le simple ouvrier agissant sous les ordres directs et la surveillance d'un architecte, et exécutant fidèlement les ordres qui lui sont transmis.

Évidemment, le défaut d'imputabilité cesserait si l'agent avait su ou avait dû savoir qu'il commettait un acte injuste, comme, par exemple, dans le cas où il recevrait l'ordre de commettre un délit.

181. — Dans tous les cas dont nous venons de parler, et que la jurisprudence seule peut déterminer, suivant les espèces, d'une manière bien précise, le maître supporte seul les conséquences du fait de son ouvrier. Mais il en est autrement si l'ouvrier est personnellement en faute, en commettant le fait qui donne lieu aux dommages.

La responsabilité du patron, dans ce dernier cas, a été établie vis-à-vis et dans l'intérêt des tiers. Les ouvriers étant le plus souvent insolvables, on a voulu que le maître puisse être directement cité, sauf pour lui à recourir contre l'ouvrier, et à se faire rembourser les sommes qu'il a dû payer par suite de la faute de ce dernier.

La loi du 6 octobre 1791, titre 2, art. 8, posait un principe qui doit être encore appliqué : « Les domestiques et ouvriers, voituriers et autres subordonnés, dit cette loi, seront à leur tour responsables de leurs délits envers ceux qui les emploient. » On doit même aller plus loin, et reconnaître qu'ils sont responsables, même de leur faute.

182. — Il résulte de ces principes que si l'ouvrier est en faute, et que la partie lésée s'adresse directement à lui, celui-ci ne peut repousser l'action, ni même appeler son patron en garantie. La responsabilité du patron a été établie dans l'intérêt des tiers ; c'est un avantage auquel ils peuvent renoncer. Cette règle a été consacrée par un arrêt de cassation du 6 octobre 1832, qui déclare que si le fait dommageable est criminel, l'ouvrier ne peut être mis hors de cause, et de plus

n'y peut appeler son maître. Si la partie civile n'a pas voulu citer directement le maître, elle s'est volontairement privée d'une voie que la loi lui avait ouverte pour lui donner un garant ; libre à elle de ne pas user de cet avantage. Observons que, dans le cas de crime, le maître est tenu comme garant, non comme obligé; car, à moins qu'il ne soit considéré comme co-auteur ou complice, il peut toujours se retrancher derrière ce principe : *Mandato in re vetita parendum non fuit* (1).

183. — La responsabilité du patron est une règle générale qui doit être appliquée toutes les fois que les tiers lésés en invoquent le bénéfice ; c'est à bon droit que la Cour de cassation a jugé, par arrêt du 11 juin 1808, que cette responsabilité n'est pas subordonnée à l'insolvabilité de l'ouvrier.

184. — Ainsi donc, les règles de responsabilité peuvent être résumées, en ce qui concerne les dommages causés aux tiers pour les cas où la responsabilité du maître est en jeu, de la manière suivante : Si la faute n'est pas imputable à l'ouvrier, le maître peut seul être actionné ; si la faute est imputable à l'ouvrier, la partie lésée peut actionner le maître, qui a son recours contre l'ouvrier, ou bien s'adresser directement à l'ouvrier, sans que celui-ci ait le droit d'appeler de son chef le maître en garantie, droit qui reste réservé à la partie lésée (2).

185. — Mais il peut arriver que le patron et l'ouvrier soient tous les deux en faute, l'un pour avoir donné un ordre évidemment illégal, l'autre pour l'avoir exécuté par exemple, ou bien parce qu'ils ont tous deux manqué d'attention ou de prudence. Dans ce cas, les dommages doivent être répartis entre eux.

La partie lésée a le droit de citer le maître et l'ouvrier, ou bien de citer l'un des deux, et dans ce cas la partie citée

---

(1) Toullier, 11, n° 282, 3°.
(2) Zachariæ, t. 3, p. 202. Toullier, 11, n° 271. Duranton, 13, n° 722 et 725.

a le droit d'appeler celle qui ne l'est pas en garantie. Les tribunaux pourront, soit dans le même jugement, soit à suite
d'une instance séparée, déterminer la portion des dommages
qui incombe définitivement à chacun.

186. — Les règles ci-dessus sont générales ; elles s'appliquent aussi bien à l'égard des apprentis qu'à l'égard des ouvriers. Nous devons cependant faire une observation en ce
qui concerne les sous-entrepreneurs. Dans certains cas, l'entrepreneur, avons-nous dit, peut être responsable vis-à-vis
des tiers des dommages causés par les ouvriers du sous-entrepreneur. Il est certain que si le fait est imputable à l'ouvrier,
l'entrepreneur aura son recours contre le sous-entrepreneur, et celui-ci à son tour contre l'ouvrier, ou bien encore
l'entrepreneur pourra citer directement l'ouvrier, puisqu'en
définitive, c'est lui qui doit supporter les suites du dommage
qu'il a causé. Mais il peut arriver que le fait ne soit pas imputable à l'ouvrier : dans ce cas, l'entrepreneur pourra exercer
son recours contre le sous-entrepreneur, qui devra subir, en
définitive, les conséquences du choix qu'il a effectué. Le tiers
lésé aurait d'ailleurs le droit de citer soit l'entrepreneur, soit
le sous-entrepreneur. Ces solutions résultent des principes que
nous avons déjà posés.

SECTION TROISIÈME.

Responsabilité à l'égard des dommages soufferts par les Ouvriers dans l'exercice de leur travail.

Sommaire.

187. Dangers résultant pour l'ouvrier des nombreux progrès de l'industrie. —
188. Objet de cette section. — 189. Il faut appliquer ici les principes déjà
exposés. — 190. Le maître est responsable, à l'égard d'un ouvrier, du fait
des autres ouvriers. — 191. Responsabilité résultant du défaut des ustensiles, matières employées, ou animaux. — 192. Dangers résultant du mode
d'exécution des travaux. — 193. Des opérations périlleuses nécessaires. —
194. *Quid* si ces opérations sont confiées à un mineur ?

187. — La jurisprudence a fréquemment à s'occuper au-

jourd'hui de la responsabilité des patrons à l'égard des accidents arrivés aux ouvriers pendant leur travail. La nouveauté
des moyens mécaniques employés, la multiplicité admirable
des découvertes sur les propriétés physiques et chimiques de
la matière et leur application à l'industrie, enfin, la har-
diesse de ces gigantesques entreprises qui creusent des ports,
tracent des routes à travers les montagnes, et rejoignent les
mers que la nature avait séparées, signalent l'avénement d'une
ère nouvelle dans l'histoire des lois physiques du travail. Dans
l'ordre moral et social, les lois du travail ont reçu des modifications qui ne sont ni moins importantes ni moins fécondes,
et auxquelles peut-être il serait juste de faire remonter toutes
les autres. Mais dans la vie sociale, comme dans la vie de
l'homme, l'enfance est un âge de faiblesse et d'erreur. De là,
dans l'ordre moral, ces folles utopies, ces fatales illusions
qui sont venues aveugler nos ouvriers; de là ces tentatives
malheureuses, ces luttes sanglantes qui ont menacé la société
jusque dans ses fondements.

Dans l'ordre des lois physiques du travail, les mêmes erreurs,
les mêmes faiblesses devaient fatalement accompaguer l'avénement d'une ère nouvelle.

Les moyens nouveaux de production, les inventions, les
nouveaux modes de fabrication, ont souvent provoqué, non-
seulement la défiance et la crainte, mais encore des sentiments
d'indignation et même d'aveugle fureur de la part des ouvriers.
L'emploi des machines surtout, leur substitution aux forces
matérielles de l'homme, ont eu ce triste privilége. Les ouvriers
n'avaient pas pu comprendre que les machines ne devaient
pas les priver de leur travail; qu'elles devaient, au contraire,
rendre ce travail plus nécessaire en accélérant la production;
plus lucratif et plus noble, en ne laissant à l'homme que des
soins de direction et de surveillance, dans lesquels l'esprit a
autant de part que le corps.

L'expérience les éclaire aujourd'hui sur ce point; et, malgré
quelques résistances, la lumière se répand. Mais il est un mal
plus réel que l'on ne peut pas nier, que le temps seul et la

pratique peuvent faire disparaître : c'est le danger des moyens nouveaux pour la santé et la vie des ouvriers.

188. — C'est par suite de ce danger que, comme nous le disions en commençant cette section, la jurisprudence a plus que jamais à s'occuper des dommages causés aux ouvriers dans l'exercice de leur travail. Aussi, bien que nous n'ayons guère qu'à étendre l'application des règles que nous avons posées dans la section précédente, nous avons voulu présenter d'une manière spéciale l'ensemble des règles qui régissent cette matière, à laquelle aucun texte de loi n'a été spécialement consacré.

189. — C'est encore le principe général posé dans l'article 1384 que l'on doit appliquer ici : chacun doit supporter les suites de sa négligence ou de son imprudence.

Si donc l'accident qui est arrivé à l'ouvrier est une suite de sa propre négligence ou de son imprudence, il est certain qu'il n'aura rien à réclamer à son maître, bien que l'accident se soit produit dans l'exercice du travail. Mais il faut reconnaître que la responsabilité du maître est considérable ; elle peut résulter, en faveur de l'ouvrier blessé, soit du fait des autres ouvriers employés par le maître, soit du défaut des ustensiles confiés par celui-ci à ses ouvriers, soit du manque de surveillance, ou du défaut de discernement dans la distribution du travail.

190. — Le maître est-il responsable vis-à-vis de ses ouvriers des dommages à eux causés par les autres ouvriers ? Cela nous paraît incontestable. L'art. 1797 ne fait aucune distinction : L'entrepreneur, dit-il, est responsable du fait des personnes qu'il emploie ; et l'art. 1385 est conçu dans des termes également généraux. Il y aura donc lieu d'appliquer, à l'égard de l'ouvrier, les règles que nous avons établies ci-dessus à l'égard des tiers, et le maître se trouvera dans la même situation, soit à raison des obligations qui résultent pour lui vis-à-vis de la partie lésée, soit à raison des recours qu'il pourra

exercer vis-à-vis de l'auteur du dommage. Ces principes sont consacrés par la jurisprudence constante de nos tribunaux et par celle de la Cour de cassation (1).

191. — La responsabilité du maître peut, en outre, résulter du défaut des matières, des ustensiles, des machines ou des animaux qu'il emploie (art. 1384). Le maître est tenu, vis-à-vis de tous ces objets, à une grande surveillance ; et s'il arrive quelque accident, il doit être présumé en faute, et considéré comme responsable, sauf son recours contre les fournisseurs qui ont pu le tromper. Les machines doivent être tenues en bon état, et munies de systèmes de précaution qui en diminuent, autant que possible, le danger.

192. — Enfin, le maître doit exercer une grande surveillance sur l'exécution des travaux et apporter un grand discernement dans le choix des personnes à qui il les confie. Les opérations périlleuses doivent s'opérer sous la direction de personnes spécialement aptes à en prévenir les dangers ou à en organiser le fonctionnement. C'est dans ce sens que la Cour de Rouen décidait récemment que le maître était responsable de la mort d'un ouvrier causée par une machine mise en activité, dit l'arrêt, « sans que l'on eût pris la moindre information pour s'assurer que la mise en mouvement du mécanisme pouvait avoir lieu sans inconvénient ni péril pour les ouvriers (2). »

Mais il en serait autrement si le fait cause de l'accident rentrait dans les soins professionnels que l'ouvrier devait prendre pour protéger sa propre sécurité. C'est dans ce sens que la Cour de Paris s'est prononcée par arrêt du 31 janvier dernier, confirmatif d'un jugement du tribunal de la Seine (3). Un ouvrier chargé de travaux de démolition d'un mur, avait mal appliqué une échelle, et était tombé. Il avait intenté à l'entrepreneur

---

(1) Cassation, 28 juin 1841, S. 1, 476. — J. du Palais, t. 2, 1843, p. 263.
(2) Gazette des tribunaux du 2 novembre 1862.
(3) Gazette des tribunaux du 21 janvier 1863.

une action en dommages ; mais il fut démis : « Attendu, portait la décision, qu'en donnant l'ordre à l'ouvrier de se joindre aux autres ouvriers pour accélérer le travail de la démolition, l'entrepreneur n'a fait qu'user de son droit, et n'a commis aucune faute ; que l'entrepreneur n'était pas tenu de veiller à ce que l'échelle fût convenablement placée ; que ce soin professionnel appartenait à l'ouvrier. »

193. — Il existe cependant des cas où les circonstances exigent l'accomplissement d'actes évidemment périlleux. Dans ces cas, le maître doit fournir à l'ouvrier tous les moyens de précaution qui sont possibles ; il doit lui donner toutes les instructions nécessaires, et l'éclairer sans réserve sur le péril auquel il s'expose.

Pour que le maître qui connaît le danger d'un travail cesse d'être responsable vis-à-vis de l'ouvrier qui l'accomplit, il faut qu'il se soit soumis à toutes les obligations que nous venons d'énumérer ; la moindre négligence à cet égard le constituerait en faute. C'est sur ce dernier point, en particulier, que les tribunaux doivent se montrer rigoureux.

Lorsque le maître fait opérer un travail périlleux, il doit signaler le danger à l'ouvrier, non pas seulement afin que celui-ci puisse prendre ses mesures pour le prévenir, mais encore pour que l'engagement soit contracté en connaissance de cause.

On conçoit très-bien, en effet, que le travail change totalement de nature, suivant qu'il est exercé dans des conditions ordinaires, ou bien qu'il doit être effectué au milieu des dangers. Le travail, considéré comme objet des contrats, change de substance, suivant qu'il se trouve dans l'une ou l'autre des circonstances dont nous venons de parler. Le maître qui exposerait sciemment un ouvrier au danger sans l'en avertir, commettrait un acte coupable, qui non-seulement rendrait nul le contrat engagé, mais rendrait encore le maître responsable de tout ce qui pourrait arriver à l'ouvrier.

Mais il en serait autrement, pensons-nous, si l'ouvrier s'en

gageait en connaissance de cause. Si l'ouvrier a été prévenu
et entouré des précautions qui lui étaient dues par son patron,
et qu'il se soit engagé en appréciant tout le danger auquel il
s'exposait dans l'accomplissement du travail, il a usé de sa
liberté, lui seul est responsable de ce qui pourra survenir.

M. Sourdat (1) n'admet pas cette solution ; il déclare que
l'entrepreneur sera toujours responsable. Mais sur quoi baser
cette responsabilité ? Nous supposons que toutes les précautions ont été prises par lui, tous les avertissements donnés ;
l'imprudence ne proviendra pas de sa part ; il ne devra donc
pas en subir les conséquences. L'acte de l'ouvrier n'engen-
drera donc d'autre responsabilité que la sienne propre ; il
n'aura d'autre sanction que celle de sa conscience en ce qui
concerne le motif qui aura pu le décider à exposer ses jours.

194. — Il faut conclure de ces principes que tout maître
qui, pendant l'exercice d'un travail légalement engagé, vou-
drait confier à un mineur une mission périlleuse, commettrait
un acte illégal et coupable, le mineur étant censé manquer
de lumières pour engager même ses actions. Le maître devrait
donc interdire au mineur le travail périlleux que celui-ci vou-
drait entreprendre, sans quoi il demeurerait responsable de
tous les accidents qui pourraient résulter de ce travail périlleux.

Mais que déciderions-nous si le mineur s'était engagé légalement, c'est-à-dire, avec le consentement de son père ? En
accordant son autorisation, le père ne dépasserait-il pas les
bornes de la puissance paternelle ? Et le maître ne resterait-il
pas responsable vis-à-vis du mineur ? Nous pensons que l'on
ne doit pas donner une solution fixe à cette question. Les tribunaux devront apprécier les circonstances. Si le mineur,
assisté de son père, se décide en connaissance de cause, l'entrepreneur cessera d'être responsable. Si par exemple un jeune
homme de vingt ans cède à l'attrait d'un noble dévouement,

(1) Loc. cit.

en droit, il devra supporter seul la responsabilité de ses actes; comme, en fait, c'est à lui que reviendront l'admiration et la reconnaissance publique.

CHAPITRE QUATRIÈME.

DE LA MANIÈRE DONT LES ENGAGEMENTS DU TRAVAIL PRENNENT FIN.

Sommaire.

195. Objet et plan de ce chapitre.

195. — Indépendamment des circonstances qui mettent ordinairement fin aux engagements des hommes entre eux, tels que le mutuel dissentiment ou l'accomplissement des obligations nées du contrat, la loi a prévu des cas spéciaux dans lesquels les engagements du travail prennent fin. La loi s'est placée à divers points de vue pour déterminer ces cas. Ou bien elle a mis sous forme de règle générale l'intention présumée des parties, ou bien elle a pris des mesures pour sauvegarder la fortune et la liberté des citoyens en leur donnant des droits de résiliation qui n'existent que dans les engagements du travail. Ce sont là les dispositions à l'étude desquelles nous allons consacrer ce chapitre. Recherchons d'abord les cas de force majeure que la loi a prévus; nous étudierons ensuite les cas de résolution résultant du fait ou de la faute des parties.

SECTION PREMIÈRE.

Cas de force majeure.

Sommaire.

196. Principe de l'art. 1795 C. N. — 197. De l'ouvrier au temps. — 198. De l'ouvrier à la façon. — 109. Obligation du propriétaire quand l'entrepreneur vient à mourir. — 200. La résolution peut être demandée par les deux parties. — Du sous-entrepreneur. — 201. Ce que dit l'art. 1796 du cas de mort doit s'appliquer au cas de force majeure. — 202. Cas spécialement prévu par la loi sur l'apprentissage.

196. — L'art. 1795 contient une règle que l'on doit considérer comme généralement applicable à tous les engagements du travail, malgré la place qu'occupe cet article dans la section des devis et marchés. « Art. 1795. Le contrat de louage d'ouvrage est dissous par la mort de l'ouvrier, de l'architecte ou de l'entrepreneur. »

La loi est partie de ce principe, que, dans tout louage d'ouvrage, celui qui a promis son fait, ou ce qui doit en résulter, met sa propre personnalité en jeu.

197. Nul doute sur ce point en ce qui concerne les engagements au temps, puisque l'ouvrier promet ses forces, ses aptitudes, en un mot, l'usage de sa personne même. Mais la chose paraît moins évidente lorsque l'ouvrier promet un résultat. Aussi l'ancienne jurisprudence distinguait-elle, pour décider si le marché à prix fait devait ou non être résolu, les cas où l'habileté personnelle de l'ouvrier avait été prise en considération, de ceux où le résultat avait été promis sans que cette considération eût été prise. Dans le premier cas, elle déclarait le contrat résolu; dans le second, elle considérait les héritiers de l'ouvrier comme tenus de fournir le résultat promis par leur auteur.

Mais en admettant d'une manière générale ce principe, que la mort de l'ouvrier devait, dans tous les cas, résoudre le contrat de louage d'ouvrage, la loi ne pouvait cependant confondre la situation de l'ouvrier employé au temps avec la situation de l'ouvrier qui a promis un résultat.

198. — Aussi, tandis que la mort de l'ouvrier qui a loué ses services à raison du temps, met fin à toute espèce de difficulté, et donne seulement à ses héritiers le droit de réclamer le prix du temps pendant lequel le maître a profité du travail; il n'en est pas de même en ce qui concerne les travaux au prix fait.

199. — L'art. 1796 établit une règle extrêmement sage, mais qui pèche par sa rédaction. — L'art. 1795 est général; il devait figurer par suite, et à raison même de l'étendue de ses propres termes, en-tête du titre de louage d'ouvrage. L'art. 1796, au contraire, devait figurer dans la section des devis et marchés; mais il devait comprendre des termes plus généraux, et ne pas être confondu parmi les prescriptions spéciales aux entrepreneurs de constructions.

Cet article est ainsi conçu : « Mais le propriétaire est tenu de payer, en proportion du prix porté par la convention à leur succession, la valeur des ouvrages faits et celle des matériaux préparés, lors seulement que ces matériaux ou ces ouvrages peuvent lui être utiles. » Le mot *propriétaire*, employé par cet article, semblerait indiquer que la disposition ne doit s'appliquer qu'en matière de travaux de constructions, comme semblerait l'indiquer aussi le rapprochement des art. 1792 et 1793.

Quoi qu'il en soit, ce mot *propriétaire* doit s'entendre de tout individu qui a commandé un travail à un ouvrier. Cela est certain d'abord, lorsque l'engagement contracté par l'ouvrier est à tant la pièce ou la mesure. Il est hors de doute que, dans ce cas, le maître devra payer les résultats obtenus, et qu'il ne devra le payement que tout autant que les travaux pourront lui être utiles, c'est-à-dire, que s'ils sont recevables suivant les règles de l'industrie.

La chose pouvait paraître plus douteuse quand il s'agissait d'un travail à l'entreprise, supposant un résultat promis dans son ensemble. C'est probablement pour cela que la loi n'a prévu que ce cas qui avait soulevé des divergences d'opinion dans l'ancienne jurisprudence. Par un raisonnement que Pothier disait être plus subtil qu'équitable, quelques auteurs avaient déclaré que l'obligation contractée vis-à-vis du maître étant indivisible, ce dernier ne devait rien si le résultat total ne lui était fourni. Pothier n'admettait pas cette opinion, qui n'était pas non plus, quoi qu'on en ait dit, celle des jurisconsultes romains.

La solution admise par le Code, à l'exemple de Pothier, est équitable et juridique. Équitable, car il n'est pas juste qu'un travail fait consciencieusement soit fait en pure perte; juridique, car c'est toujours un résultat obtenu aux risques et périls de l'entrepreneur ou de l'ouvrier que le maître doit payer.

La loi veut, en effet, que le maître paye à la succession de l'ouvrier les matériaux ou les travaux effectués qui peuvent lui être utiles. D'après les principes que nous venons de poser, il est aisé de déterminer le sens que la loi a attribué à ce mot *utiles* employé par elle. Nous reconnaissons donc avec MM. Delvincourt et Troplong (1) que les matériaux doivent être utiles non à des travaux quelconques, mais qu'ils doivent pouvoir servir spécialement à l'entreprise interrompue par la mort de l'ouvrier. Pour que le maître puisse refuser les travaux faits, il devra prouver, ou bien que ces matériaux n'ont pas été effectués à son intention, ou bien qu'ils ont été faits de telle manière qu'ils ne sont pas recevables, et ne peuvent, en aucune façon, lui servir. Mais le maître ne serait pas en droit de refuser les matériaux sous le prétexte qu'ils lui deviennent inutiles parce qu'il renonce à l'entreprise ou qu'il change de projet. Ce seraient alors les règles édictées dans l'art. 1794, que nous étudierons à la prochaine section, qui

---

(1) Delvincourt, t. 3, p. 228. Troplong, nº 1043.

devraient être appliquées. La loi a rendu divisible par la mort de l'ouvrier une obligation indivisible par elle-même ; c'est une règle aussi anciennement établie que juste et opportune. Le maître doit payer la portion de l'obligation déjà effectuée au moment où son ouvrier est décédé.

200. — Le droit conféré par l'art. 1795 est absolu, et la résolution peut être demandée soit par le maître, soit par les héritiers de l'ouvrier. Mais rien ne s'oppose à ce que les engagements de l'ouvrier soient continués par ses héritiers, si d'ailleurs le maître n'y voit aucun inconvénient pour lui (1); les parties pourraient même déroger par leurs conventions à la disposition de l'art. 1795, qui n'est pas d'ordre public (2).

Nous avons dit que le mot *propriétaire* doit, dans certains cas, s'entendre de toute personne que l'on peut considérer comme le maître dans un louage d'ouvrage. Il faut conclure de là que si un sous-entrepreneur vient à mourir, ses engagements vis-à-vis de l'entrepreneur seront résolus. Mais dans le cas de mort de ce dernier, que deviendront les engagements des ouvriers? Et dans le cas de mort de l'entrepreneur, que deviendront les engagements des sous-entrepreneurs vis-à-vis de l'entrepreneur, et, par suite, ceux des ouvriers vis-à-vis du sous-entrepreneur?

La raison de douter vient de ce que l'art. 1796 ne doit pas autoriser à admettre que la mort du maître puisse amener la résolution du contrat. Or, pour prendre des deux situations que nous avons prévues la plus compliquée, supposons un maître, un entrepreneur, un sous-entrepreneur et des ouvriers; si l'entrepreneur vient à mourir, les engagements qu'il a contractés vis-à-vis du propriétaire tombent en vertu de l'art. 1796. Mais l'entrepreneur est un maître vis-à-vis du sous-entrepreneur, et l'art. 1796 ne saurait porter atteinte aux

(1) Toullier, t. 6, n° 408. Troplong, n° 1035. Duranton, t. 17, n° 258. Duvergier, t. 2, n° 277. Locré, t. 14, p. 366.

(2) Favard de Langlade, v. Louage, sect. 2.

engagements contractés entre ce maître et son sous-entrepreneur, pas plus qu'à ceux contractés par ce dernier vis-à-vis de ses ouvriers. Le même raisonnement pourrait s'appliquer au cas de mort du sous-entrepreneur.

201. — Il faut cependant admettre que la mort de l'entrepreneur devrait résoudre ses engagements, soit vis-à-vis du maître, soit vis-à-vis du sous-entrepreneur, et, par suite, ceux de ce dernier vis-à-vis de ses ouvriers. C'est qu'en effet ces divers contrats sont intimement liés l'un à l'autre, et la force majeure qui frappe l'un d'eux doit être considérée comme portant atteinte à tous ceux qui en dépendent.

La mort de l'ouvrier est le seul cas de force majeure que la loi ait prévu ; mais l'art. 1796 nous paraît poser la règle que l'on devra appliquer toutes les fois qu'une force majeure viendra nécessairement rendre impossible l'exécution du contrat. C'est la règle que l'on devra suivre dans les diverses situations que nous venons de prévoir (1).

202. — La loi de 1851 (art. 15) a étendu les cas de résolution pour le contrat d'apprentissage, elle a voulu consacrer ce principe, que l'apprentissage est de tous les engagements du travail, celui où la personne des parties est le plus directement intéressée. Elle déclare le contrat résolu de plein droit : 1° Par la mort du maître ou de l'apprenti ; 2° si le maître ou l'apprenti est appelé au service militaire ; 3° si le maître a aussi une des condamnations prévues par l'art. 6 ; 4° pour les filles mineures, dans le cas de décès de l'épouse du maître ou de toute autre femme de la famille qui dirigeait la maison à l'époque du contrat. Dans les quatre cas précédents, le juge sera contraint de prononcer la résolution du contrat. C'est à cela que ces mots *de plein droit* font allusion. Ils sont en oppo-

---

(1) La jurisprudence a déclaré que la faillite de l'entrepreneur ne devait pas être assimilée à sa mort, et que dans ce cas la masse des créanciers est tenue de remplir ses engagements. Rouen, 24 janv. 1826. Caën, 20 février 1827.

sition avec les mots : *le contrat peut être résolu*, employés dans l'article suivant dont nous allons nous occuper.

SECTION DEUXIÈME.

Cas de résolution résultant du fait ou de la faute de l'une des parties.

Sommaire.

203. La résiliation résultant du fait ou de la faute de l'ouvrier le rend passible de dommages. — 204. Les travaux engagés au temps ou à la façon sont tous soumis à la même règle. — 205. Résiliation par le fait du maître, art. 1794. — 206. Fondement de cet article. — 207. Le droit du maître passe à ses héritiers. — 208. Conséquences à l'égard du sous-entrepreneur. — 209. Cas spécialement prévus par la loi sur l'apprentissage.

203. — La loi n'a pas édicté de règle générale pour déterminer les effets de la résiliation résultant du fait ou de la faute de l'une des parties. Cependant les principes sont constants en cette matière, et nous trouverons des textes de loi qui peuvent leur servir de bases certaines.

En ce qui concerne l'ouvrier, il suffit de remonter au principe édicté par l'art. 1142. Si l'exécution du contrat a été rendue impossible par le fait ou la faute de l'ouvrier, ou si le contrat a été résolu pour une cause quelconque, autre que la force majeure, et provenant de l'ouvrier, ce sera le cas d'appliquer l'art. 1142, et de déclarer que son obligation sera résolue en dommages-intérêts.

Ces dommages seront déterminés suivant les principes généraux du Droit, c'est-à-dire qu'ils devront comprendre le *damnum emergens* et le *lucrum cessans*.

204. — Ces principes s'appliquent aussi bien aux travaux engagés au temps qu'aux travaux à la façon. C'est au juge à déterminer le *quantum* des dommages suivant les circonstances. Les principes que nous avons posés dans notre premier chapitre, en nous occupant des cas d'inexécution des divers contrats, devraient ici encore recevoir leur application.

205. — En ce qui concerne la résiliation par le fait du maître, la loi a posé, dans l'art. 1794, une règle qui, quoiqu'elle ne soit pas rédigée sous une forme générale, peut être cependant considérée comme comprenant tous les cas de résiliation par le fait du maître.

« Art. 1794 : Le maître peut résilier par sa seule volonté le marché à forfait, quoique l'ouvrage soit déjà commencé, en dédommageant l'entrepreneur de toutes ses dépenses, de tous ses travaux et de tout ce qu'il aurait pu gagner dans cette entreprise. »

La rédaction de cet article mérite le reproche que nous avons adressé dans la section précédente aux art. 1795 et 1796. A ne considérer que son texte et la place qu'il occupe, on ne devrait l'appliquer qu'aux entrepreneurs de constructions. Il ne doit pas cependant en être ainsi, de l'aveu de tous les auteurs ; nous justifierons tout à l'heure cette manière de voir.

206. — Pour établir cette règle dont nous avons déjà signalé l'origine dans le Droit romain, et que nous retrouvons dans notre ancien Droit, les juristes de tous les temps se sont basés sur ce principe, qu'il faut que le maître puisse s'arrêter lorsqu'il juge qu'il est sur une pente qui le mène à sa ruine. Mais pour protéger le maître contre l'effet de ses propres erreurs, il ne fallait pas que les intérêts de l'ouvrier fussent sacrifiés. C'est pour cela que la loi a pris soin de déterminer les bases sur lesquelles on doit calculer ce qui est dû à l'ouvrier, en cas de résiliation *ad nutum*, c'est-à-dire par la seule volonté du maître.

Dans l'ancienne jurisprudence, Pothier décidait que l'on devait accorder à l'ouvrier, non pas seulement le prix du travail déjà effectué, mais encore la valeur de ce qu'il aurait pu gagner dans une autre entreprise, si en l'engageant avec lui, le maître ne l'avait pas empêché de s'engager ailleurs.

La règle établie par le Code Napoléon est plus précise et plus sage. Le maître doit, d'une part, payer le montant des

15

travaux déjà effectués, en les payant évidemment en proportion du prix établi pour l'entreprise. Le maître doit, en outre, dédommager l'ouvrier de ce qu'il aurait pu gagner dans cette entreprise. Il est incontestable que le maître ne saurait être contraint à payer le prix total de l'entreprise ; il doit seulement le bénéfice, déduction faite des frais qui auraient pu survenir et qui n'avaient pas encore été avancés.

Nous avons dit que l'art. 1795 doit être étendu à tous les travaux à la façon ; MM. Troplong et Duranton basent cette solution en argumentant *à fortiori* des termes de cet article. Il faut, en effet, reconnaître avec ces auteurs, que les biens résultant des marchés à prix fait étant les plus étroits, si le maître peut les résoudre, il doit en être à plus forte raison de même des marchés à la pièce ou à la mesure. Mais nous ferons remarquer, en outre, que le principe établi par l'art. 1794 peut avoir des conséquences sérieuses dans l'industrie manufacturière spécialement, où les engagements à la pièce et à la mesure sont les plus communs. Or, dans ce genre d'industrie, le prix des marchandises varie par secousses inattendues. Qui ne sait que le caprice des modes change du jour au lendemain la forme et la nature des produits en vogue. Quelles conséquences pourraient se produire si le maître était obligé de voir employer ses matières premières à des ouvrages qu'il ne pourra pas écouler, tandis qu'il retirerait un grand bénéfice de ces matières sous une autre forme, s'il pouvait immédiatement changer de pratique. Le maître aura donc le droit de suspendre le travail, ou d'en changer la direction en se conformant aux règles établies par l'art. 1795. L'ouvrier ne pourra pas se plaindre, puisqu'il sera indemnisé, non-seulement du préjudice qu'il subit réellement, mais encore du gain qu'il aurait pu opérer et dont il est privé.

207. — Le droit du maître passe-t-il à ses héritiers ? Cela ne nous paraît pas douteux. C'est surtout dans le cas où le maître meurt, que l'utilité de la résiliation *ad nutum* peut se faire sentir. Aussi la solution que nous indiquons

est-elle admise unanimement par la doctrine et par la jurisprudence.

Il est admis aussi, que l'accord de tous les héritiers n'est
pas nécessaire, comme un cas de réméré ou de rescision pour
lésion en matière de vente (1670, 1689). Mais dans le cas de
désaccord, c'est suivant les principes généraux du Droit, à la
justice à terminer le différend, en formulant sa volonté.

208 — Devra-t-on assimiler la résolution provenant du
maître à un cas de force majeure, en ce qui concerne l'influence de cette résolution sur les contrats intervenus entre
l'entrepreneur et le sous-entrepreneur, et celui-ci et ses ouvriers ? Évidemment non. Mais l'entrepreneur a, vis-à-vis du
sous-entrepreneur, le droit de résolution comme maître, de
même que le sous-entrepreneur jouit de ce même droit vis-à-
vis des ouvriers. Ainsi la série des diverses indemnités résultant de la résolution du contrat principal sera réglée d'une
manière égale, les dommages devront, dans chacun des éche-
lons, être appliqués suivant les règles posées par l'art. 1798.

209. — Nous terminerons cette section, comme la précédente, en faisant observer que la loi de 1851 sur l'apprentissage, a établi des règles spécialement sévères à l'égard des cas
dans lesquels la résiliation du contrat peut être demandée.

L'art. 14 de cette loi, dit : « Les deux premiers mois de
l'apprentissage seront considérés comme un temps d'essai,
pendant lequel le contrat peut être annulé par la seule volonté
de l'une des parties. Dans ce cas, aucune indemnité ne sera
allouée à l'une ou à l'autre des parties, à moins de conventions
expresses. » On comprend que la loi ait accordé ce droit exceptionnel en cas de contrat d'apprentissage, si l'on se rappelle
combien ce contrat impose d'obligations et de droits sacrés au
maître, et quelle est son influence sur la destinée tout entière
de l'apprenti.

L'art. 16 de la même loi prévoit d'autres cas de résolution :
« Le contrat peut être résolu sur la demande des parties ou de

l'une d'elles, 1° dans le cas où l'une des parties manquerait à son engagement; 2° pour cause d'infraction grave ou habituelle aux prescriptions de la présente loi; 3° dans le cas d'inconduite habituelle de l'apprenti; 4° si le maître transporte sa résidence dans une autre commune que celle qu'il habitait lors de la convention : néanmoins, la demande en résolution du contrat fondée sur ce motif, ne sera recevable que pendant trois mois à compter du jour où le maître aura changé sa résidence; 5° si le maître ou l'apprenti encourait une condamnation emportant un emprisonnement de plus d'un mois; 6° dans le cas où l'apprenti viendrait à contracter mariage. »

Art. 17. « Si le temps convenu pour la durée de l'apprentissage dépasse le *maximum* de la durée consacrée par les usages locaux, ce temps peut être réduit et le contrat résolu. »

Dans tous les cas précédents, la nullité est relative et ne peut être invoquée que par celui en faveur duquel elle a été édictée, c'est-à-dire par l'une ou l'autre des parties, suivant les circonstances, dans les cas prévus par les n° 1 et 2 de l'article; par le maître dans les cas prévus par le n° 3; par l'apprenti, dans les cas prévus par les n° 4, 5 et 6.

Indépendamment de l'action en nullité, la partie demanderesse a le droit de réclamer des dommages, que les tribunaux seront chargés d'évaluer suivant les règles générales du Droit.

CHAPITRE CINQUIÈME.

DES GARANTIES AFFECTÉES A L'EXÉCUTION DES ENGAGEMENTS DU TRAVAIL.

———

Sommaire.

210. La loi devait établir des garanties spéciales aux engagements des ouvriers. Plan de ce chapitre.

210. — Les engagements du travail sont si nombreux, les besoins auxquels ils doivent subvenir sont de telle nature, que

non-seulement la justice, mais encore l'ordre public sont directement intéressés à leur régulier accomplissement.

La loi devait donc se préoccuper du moyen d'assurer à chacune des parties contractantes, l'exécution des obligations de l'autre partie. Elle devait pour cela rechercher quelles garanties pouvait offrir l'ouvrier à son maître, le maître à son ouvrier.

L'art. 2092 du Cod. Nap. pose le principe suivant : « Quiconque s'est obligé personnellement, est tenu de remplir son engagement sur tous ses biens mobiliers et immobiliers présents et à venir. » Mais quel bien possède en général l'ouvrier? Son travail suffit à peine, le plus souvent, à entretenir son existence et celle de sa famille.

Il fallait cependant, tout en respectant le principe de la liberté individuelle, faire que l'ouvrier présentât des garanties pour l'accomplissement de ses engagements. Il fallait que le principe de responsabilité, établi par l'art. 2092, ne fût pas une lettre morte. La responsabilité individuelle est la base et la sauvegarde de la vraie liberté.

Après avoir étudié les garanties établies en faveur du maître dans une première section, nous étudierons, dans une seconde section, les garanties établies en faveur de l'ouvrier.

SECTION PREMIÈRE.

Des garanties établies en faveur du Maître.

***

Sommaire.

211. Règles établies par les art. 1142 et 1143. — 212. Du livret considéré comme moyen de garantie. — 213. Conséquences du refus par le patron de signer le livret. — 214. De la constatation des avances sur le livret. — 215. Limites de la retenue.

211. — L'obligation de l'ouvrier consiste à accomplir le travail qu'il a promis. Or il est un aphorisme juridique que tout le monde connaît et qui dit : *nemo potest præcise cogi ad* *factum.* Ces paroles sont plutôt la constatation d'un fait qu'une règle de droit, et le Code Napoléon en a tiré les conclusions suivantes dans son article 1142. « Toute obligation de faire ou de ne pas faire se résout en dommages et intérêts, en cas d'inexécution de la part du débiteur. » C'est la règle générale qui domine tous les engagements du travail. L'art. 1144 ajoute : « Le créancier peut aussi, en cas d'inexécution, être autorisé à faire exécuter lui-même l'obligation aux dépens du débiteur. Si donc l'ouvrier, engagé au temps ne se rendait pas à son travail, comme il l'a promis, ou bien si ayant contracté un engagement à la façon, soit aux pièces, soit à l'entreprise, il n'exécutait pas ce travail, le juge pourrait ordonner que le maître fasse exécuter le travail convenu par un tiers.

212. — Mais, ainsi que nous l'avons dit, toute garantie consistant en argent est illusoire à l'égard des ouvriers, à cause de leur situation ordinairement voisine de la misère. — La loi du 22 juin 1854, dont nous avons déjà parlé, a voulu établir une garantie spéciale à l'égard des ouvriers employés dans les fabriques, usines, mines et établissements industriels énumérés dans son article premier. Cette garantie c'est le livret exigé, comme nous l'avons dit plus haut, pour la validité des contrats.

Si un des ouvriers dont il est question dans cette loi, n'accomplit pas les engagements qu'il a contractés, le maître est en droit de refuser de signer le congé d'acquit, et l'ouvrier sera dans l'impossibilité de s'engager dans un autre atelier. Si donc le maître a accompli, lors de l'engagement, la formalité exigée par la loi, de l'inscription de la date d'entrée, l'ouvrier se trouvera dans la nécessité, ou bien d'obtenir son congé, ou bien de renoncer à son industrie et à toutes celles à l'égard desquelles le livret est exigé, jusqu'à ce que la justice ait statué.

213. Il ne faut pas pousser les conséquences de la loi sur

les livrets jusqu'à vouloir que, par le fait d'un patron quelquefois exigeant et ayant pour lui la légalité, un ouvrier puisse voir se fermer devant lui toutes les carrières de l'industrie manufacturière. Une pareille solution pourrait entraîner de graves atteintes au principe de la liberté du travail, et constituer un péril pour l'ordre public. La loi de 1854 n'a certainement pas voulu étendre aussi loin ses conséquences.

Quelles sont donc les conséquences que nous attribuerons au refus par le patron de signer le livret? et quelle garantie pourra-t-il tirer des exigences de la loi à cet égard?

Lorsque nous avons raisonné dans l'hypothèse où le maître aurait injustement refusé le congé, nous avons décidé que les tribunaux pourraient non-seulement le condamner à payer des dommages à l'ouvrier, mais pourraient ordonner encore que, sur la persistance du patron dans ses refus, le commissaire de police ou le maire substitueraient leur signature à celle du patron. Nous pensons que cette dernière substitution devrait encore avoir lieu dans le cas où l'ouvrier déclarerait ne pas vouloir exécuter son engagement, et quoique le maître fût dans son droit en refusant l'acquit, sans préjudice toutefois des dommages auxquels l'ouvrier devrait être condamné. — *Nemo potest præcise cogi ad factum.*

L'institution du livret ajouterait cette garantie spéciale, que l'ouvrier aurait à subir un repos forcé depuis le jour où il aurait notifié au patron son refus de travailler, et qu'en outre le livret porterait la constatation du fait, à suite duquel le maire ou le commissaire de police aurait donné sa signature.

Ainsi supposons, pour fixer les idées, qu'un ouvrier après s'être engagé et avoir fait constater sur son livret la date de son entrée, s'est ensuite refusé, sans donner de raison valable, à exécuter son engagement, le maître de son côté refusera le livret. Pour travailler, l'ouvrier sera contraint d'assigner son maître en justice, et il perdra naturellement le temps qui s'écoulera pendant les débats; première sanction : puis aux dommages qui incomberont à sa charge à raison de l'inexécution du contrat, viendront se joindre les frais de l'instance ; deuxième sanction : enfin, son livret portera la trace du fait qui a motivé judiciairement la signature du commissaire de police, et ce sera une note qui devra nécessairement être connue de ses patrons ultérieurs ; troisième sanction.

Avons-nous besoin de faire observer que ce n'est pas seulement sur les considérations morales et sociales que nous avons posées en tête de la question actuelle que nous basons notre solution ? Pour préciser ses bases juridiques, nous n'avons qu'à faire observer que nous avons placé l'art. 1142 en tête de cette section, comme règle fondamentale. L'obligation de faire se résout en dommages-intérêts. Serait-ce accorder des dommages à un patron que d'empêcher à tout jamais son ouvrier d'aller travailler ailleurs ? Ce serait plutôt le priver définitivement des dommages qui lui sont dûs, puisque ce serait priver l'ouvrier de la seule source de son bien.

214. — Le livret est encore destiné à offrir une autre garantie au maître. L'ouvrier éprouve souvent des nécessités pressantes qui le forcent à emprunter au maître, et à se faire payer un travail qu'il n'a pas encore fait. Ce prêt de la part du patron, est ce que l'on appelle des avances. On comprend combien la loi devait respecter et encourager s'il était possible ce procédé, qui dans certaines limites est éminemment utile ; elle s'en est préoccupée, et a fixé une somme dans les limites de laquelle le livret devient une garantie assurée de restitution.

L'article 4 de la loi du 22 juin 1854, porte ces mots : « Il (le patron) y ajoute, s'il y a lieu, le montant des avances dont l'ouvrier resterait débiteur envers lui, dans les limites fixées par la loi du 14 mai 1851. » Les articles 4 et 5 de cette dernière loi sont ainsi conçus : « Art 4. Les avances faites par le patron à l'ouvrier, ne peuvent être inscrites sur le livret de celui-ci et ne sont remboursables au moyen de la retenue, que jusqu'à concurrence de trente francs. Art. 3. La retenue sera du dixième du salaire journalier de l'ouvrier. »

Il faut donc supposer que l'ouvrier a légalement quitté son maître en lui devant encore des sommes qui lui ont été avancées. C'est, du reste, l'hypothèse dans laquelle se place l'art. 2 de la loi du 14 mai 1851. Que résultera-t-il de l'inscription de ces avances sur le livret? C'est ce que ne disent nullement, ni la loi de 1851 ni celle de 1854; il faut, pour le savoir, remonter à l'arrêté du 9 frimaire an XII. L'article 9 de cet arrêté porte : « Ceux qui emploieront ultérieurement l'ouvrier, feront jusqu'à entière libération, sur le produit de son travail, une retenue au profit du créancier..... Celui qui aura exercé la retenue, sera tenu d'en prévenir le maître au profit duquel elle aura été faite, et d'en tenir le montant à sa disposition. » Quant à la sanction de ces dispositions, elle n'existe nulle part que nous sachions. Cependant il faut conclure des dispositions de la loi, et en procédant par voie d'analogie avec les articles 11 et 12 de la loi du 22 germinal an XI, que le maître qui ne se soumettrait pas à l'obligation de la retenue, serait directement passible d'une condamnation en dommages de la part du patron qui a fait les avances, et les a inscrites sur le livret. L'avantage de l'inscription des avances est donc de rendre le patron d'un ouvrier, à défaut de retenue par lui opérée, responsable des avances portées sur le livret jusqu'à concurrence du dixième du salaire par lui payé à cet ouvrier.

215. — Les mesures dont nous venons de parler portent-elles atteinte au principe d'humanité établi notamment dans l'art. 581 (Cod. proc.), qui déclare que les sommes nécessaires pour l'aliment du débiteur, ne peuvent pas servir de garantie aux créanciers? Nous ne le pensons pas. La loi, en fixant le dixième, a certainement déterminé une fraction bien faible; mais il est des circonstances où le salaire de l'ouvrier est tout-à-fait insuffisant à sa nourriture et à celle de sa famille. Il nous paraît certain que si le maître chargé d'opérer

la retenue prouvait que l'ouvrier est dans ce cas, toute action en dommages contre ce maître serait vaine ; mais la constatation des avances faites devrait être maintenue sur le livret par les patrons successifs, jusqu'à ce que la retenue ait été opérée par l'un d'eux.

Dans tous les cas, les avances inscrites sur le livret par un ou plusieurs patrons, ne pourraient dépasser la somme de trente francs, que fixe la loi de 1854. Cette limite a été sagement déterminée, soit dans l'intérêt des patrons, soit surtout dans l'intérêt des ouvriers. Il fallait réserver aux ouvriers une ressource pour les situations critiques, et encourager la bienveillance des patrons ; mais il fallait les arrêter sur une pente dangereuse et fermer la porte aux abus.

Il arrive quelquefois que les patrons, pour se garantir, soit l'accomplissement du travail de leurs ouvriers, soit le remboursement des avances, retiennent leurs outils ou leurs effets. A moins que ces choses n'aient été constituées en gage par l'ouvrier, le maître n'a aucun droit sur elles, et il doit les restituer lorsqu'elles lui sont demandées.

Nous avons ainsi terminé l'étude des mesures de garantie établies en faveur du maître. Ces mesures, sages dans leurs principes, sont aussi favorables à l'ouvrier ; elles produiront certainement de bienfaisants résultats, si, soutenues par les industriels éclairés, elles continuent, comme elles ont déjà si bien commencé, à passer dans nos mœurs.

Nous allons maintenant examiner les garanties établies par la loi en faveur de l'ouvrier. L'étude en sera longue et difficile si on la compare à celle qui a fait l'objet de la présente section, cela résultera du manque d'unité des textes, et aussi de la complication quelquefois exagérée de ces mesures elles-mêmes.

SECTION DEUXIÈME.

Des garanties établies en faveur de l'Ouvrier.

Sommaire.

216. Objet de cette section. — 217. La loi a pu organiser des moyens directs.

216. — On peut rattacher à trois catégories les diverses garanties que l'ouvrier peut invoquer pour obtenir le payement de son salaire ; ce sont, 1° les garanties résultant de la possession ; 2° celles résultant du recours des ouvriers de l'entrepreneur contre le destinataire de l'ouvrage ; 3° celles résultant des priviléges établis par le Code civil et le Code de commerce. Nous consacrerons un paragraphe spécial à chacun de ces modes de garantie.

217. — L'obligation du maître étant de donner, la loi peut organiser des moyens directs pour arriver à l'accomplissement de son obligation, lorsque surtout cette obligation est de donner, non une chose déterminée, mais de l'argent. C'est une première différence que nous pouvons constater entre le maître et l'ouvrier, car, nous le savons, on ne peut jamais arriver à contraindre directement à l'exécution d'un fait. Une autre différence résulte de la situation des parties. Le patron est ordinairement plus aisé que l'ouvrier, et par suite il peut offrir sur sa fortune des garanties plus sérieuses. Outre que son genre d'industrie est plus productif, il suppose nécessairement, même dans le cas où le patron partage le travail de ses ouvriers, il suppose, disons-nous, quelques avances. Le défaut de ces avances est souvent le seul obstacle à l'établissement d'ouvriers habiles et expérimentés qui n'ont pas pu ou n'ont pas su se conserver les quelques épargnes nécessaires.

Cette situation précaire de l'ouvrier doit le rendre recommandable aux yeux de la loi ; il n'est pas de vérité plus connue et plus respectable que celle contenue dans ce mot banal : le salaire de l'ouvrier est une chose sacrée.

§ I.

Garantie résultant de la possession.

Sommaire.

218. — Les textes de loi sous l'autorité desquels nous allons placer les règles suivantes, ne contiennent, à la vérité, rien qui soit spécial à l'ouvrier accomplissant des engagements par lui contractés avec un maître, ce qui est la situation naturelle de ceux qui nous occupent ; cependant ces derniers peuvent en invoquer le bénéfice. C'est ce que nous allons établir.

L'art. 270 C. N. dit : « Si un artisan ou une personne quelconque a employé une matière qui ne lui appartenait pas, à former une chose d'une nouvelle espèce, soit que la matière puisse ou non reprendre sa première forme, celui qui en était le propriétaire a le droit de réclamer la chose qui a été formée, en remboursant le prix de la main d'œuvre. »

Ces derniers mots de l'article renferment ce que l'on a nommé le droit de rétention. C'est le droit qu'a le créancier de garder un objet appartenant à son débiteur pour s'assurer le payement de la dette, sans qu'il ait été stipulé de droit de gage.

Le droit de rétention résulte de la possession ; la doctrine réduit à trois les conditions nécessaires à son existence. Il faut 1° la possession de la chose d'autrui par un tiers ; 2° une obligation de la part du propriétaire envers le possesseur; 3° connexité entre la chose retenue et la créance du détenteur. Lorsque ces trois conditions existent, le possesseur a le droit de conserver la chose jusqu'au payement de sa créance.

219. — L'ouvrier qui a travaillé sur sa propre matière jouit certainement du droit de rétention. Dans ce cas, en effet, l'ouvrier doit être considéré comme vendeur, et l'article 1612 C. N. dit : « Le vendeur n'est pas tenu de délivrer la chose, si l'acheteur n'en paye pas le prix et que le vendeur ne lui ait pas accordé un délai pour le payement. »

220. — L'ouvrier qui a travaillé sur la chose du maître, jouit-il du même bénéfice, ou bien est-il contraint de délivrer l'objet sans que le maître soit obligé de lui payer son salaire, même lorsque ni les usages ni les conventions ne fixent de terme pour le payement? Aucun texte de loi ne concède directement à l'ouvrier le droit de rétention sur les matières qui lui sont fournies; nous pensons cependant avec la doctrine et la jurisprudence que ce droit existe en sa faveur (1).

L'art. 570 que nous avons placé au commencement de cette section, ne prévoit pas en réalité une situation particulière aux ouvriers; cependant cet article prouve que le droit de rétention doit évidemment leur être accordé.

L'article suppose, en effet, que l'artisan a effectué un travail sur la matière d'autrui, mais sans en avoir reçu l'ordre; il a pour but de déterminer à qui appartiendra l'objet ouvré sur lequel deux personnes ont des droits; et après avoir décidé qu'il appartient au patron, il accorde à l'ouvrier le droit de rétention. Évidemment, la situation ordinaire de l'ouvrier mérite plus de faveur que celle prévue par l'art. 570; et si un

---

(1) Grenier, Privil. et hypoth., t. 2, n° 414. Troplong, Privil. et hypoth., t. 1, n° 176. Delvincourt, Persil., art. 2102. C'était aussi l'opinion de Pothier, Procéd. civ., art. 4, chap. 2, sect. 4. Voët disait : *Fullones, sartores, bonæ vel malæ fidei possessores, panni, vestis retentione sibi consulunt, pro mercede vel impendiis factis obtinendis. Ad Pandectas, de Compensatione, n° 20.*

droit de rétention est accordé à l'ouvrier dans ce dernier cas, à plus forte raison doit-il lui être accordé dans le premier.

Pourrait-on admettre en effet que celui qui a pris la chose d'autrui sans en avoir reçu mandat, puisse être préféré à celui à qui cette chose a été confiée par son maître. En transformant la matière, non-seulement l'ouvrier n'a pas agi sans le consentement du maître, mais encore il a agi suivant sa volonté. Concluons que si le droit de rétention a été établi dans le cas prévu par l'article 570, il doit être à plus forte raison appliqué à l'ouvrier qui travaille sur la matière du maître d'après ses ordres.

Toutes les fois donc que l'ouvrier recevra de la matière à ouvrer, il aura le droit de ne se dessaisir de cette matière ouvrée, que contre payement.

221. — Cette règle s'appliquera aux ouvriers employés au temps aussi bien qu'aux ouvriers à la façon ou à l'entreprise. Il faut reconnaître cependant que les premiers auront rarement le droit d'en invoquer le bénéfice, parce que, agissant sous la direction et la surveillance du maître, rarement on pourra les considérer comme mis en possession de la matière; l'ouvrier employé au temps travaille dans l'atelier du maître. Le cas pourrait cependant se présenter, et alors l'ouvrier employé au temps pourrait invoquer le bénéfice de la possession pour obtenir le payement de son salaire.

222. — Le droit de rétention n'existerait plus, si la matière avait été enlevée par fraude, *malitiis non est indulgendum*.

Il n'existerait pas non plus, si un délai avait été stipulé pour le payement ou si ce délai résultait des usages. Dans ces cas, l'ouvrier serait censé avoir suivi la foi du maître, et il serait dans l'obligation de livrer son travail, et d'abandonner ainsi la garantie que pouvait lui fournir la possession.

223. — On s'est demandé si l'ouvrier pouvait être considéré comme transportant sur les objets qui lui sont confiés, le

droit de rétention utile pour garantir le payement de travaux
déjà effectués et livrés au patron. Nous pensons qu'il faut préciser les situations avant de répondre.

Si le travail a été effectué à l'entreprise, qu'il ait été achevé
et livré dans son ensemble, il est incontestable que l'ouvrier
s'est démuni du gage qui pouvait lui garantir sa créance. Si
donc, après cette entreprise, l'ouvrier recevait d'autres matières pour commencer une autre entreprise, il ne saurait
retenir ces matières pour obtenir le payement de sa première
créance qui est tout à fait distincte de la seconde.

Mais il ne faudrait pas se prononcer aussi catégoriquement,
s'il s'agissait de travaux effectués aux pièces ou à la mesure.

M. Troplong observe d'abord, et cela est incontestable, que
si diverses livraisons de matière ayant été faites à un ouvrier,
celui-ci en a retenu une portion chaque fois qu'il a remis un
travail non payé, ces diverses retenues de matière seront valables, et que chaque portion retenue répondra pour la totalité
du travail exécuté sur chaque lot (1).

Mais nous pensons que l'on peut aller plus loin dans de
nombreuses circonstances que présente la pratique. Il arrive
fréquemment que les ouvriers payés à tant la mesure, ne
reçoivent leur payement qu'à des périodes fixes, quoiqu'ils
livrent quotidiennement le produit de leur travail et qu'ils
reçoivent de même du fabricant la matière première. On
devrait dans ce cas considérer les époques du payement comme
déterminant la durée d'un seul marché. D'où nous concluons
que l'ouvrier aurait le droit de se garantir par la rétention de
la dernière livraison de matière, non-seulement le payement
du travail effectué sur cette matière, mais tout le travail effectué
depuis le dernier payement. Bien que le travail ait été divisé,
en effet, en ce qui concerne les livraisons matérielles, on peut
dire qu'il n'y a eu qu'un seul contrat. Si l'on admet avec la

----

(1) Priviléges et hypothèques, p. 259. Il cite à l'appui des arrêts, Rouen,
17 décembre 1828, Cassation, 9 décembre 1840. C'était le sentiment de Ferrière. Commentaire de la coutume de Paris.

cour de Rouen et la cour de Cassation, la doctrine de M. Troplong, que la portion de matière retenue garantit le travail exécuté sur la totalité de la matière, il nous paraît que l'on doit admettre aussi notre solution.

224. — L'avantage conféré par le droit de rétention consiste en ce que l'ouvrier aura un droit de préférence sur le prix de l'objet qu'il a en sa possession. Mais ce droit ne pourra s'exercer que si l'objet est vendu sur la poursuite des créanciers du maître ou par le maître lui-même ; car si l'ouvrier vendait lui-même cet objet, il se dessaisirait de sa possession, et par suite des avantages qui en résultent.

La possession de l'objet sur lequel a été effectué le travail conserve encore à l'ouvrier les avantages du créancier gagiste, s'il peut prouver que le patron lui a déclaré que cette matière lui garantirait spécialement le payement de son salaire. Si le salaire ne s'élève pas au-dessus de 150 fr., il suffira d'une déclaration verbale du patron (art. 2074 C. N.). Au-dessus de cette somme, le gage étant affecté à la garantie d'un contrat civil, et nullement à la sûreté d'un acte de commerce, il n'est pas douteux que son existence serait soumise aux formes ordinaires (1).

§ II.

Recours spécial aux Ouvriers des entrepreneurs contre le propriétaire.

Sommaire.

225. But de l'art. 1798. — 226. L'article ne s'applique qu'aux entrepreneurs de constructions. — 227. On ne doit pas comprendre les fournisseurs dans ses termes. — 228. *Quid* des ouvriers du sous-entrepreneur ? — 229. Quelle est la nature du droit conféré par l'art. 1798 ? — 230. Les ouvriers peuvent exercer ce droit toutes les fois qu'ils y ont intérêt. — 231. Etendue de ce droit. — 232. Mesures à prendre par le propriétaire. — 233. La cession de ces droits faite par l'entrepreneur n'est pas valable s'il n'a pas payé les ouvriers. — 234. Critique des termes de l'art. 1798.

225. — Lorsque les ouvriers promettent leur travail, soit

_____
(1. Troplong, loc. cit. et Cassation, 7 juillet 1820.

à un entrepreneur, soit à un sous-entrepreneur, ils n'ont en réalité de rapports qu'avec lui, et par conséquent ils ne devraient, suivant la rigueur des principes, avoir d'action que contre lui ; mais la loi a voulu garantir les ouvriers contre la mauvaise foi ou les faux calculs de gens insolvables qui, touchant le prix de travaux qu'ils ont fait effectuer, destineraient ces sommes à d'autres qu'aux ouvriers qu'ils ont employés. On comprend combien ce résultat serait injuste ; c'est pour le prévenir que la loi a édicté la règle formulée dans l'art. 1798 : « Les maçons, charpentiers et autres ouvriers qui ont été employés à la construction d'un bâtiment ou autres ouvrages faits à l'entreprise, n'ont d'action contre celui pour lequel les ouvrages ont été faits que jusqu'à concurrence de ce dont il se trouve débiteur envers l'entrepreneur au moment où leur action est intentée. »

226. — Quoique le texte de la loi soit très-peu précis en ce qui concerne la portée du mot entrepreneur, et qu'évidemment ce mot doive même, dans certains articles de la section des devis et marchés, comprendre tous les maîtres, fabricants et chefs d'atelier, il faut bien admettre que, dans l'art. 1798, la loi n'a entendu parler que de ceux qui se chargent des gros ouvrages de construction ou de réparation dont nous avons dû précédemment fixer la nature. La désignation des ouvriers, qui est en tête de l'article, le démontre bien. Cette limitation n'avait cependant aucune raison d'être.

227. — Les ouvriers seuls, c'est-à-dire ceux par l'intermédiaire desquels le travail est effectué, doivent être compris dans les termes de l'art. 1798. La Cour de cassation a jugé que l'on ne devait pas y comprendre ceux qui fournissent seulement la matière. Cette solution doit être adoptée.

228. — Il nous paraît certain que, non-seulement les ou-

_____

(1) Cassation, 18 janv. 1854, Duranton, t. 17, p. 262, Clamageran, n° 249. Montpellier, 24 décembre 1852, 22 août 1850.

vriers de l'entrepreneur, mais même le sous-entrepreneur et les ouvriers du sous-entrepreneur, pourraient invoquer le bénéfice des termes généraux de l'art. 1798.

229. — M. Delvincourt a compris l'art. 1798 en ce sens qu'il n'attribuait aux ouvriers que le droit conféré par l'article 1166 à tous les créanciers. D'après cet auteur, les ouvriers auraient uniquement le droit d'agir contre le propriétaire au nom de l'entrepreneur.

Mais quelle serait alors l'utilité de l'art. 1798 ? Ses termes protestent contre une semblable interprétation. Aussi une jurisprudence constante et une doctrine imposante par ses représentants (1) admettent-elles que l'action dont nous nous occupons est une action directe des ouvriers contre celui à qui est destiné l'ouvrage. Les termes de la loi sont fort clairs à cet égard.

M. Troplong donne pour base à cette action directe des ouvriers un quasi-contrat de gestion d'affaire, qui est censé intervenir entre eux et le destinataire de l'ouvrage. En partant de ce principe, il eût fallu conclure que les ouvriers pouvaient réclamer la totalité de leur salaire ; mais il fallait tenir compte aussi de l'intermédiaire que les ouvriers avaient accepté, et il fallait considérer comme sanctionnés par eux tous les actes faits par l'entrepreneur sans protestation de leur part. Peut-être est-ce là ce qui explique cette formule restrictive adoptée par la loi : les ouvriers *n'ont* d'action *que* jusqu'à concurrence, etc...

230. — Les ouvriers pourront exercer leur action directe toutes les fois qu'ils y trouveront un intérêt. Cet intérêt sera manifeste lorsque l'entrepreneur sera tombé en faillite, par exemple. Dans ce cas, le droit des ouvriers ne devra pas

---

(1) Duranton, Duvergier, Aubry et Rau, Marcadé, Clamageran. Montpellier, 24 déc. 1852 et 22 août 1850. (J. P. t. 1, 1854, p. 332.) Cassation, 18 janv. 1851 (J. P., t. 1, 1851, p. 324). Contra Delvincourt, t. 3, p. 115.

figurer dans le passif de la faillite ; on devra seulement réduire la créance du failli contre le propriétaire de tout ce qui était dû aux ouvriers pour leur salaire. On comprend quelle est l'importance de cette distinction. Il en résulte que les ouvriers n'auront pas à subir de réduction , qu'ils n'auront pas même de privilége à invoquer ; ils ne sont pas les créanciers du failli , mais ceux du propriétaire (1).

231. — Mais l'action des ouvriers contre le propriétaire ne peut s'étendre au delà de ce qui reste dû à l'entrepreneur. Ils peuvent exercer ce droit en tout état de cause, pourvu cependant que les sommes dues soient devenues exigibles par l'entrepreneur.

Sans doute l'entrepreneur peut s'obliger à payer à ses ouvriers leur salaire à des périodes très-courtes , et à leur faire ainsi l'avance sur ce qu'il ne touchera lui-même que plus tard des mains du propriétaire ; mais s'ensuit-il que le propriétaire soit soumis vis-à-vis d'eux aux mêmes obligations ? Nullement. Les termes de la loi le prouvent , puisqu'ils n'autorisent les ouvriers à toucher que les sommes dues. Or une somme non exigible n'est pas due au point de vue où nous nous plaçons, c'est-à-dire en ce qui concerne l'exécution. D'ailleurs , l'entrepreneur , avons-nous dit , est un intermédiaire que les ouvriers ont accepté , et qui doit être considéré comme leur mandataire en ce qui concerne le payement à recevoir du propriétaire.

232. — Si le propriétaire est directement actionné par les ouvriers , il agira prudemment en exigeant d'eux qu'ils lui fournissent la preuve qu'ils n'ont pas été payés par l'entrepreneur, et qu'ils lui présentent en même temps la note de ce qui leur est dû. Le propriétaire, ayant avant tout l'obligation de se libérer entre les mains de l'entrepreneur , pourrait

---

(1) Paris , 11 déc. 1841 (J. P. 1, 1842, p. 23). Paris , 10 févr 1847 (J. P. , 1, 1847, p. 451).

être accusé d'une négligence dont il devrait subir les suites, s'il payait aux ouvriers plus qu'il ne leur est dû, ou ce qui leur a déjà été payé. Dans ce cas, en effet, l'entrepreneur ne devrait tenir compte, à l'égard du propriétaire, que de ce qui a été payé à sa décharge.

233. — En présence de ce droit direct que les ouvriers peuvent exercer, on s'est demandé si, en faisant la cession de ce qui lui est dû par le propriétaire, l'entrepreneur agit valablement, et détruit l'action directe des ouvriers.

Il est certain que si les ouvriers ont déjà fait valoir leur droit lorsque la cession est intervenue, la cession ne pourra pas porter sur les sommes dues aux ouvriers. Le cessionnaire ne peut avoir que les droits du cédant. Or l'entrepreneur ne pouvait toucher qu'une partie du prix, celle qui n'a pas été réclamée par les ouvriers; le cédant ne pourra pas obtenir au delà de cette somme (1). Cette solution nous paraît évidente. Mais en serait-il de même si la cession faite par l'entrepreneur était antérieure à l'action des ouvriers? La Cour de cassation a déclaré qu'une pareille cession est légale, et détruit le droit des ouvriers. « Le propriétaire, dit l'arrêt, cesse, par l'effet de la signification qui lui est faite du transport, d'être débiteur de l'entrepreneur, et dès lors l'action des ouvriers ne peut atteindre des sommes qui, bien qu'encore dans les mains du propriétaire, n'appartiennent plus à l'entrepreneur. » Il est bien certain que l'entrepreneur peut céder ses droits; mais il cède aussi un droit qui appartient à ses ouvriers, si l'on admet la solution de la Cour de cassation; car les ouvriers ont une créance directe contre le propriétaire. L'ouvrier a institué l'entrepreneur son mandataire pour le payement du bénéfice qu'il fait entrer par son travail personnel dans les mains du propriétaire; s'il permet à cet entrepreneur de toucher son payement sans réclamer la part qui lui revient, il suit sa foi et doit supporter les suites de sa confiance. Mais il n'en est plus

_____

(1) Cassation, 18 janv. 1854. J. P., t. 1, 1854, p. 383.

de même lorsque l'entrepreneur cède sa créance avant d'en
avoir réclamé le payement ; l'on ne peut pas alors reprocher
à l'ouvrier d'avoir négligé l'exercice de ses droits vis-à-vis de
l'entrepreneur ; c'est celui-ci qui , en dépassant ses pouvoirs,
a dû faire un acte inutile.

On reconnaît sans doute que la cession serait nulle si elle
était faite en fraude du droit des ouvriers ; « mais, dit l'anno-
tateur de l'arrêt de cassation précité, sur le *Journal du Palais*,
ne sait-on pas ce qu'une pareille preuve présente de difficultés ? Et, d'ailleurs , en admettant que l'entrepreneur qui
transporte ainsi ce qu'il sait être le gage de ses ouvriers puisse
légitimement exciper de sa bonne foi , reste toujours le préjudice causé , préjudice qui suffit pour que les ouvriers se
plaignent de voir le bénéfice que semblait leur assurer l'article 1798 périr par le fait même de celui contre lequel il devait
leur tenir lieu de garantie. » Ne pourrait-on pas dire plutôt
que l'entrepreneur est en fraude par le seul fait de la cession ?
Admettre la solution contraire serait rendre illusoire l'application de l'art. 1798 précisément à l'égard des entrepreneurs
insolvables et malhonnêtes, que cet article a dû avoir en vue.

234. — Quoi qu'il en soit , cet article, qui est bon dans
son principe , pèche par défaut de clarté et défaut d'étendue.
Rien n'y est déterminé d'une manière précise , ni les personnes auxquelles il s'adresse , car nous savons quel est le vague
du mot *entrepreneur*; ni les droits qu'il confère , ni les conséquences de ce droit vis-à-vis des tiers. On le voit , le texte
de cet article exigerait une complète réforme.

§ III.

Garanties résultant des priviléges établis par la loi.

235. — La loi a établi plusieurs espèces de priviléges, dont l'ouvrier peut invoquer le bénéfice pour obtenir le payement de son salaire. Nous étudierons successivement ces divers priviléges, qui sont : 1° le privilége spécial sur l'objet à la conservation duquel l'ouvrier a contribué (art. 2102-3° C. N.);

2° le privilége spécial sur la récolte et sur les ustensiles en
faveur des ouvriers agricoles et de ceux qui ont confectionné
les ustensiles aratoires (art. 2102-1° C. N.); 3° le privilége
spécial sur le navire en faveur de ceux qui ont travaillé à sa
construction ou réparation (art. 191 C. Comm.) ; 4° le privilége spécial établi sur l'immeuble en faveur des ouvriers qui
ont travaillé à sa construction ou réparation (art. 2103-4°C. N.);
5° enfin, le privilége général établi en faveur des ouvriers du
failli (art. 549 C. Comm.). On le voit, le salaire des ouvriers
a été souvent l'objet des préoccupations du législateur lorsqu'il
a établi des créances privilégiées ; mais, comme nous le verrons, ces divers priviléges sont complétement indépendants
les uns des autres. Aussi devons-nous les étudier séparément,
sans que de l'étude de l'un nous puissions tirer des inductions
à l'égard des autres. Nous terminerons ce paragraphe par des
recherches sur le rang que les divers priviléges doivent occuper
en cas de concours.

I. Privilége établi sur le meuble conservé.

236. — L'art. 2102 du Code Napoléon s'exprime ainsi :
« Les créances privilégiées sur certains meubles sont : 1°... ;
2°... ; 3° les frais faits pour la conservation de la chose... »
Nous avons vu que la possession de l'objet sur lequel a été
effectué l'ouvrage confère à l'ouvrier un privilége sur le prix
de cet objet ; nous avons appelé ce droit le droit de rétention.
Le privilége actuel résulte non plus de la possession, mais de
la nature du travail effectué. Aussi tous les auteurs sont-ils
d'accord pour reconnaître que le privilége accordé à celui qui
a conservé la chose, n'en existera pas moins en faveur de ce
dernier, quoiqu'il se soit dessaisi de l'objet (1).

237. — Ce privilége porte uniquement sur le prix de l'objet
conservé, et ne saurait s'étendre au delà. L'art. 2102 ne parle

(1) Duranton, n° 166. Zachariæ, t. 2, p. 111, n° 3. Troplong, t. 1, n° 176.
Delvincourt, t. 3, p. 274, n° 73.

que de priviléges spéciaux. De plus, l'objet sur lequel le travail a été effectué doit être un meuble, ainsi que l'indiquent les premiers mots de l'article.

238. — Quel est le sens que l'on doit attribuer à ces mots: *frais faits pour la conservation de la chose?* Peut-on assimiler à la conservation de la chose son amélioration, et par suite toutes les transformations industrielles qui ont évidemment pour but l'amélioration? Nous ne le pensons pas, et nous adoptons sur ce point la doctrine de MM. Grenier, Delvincourt, Persil, Duranton, Valette et Troplong (1). M. Zachariæ est d'un avis contraire, et déclare que « les frais faits et les sommes prêtées pour la conservation ou l'*amélioration* d'une chose mobilière sont privilégiés. » Cet auteur ne donne pas le motif de son opinion, mais ses annotateurs, MM. Aubry et Rau, établissent cette doctrine sur les art. 2102-6° et 2103-3° C. N., et 93, 94, 570 C. Comm.

Nous ferons observer, en premier lieu, que l'on ne peut, en matière de privilége, procéder par analogie, et étendre la portée des articles par ce mode de raisonnement. En second lieu, nous remarquerons que si l'intention du législateur eût été d'établir un privilége en faveur de tous les genres de travaux, il n'aurait pas pris le soin de parler des priviléges sur les récoltes et sur les ustensiles aratoires, à raison du travail des ouvriers et fournisseurs.

Quelque faveur que nous désirions accorder aux ouvriers, en ce qui concerne le payement de leur salaire, il faut accepter les termes de la loi tels qu'ils existent, et dans cette situa-

---

(1) *Loc. cit.* C'est à tort que MM. Aubry et Rau, attribuent l'opinion contraire à Grenier. Cet auteur se prononce expressément à la page 20, n° 203, t. 1; à la page 36, visée par les jurisconsultes dont nous parlons. Grenier parle uniquement des cas où l'ouvrier est encore détenteur de l'objet; si les termes employés par cet auteur sont équivoques, la suite des pensées indique bien son sentiment si clairement exprimé par ces mots, à la page 20 : « La » faveur du privilége s'attache à une cause qui a une destination déterminée, « *pour la conservation* d'un objet mobilier, ce qu'on ne peut dire des travaux » des ouvriers, pris dans un sens général et négatif. »

tion, il faut reconnaître que ceux-là seuls sont privilégiés, qui ont contribué à conserver la chose.

Dans tous les cas, c'est au juge du fait à déterminer les situations dans lesquelles les frais doivent être considérés comme ayant été faits pour la conservation (1).

239. — Les termes de la loi sont assez larges en ce qui concerne les personnes auxquelles le privilège doit être accordé, pour que nous n'ayons à faire aucune différence entre les ouvriers à la journée, ou à la façon, ou à l'entreprise. La loi se préoccupe évidemment du résultat, non du mode suivant lequel ce résultat a été obtenu. Deux auteurs ont cependant adopté l'opinion contraire, ce sont MM. Mollot (2) et Féraud-Giraud (3); mais ces auteurs ne présentent pas le motif qui les a engagés à adopter la distinction qu'ils font. Peut-être est-ce parce que l'ouvrier à la journée n'a pas à se préoccuper du résultat qu'il obtient, qu'il n'a qu'à fournir ses soins. La loi ne fait pas de distinction; pourquoi devrions-nous en faire, dans une matière où la situation de l'ouvrier est digne de tout intérêt?

240. — En vérité, dirons-nous en terminant, il faut bien reconnaître que la différence entre les ouvriers qui ont conservé la chose, et ceux qui l'ont améliorée n'est pas facile à expliquer rationnellement; pourquoi ne généraliserait-on pas le privilège, ou au moins ne l'accorderait-on pas dans tous les cas, jusqu'à concurrence de la plus-value qui est résultée du travail de l'ouvrier? Ce serait, pensons-nous, consacrer un principe d'équité.

II. *Privilège établi sur les récoltes et les ustensiles aratoires.*

241. — Le privilège dont nous venons de nous occuper s'applique à tous les genres d'objets, il repose sur ce principe

---

(1) Cassation, 13 mai 1857.
(2) De la compétence des prud'hommes, n° 212.
(3) Législation concernant les ouvriers, pag. 94.

élémentaire en matière de priviléges, que des faveurs sont
dues à celui qui a fait qu'un objet est resté dans les biens du
débiteur commun. Le privilége dont nous allons nous occuper,
repose sur un autre principe; il a été établi pour favoriser les
travaux agricoles et pour assurer aux cultivateurs le concours
des industriels qui doivent fournir les ustensiles aratoires.
C'est le § 1er de l'art. 2102 qui établit ce privilége de la manière suivante : après avoir attribué au propriétaire un privilége sur les récoltes et meubles du fermier ou locataire, il ajoute:
« Néanmoins, les sommes dues pour les semences ou pour les
frais de la récolte de l'année, sont payées sur le prix de la récolte, et celles dues pour ustensiles, sur le prix de ces ustensiles, par préférence au propriétaire dans l'un et l'autre cas. »

242. — Dans ces mots, *frais faits pour la récolte*, il est
unanimement reconnu que l'on doit comprendre le salaire des
journaliers employés pour la récolte, et des valets de labour.
Le mode d'engagement de ces ouvriers importe peu; il suffit
qu'ils aient contribué d'une manière quelconque à obtenir une
récolte de quelque nature qu'elle soit, pour que le privilége
existe sur cette récolte; les termes de la loi sont très-larges.
M. Troplong cite un arrêt de cassation du 24 juin 1807, à
l'appui de ces principes; il en résulte que le journalier préposé par un colon partiaire à la culture de l'héritage, peut se
faire payer par privilége sur les fruits, au préjudice du propriétaire, encore qu'il n'ait pas réclamé au fur et à mesure
l'acquit de ses journées.

Le même privilége existait dans l'ancienne jurisprudence
française, en faveur des ouvriers agricoles pour leurs journées
et salaires (1).

243. — Le second privilége établi en vue de favoriser l'a-
griculture, est celui qui est établi à l'égard des sommes dues
pour ustensiles, sur le prix de ces ustensiles.

_____

(1) Pothier, Procéd., pag. 136. — Sur Orléans, introduction, t. 20, n° 119.
— Basnage, Hypothèques, chap. 4.

Dans les sommes dues pour ustensiles, on doit comprendre, non-seulement le prix d'achat, mais les frais faits pour la conservation, la réparation, l'entretien de ces ustensiles, quel que soit d'ailleurs le mode d'engagement contracté entre le fermier et celui qui a effectué l'ouvrage.

244. — Les ustensiles dont parle la loi, sont tous ceux qui sont nécessaires à l'industrie agricole. Il est unanimement reconnu que les bourreliers, maréchaux, charrons, peuvent exercer leur privilége sur les ustensiles qu'ils ont fournis, pourvu que ce soient des ustensiles servant à l'exploitation du fonds rural, tels que charrues, bêches, tonneaux, charrettes (1).

245. — Nous devons remarquer que le privilége ne porterait pas seulement sur la plus-value résultant des réparations ou améliorations faites sur les ustensiles, mais sur le prix total de ces ustensiles.

Il est inutile de dire, que si les ustensiles avaient cessé d'être la propriété du débiteur, le privilége ne pourrait être exercé, puisque c'est la règle générale applicable à tous les priviléges mobiliers.

III. *Privilége spécial sur les navires.*

246. — La loi a soumis à des règles spéciales tout ce qui se réfère à la navigation ; elle a renfermé ces règles dans le Code de commerce. C'est ainsi qu'elle a fait de toutes les entreprises de constructions maritimes des actes de commerce (2), et qu'elle a établi un privilége spécial en faveur des ouvriers qui ont travaillé à la construction ou à la réparation des navires.

---

(1) Grenier, tom. 2, n° 313. Cass. 12 nov. 1839, Bordeaux, 2 août 1831. — Un arrêt d'Amiens du 20 nov. 1837 a étendu ce privilége jusqu'aux ustensiles employés dans une mine. Malgré toute l'opportunité que pourrait présenter un pareil privilége, la Cour d'Amiens nous paraît être sortie des termes de la loi.

(2) Voir sur ce point M. V. Molinier, Traité de droit commercial, tom. 1, liv. 1, chap. 1, n° 39 et suiv.

Le législateur a pensé que cette branche d'industrie devait être soumise à des principes particuliers, à raison de sa nature et de son importance au point de vue de la fortune publique.

247. — L'art. 191 du Code de commerce contient dans son énumération deux dispositions dont peuvent se prévaloir les ouvriers. Cet article s'exprime ainsi : « Sont privilégiées et dans l'ordre où elles sont rangées, les dettes ci-après désignées : 1°... 2°... 3° Les frais d'entretien du bâtiment et de ses agrès et apparaux, depuis son dernier voyage et son entrée dans le port..... 8° Les sommes dues aux vendeurs, aux fournisseurs et ouvriers employés à la construction, si le navire n'a pas encore fait de voyage, et les sommes dues aux créanciers pour fournitures, travaux, main-d'œuvre, pour radoub victuailles, armement et équipement avant le départ du navire, s'il a déjà navigué. »

Ces divers privilèges sont accordés sur le prix du navire ; ils ont été évidemment établis pour assurer aux constructeurs, ou maîtres de navire, le moyen de trouver promptement des ouvriers. La loi a pensé avec raison que le plus sûr moyen d'obtenir la main-d'œuvre et d'encourager l'industrie est de garantir aux ouvriers le payement de leur salaire ; elle a fait pour l'industrie navale ce qu'elle avait fait pour l'industrie agricole, elle a accordé un privilège.

247. — Ce privilège donne lieu à deux observations intéressantes. La première, c'est que, quoique le navire soit considéré comme un meuble par la loi, cependant les privilèges dont il est grevé, entraînent le droit de suite. Il en résulte donc que les ouvriers privilégiés par l'art. 191 C. Comm., auraient le droit de poursuivre leur créance sur le navire, même après qu'il aurait été vendu. Ce résultat est à remarquer, en ce qu'il est contraire au principe que nous connaissons, et que l'art. 2119 Cod. Nap. exprime par ces mots : « Les meubles n'ont pas de suite par hypothèque. »

248. — La seconde observation, c'est que le départ du navire opérera le dégrèvement que n'a pu opérer l'aliénation ; tout privilège s'éteindra pour toujours dès que le navire sera parti.

249. — M. Pardessus (1) remarque que le navire peut être construit, soit directement par le propriétaire, ce qui s'appelle construire par économie, soit par un entrepreneur qui s'est chargé de la construction à forfait. Dans le premier cas, dit cet auteur, les ouvriers ont une double action, l'action personnelle contre le propriétaire et le privilège sur le navire ; dans le second cas, ils ont seulement l'action privilégiée sur le navire. « Les ouvriers, dit-il, ont appliqué leurs travaux à un objet qu'ils ont dû croire la propriété de l'entrepreneur et qui est le produit de leur industrie. » Il nous paraît que M. Pardessus n'accorde pas aux ouvriers tous leurs droits ; car, outre l'action personnelle qu'ils ont contre l'entrepreneur, ils pourraient exercer le privilège en son nom, aux termes de l'art. 1166 Cod. Nap., et même se prévaloir de l'action directe que leur confère l'art. 1798 Cod. Nap.

Cette manière de voir nous paraît juste, au moins en ce qui concerne les ouvriers employés à la construction. L'énumération faite en tête de l'art. 1798 d'une part, la latitude que laissent les mots *et autres ouvrages faits à l'entreprise*, d'autre part, enfin, l'importance particulière de la construction des navires, nous font penser qu'il ne peut s'élever de doute à cet égard.

IV. *Privilège spécial établi sur les immeubles en faveur des Ouvriers qui ont travaillé à les construire ou à les réparer.*

250. — L'art. 2103 s'exprime ainsi : « Les créanciers privilégiés sur les immeubles sont 1°... 2°... 4° les architectes, entrepreneurs, maçons et autres ouvriers employés pour édifier, reconstruire ou réparer des bâtiments, canaux, ou autres

_____

(1) Traité de Droit commercial, n° 3002 et 943.

ouvrages quelconques, pourvu néanmoins que, par un expert nommé d'office par le tribunal de première instance dans le ressort duquel les bâtiments sont situés, il ait été dressé préalablement un procès-verbal, à l'effet de constater l'état des lieux relativement aux ouvrages que le propriétaire déclarera avoir dessein de faire, et que les ouvrages aient été, dans les six mois au plus de leur perfection, reçus par un expert également nommé d'office. Mais le montant du privilége ne peut excéder les valeurs constatées par le second procès-verbal, et il se réduit à la plus-value existante à l'époque de l'aliénation de l'immeuble et résultant des travaux qui y ont été faits. »

Quelque compliqué que paraisse ce texte au premier abord, sa seule lecture ne peut faire supposer le nombre des difficultés qu'il peut amener dans la pratique. Certes, la loi doit toujours se préoccuper de réduire, autant que faire se peut, les complications de la procédure ; mais elle le doit surtout, lorsqu'il s'agit des ouvriers, classe de gens nécessairement peu instruits des usages du Palais, pauvres, et naturellement portés à ne pas prendre d'avance des mesures de précaution. Vis-à-vis des ouvriers, on peut dire que l'art. 2102-4° est impraticable, et tous les auteurs sont d'accord pour reconnaître, qu'en effet, il n'est presque jamais invoqué.

281. — A raison de la difficulté de cette disposition, nous diviserons son étude en trois parties, et nous nous occuperons : 1° Des formalités qu'elle exige ; 2° des créances à la garantie desquelles elle affecte un privilége ; 3° des objets sur lesquels porte ce privilége.

A. *Des formalités exigées par l'article 2102.* — 282. La première des formalités à accomplir pour obtenir le privilége dont nous nous occupons, a cela de tout particulier, qu'elle doit être accomplie avant l'existence de l'objet sur lequel doit porter la garantie.

L'ouvrier devra introduire une instance devant le tribunal dans le ressort duquel les bâtiments doivent être situés. Il devra appeler à cette instance le propriétaire, et le sommer d'avoir à déclarer quels travaux il a dessein de faire, le tout avec le ministère d'un avoué constitué devant ledit tribunal.

Le tribunal devra : 1° dresser et donner acte des déclarations faites par le propriétaire assigné ; 2° nommer un expert choisi d'office.

283. — Pourquoi cet expert doit-il être nommé d'office ? Évidemment pour mettre les créanciers du propriétaire à l'abri des fraudes auxquelles pourrait se prêter un expert désigné par les parties.

Ainsi, l'ouvrier doit introduire une instance coûteuse et supporter les frais d'un premier jugement. L'art. 12 de la loi de brumaire an VII, dans lequel a été puisée la disposition qui nous occupe, n'exigeait l'accomplissement de ces formalités que devant le juge de paix, en présence du commissaire du directoire exécutif. La procédure était plus simple et plus prompte.

284. — Après cela, l'expert doit procéder, et lorsque le procès-verbal est dressé par lui, l'ouvrier doit en opérer la transcription au bureau des hypothèques. Art. 2110 : « Les architectes, entrepreneurs, maçons et autres ouvriers employés pour édifier, construire ou réparer des bâtiments, canaux et autres ouvrages, et ceux qui ont pour les payer et rembourser, prêté les deniers dont l'emploi est constaté, conservent par la double inscription faite, 1° du procès-verbal qui contient l'état des lieux ; 2° du procès-verbal de réception, leur privilège, à la date de l'inscription du premier procès-verbal. »

285. — Ces formalités accomplies, l'ouvrier peut commencer ses travaux. Il ne pourrait, en effet, y procéder après le commencement des travaux, ainsi que l'a déclaré la Cour de cassation (1), à moins que les lieux n'aient pas encore été

_____

(1) Cass. 20 nov. 1830.

modifiés, ou bien il faudrait reconnaître avec la Cour de Paris (1), que le privilège ne porterait que sur les travaux faits postérieurement à la constatation juridique de l'état des lieux.

286. — Mais toutes ces formalités ne serviront encore à rien si, après l'achèvement des travaux, les ouvriers n'introduisent, toujours par le ministère d'un avoué, une nouvelle instance devant le même tribunal de la situation des travaux, et cela dans les six mois au plus de la perfection de ces travaux. Passé ce délai, toutes les formalités précédemment accomplies seraient tombées en déchéance.

A suite de l'introduction de cette seconde instance, le tribunal devra nommer d'office, toujours pour sauvegarder l'intérêt des créanciers, un expert qui devra constater deux choses : d'abord, quel est l'état des lieux, ensuite si les travaux sont achevés depuis moins de six mois.

Ce second procès-verbal doit, comme le premier, aux termes du même article 2110, être inscrit au bureau de hypothèques. C'est encore une formalité exceptionnelle que cette nécessité de deux inscriptions pour l'existence d'un seul privilège.

287. — Le double but que la loi s'est proposé est d'abord de rendre publique l'existence du privilège immobilier ; ce qui est une condition essentielle du crédit, ensuite de déterminer d'une manière précise l'objet sur lequel doit porter le privilège.

L'inscription du premier procès-verbal détermine la date à laquelle le privilège doit prendre rang. C'est un point sur lequel nous aurons à revenir.

Quant à l'inscription du second procès-verbal, son but était indiqué dans l'article 11 de la loi de brumaire an VII. « Le procès-verbal de réception des travaux, disait cet article,

---

doit être également inscrit, *à l'effet de déterminer le maximum de la créance privilégiée.* »

288. — Ce même article exigeait que le premier procès-verbal fût inscrit avant le commencement des travaux ; aujourd'hui cette disposition n'a pas été reproduite ; mais l'époque de l'inscription influe sur le rang que doit prendre le privilège : il importe donc à l'ouvrier d'inscrire ce premier procès-verbal le plus tôt possible. Mais il n'y aurait pas de déchéance de droit à raison du retard apporté à cette inscription ; la même observation est applicable en ce qui concerne l'inscription du second procès-verbal (1).

La loi du 23 mars 1855 est venue cependant soulever des questions nouvelles relativement à la date de ces inscriptions.

Il est certain d'abord que si les ouvriers laissaient transcrire l'acte de vente de l'immeuble sur lequel ils ont travaillé avant d'avoir inscrit leur privilège, ils seraient soumis à l'article 6 de la loi précitée, c'est-à-dire, qu'ils seraient déchus de tout droit à un privilège.

289. — Mais quel est le sens que l'on doit donner ici à ce mot, *prendre inscription*, que porte la loi de 1855, art. 6 ?

Etablissons l'espèce pour fixer les idées, et supposons que celui qui a commandé les travaux vend l'immeuble sur lequel ces travaux sont effectués. Trois situations peuvent se présenter : les deux premières ne sont pas douteuses. Si, en effet, la transcription de l'acte de vente a lieu avant que ni l'un ni l'autre des procès-verbaux ait été inscrit, il n'y aura évidemment pas d'inscription, et partant, pas de privilège. Si, à l'inverse, les deux procès-verbaux ont été inscrits avant la transcription de l'acte de vente, évidemment le privilège des ouvriers persistera, car il y aura eu inscription. Mais que décider si, au moment de la transcription de l'acte de vente, le premier procès-verbal était seul transcrit ? Nous pensons que le privilège devrait être considéré comme inscrit, et nous

(1) Grenier, n° 410.

17

tirons notre solution du but assigné par la loi aux inscriptions en général, et en particulier, à chacune de celles exigées par l'art. 2110.

L'inscription de tout privilége a pour but d'avertir les tiers qu'un droit réel grève un immeuble. Or, il est incontestable que ce but est atteint par la première inscription ; les tiers sont avertis. Cette publicité était évidemment l'objet spécial qui lui était assigné par la loi de l'an VII ; cela ressort des termes de cette loi. La seconde inscription n'aura pour but que de déterminer le maximum des priviléges, ainsi que la loi le dit elle-même. Mais évidemment cette dernière mesure est une précaution qui vient seulement préciser la portée de l'inscription ; elle n'est pas de son essence.

La première inscription, en effet, donne à l'acquéreur et au tiers non-seulement le moyen de savoir qu'un privilége existe, mais encore à quels objets il s'applique. Le premier procès-verbal, en effet, indique l'état primitif des lieux ; et les tiers peuvent voir par eux-mêmes ce qui a été fait depuis la rédaction de ce premier procès-verbal.

Avant l'abrogation de l'art. 824 C. Pr. par la loi de 1855, il était reconnu par la majorité des auteurs (1) que, pourvu que le premier procès-verbal fût inscrit dans la quinzaine de la transcription, le privilége était conservé, et le second procès-verbal pouvait être utilement inscrit au delà de ce terme. La doctrine de ces auteurs peut être invoquée en faveur de l'opinion que nous soutenons et que nous croyons parfaitement juridique, malgré les termes absolus de la loi de 1855, art. 6.

260. — On voit que nous avions quelque raison de pré-

_____

(1) Delvincourt t. 3, p. 228. Persil, régime hypothécaire, Art. 2110 n° 3. M. Troplong, dans la dernière édition de son ouvrage qui est antérieure à la loi de 1855, n'admettait pas notre solution, mais il avait montré que sa solution lui paraissait trop rigoureuse dans certains cas ; il avait fait des précisions qui ne pourraient plus exister aujourd'hui. Peut-être en présence de la loi de 1855, ce jurisconsulte prêterait à la doctrine que nous soutenons, l'appui de son nom.

senter les formalités nécessaires pour obtenir le privilège des ouvriers comme compliquées. On ne s'étonnera pas dès lors que ces formalités soient rarement mises en usage. Aussi M. Persil et M. Valimesnil, dans les rapports qu'ils avaient présentés au pouvoir législatif sur des projets de réforme hypothécaire, avaient-ils supprimé les dispositions que nous venons d'étudier. Il aurait peut-être été plus équitable de conserver le privilège aux ouvriers et de le rendre praticable en organisant d'une manière plus simple les moyens de publicité et les garanties nécessaires au crédit public et privé.

261. — B. *Créances à la garantie desquelles est consacré le privilège.* — L'art. 2103 3° commence par ces mots : « Les architectes, entrepreneurs, maçons et autres ouvriers employés pour édifier, reconstruire ou réparer les bâtiments, canaux ou autres ouvrages quelconques.... » Ces termes sont assez larges pour que l'on admette que, quelle que soit la qualité de celui qui a pris part aux travaux dont il vient d'être question, il sera apte à user du privilège. Mais comment doit-on déterminer la nature de ces travaux ?

262. — Il faut reconnaître d'abord qu'il ne s'agit que de travaux immobiliers. La place qu'occupe l'art. 2203 dans le Code, et les termes mêmes de cet article l'indiquent assez. On ne pourrait donc en appliquer le bénéfice aux ouvriers de fabrique travaillant pour obtenir des produits mobiliers.

Mais doit-on comprendre dans les termes de l'art. 2103 tous les travaux effectués sur des immeubles, et, par exemple, les travaux agricoles ? Nous ne le pensons pas. Les auteurs sont presque unanimement de cet avis (1). La loi parle bien, il est vrai, d'ouvrages quelconques, mais elle exige que les ou-

---

(1) Grenier, t. 2, n° 411. — Troplong, p. 318, t. 1, n° 242 *bis*. — Tarrible, Répertoire, v° *Privilège*, sect. 2, n° 5. — Ce privilège n'était accordé dans l'ancienne jurisprudence qu'aux édifices urbains. — Voyez Cujas. — *Responsa Papiniani*. Liv. 10 sur L. 1, *In quibus causis*, Vinnius, liv. 2, chap. 4. — On se basait sur le principe romain : *Ne urbs ruinis deformetur*.

vriers aient réparé, édifié ou reconstruit. Ces expressions s'appliquent à des travaux d'endiguement, à la confection de canaux et à la confection de bâtiments immobiliers, mais ne sauraient s'appliquer aux défrichements, plantations de vignes ou de bois, en un mot, aux travaux purement agricoles.

On peut appuyer cette décision sur un argument tiré de la loi du 16 septembre 1807, et de celle du 20 avril 1810, qui ont accordé des privilèges spéciaux aux travaux de dessèchements et de recherches de mines. Le législateur n'aurait pas cru utile d'établir un privilège en faveur de ces travaux si le privilège dont nous nous occupons leur eût été applicable.

Ainsi, on doit comprendre dans les termes de l'art. 2103-8° les créances résultant de travaux effectués sur des immeubles, soit pour leur édification ou leur construction, soit pour leur réparation. Les menuisiers, charpentiers, maçons et autres ouvriers du même genre sont donc autorisés à se garantir le payement de leur salaire au moyen des formalités dont nous avons exposé le tableau.

263. — Il résulte de la nature de l'action conférée par l'art. 1798, que les ouvriers peuvent agir directement en leur nom personnel contre le propriétaire ; d'où nous concluons que les simples ouvriers auront toujours le droit, même lorsqu'ils seront sous les ordres d'un entrepreneur, de recourir au privilège dont nous nous occupons.

Dans tous les cas, les ouvriers pourront, ou bien prendre des inscriptions collectives qui porteront sur tous les travaux, ou bien des inscriptions spéciales à un ou plusieurs d'entre eux, pourvu que les travaux dont ils veulent se garantir le payement, puissent se distinguer des autres.

Le droit de prendre inscription est réservé à tous les ouvriers, soit aux pièces, soit à la journée ; il garantira le payement de tous les travaux effectués par eux.

Si les ouvriers sont employés par un entrepreneur, et que celui-ci ait seul pris inscription, les ouvriers ne pourront pas se prévaloir directement de son privilège vis-à-vis du maître,

Mais si l'entrepreneur, ayant son privilège, hésite à s'en servir, les ouvriers auront toujours le droit, s'ils y ont intérêt, à le faire valoir en son nom, aux termes de l'art. 1166 Code Napoléon.

264. — C. *De l'objet sur lequel porte le privilège.* — La dernière partie du cinquième alinéa de l'article 2103, détermine ainsi cet objet : « Le montant du privilège ne peut excéder les valeurs constatées par le second procès-verbal, et il se réduit à la plus-value existant à l'époque de l'aliénation de l'immeuble, et résultant des travaux qui y ont été faits. »

Il résulte de cet article que le privilège ne peut dépasser, d'une part, la valeur intrinsèque des travaux effectués depuis le premier procès-verbal ; d'autre part, que cette valeur est déterminée par la plus-value de l'immeuble au moment de l'aliénation, c'est-à-dire, par la somme qui a été payée de plus que si les travaux n'eussent pas existé.

Il résulte de là que le privilège des ouvriers ne peut porter que sur leur travail matériel, et que toute plus-value venant d'ailleurs, ne leur saurait être profitable. Si donc la maison construite donne une plus-value à des cours ou jardins, il ne faudra pas tenir compte de la plus-value de ces cours ou jardins, mais uniquement de la valeur intrinsèque de la maison. C'est l'exemple choisi par M. Grenier pour déterminer la portée de l'art. 2103-5° (1).

Pothier (2) voulait que l'on distinguât entre les réparations nécessaires et les réparations simplement utiles. Aux premières il affectait en garantie la valeur totale de l'immeuble, parce que, sans ces réparations, l'immeuble n'existerait pas, et que la plus-value résultant de ces travaux est, par conséquent, leur valeur totale. Mais il faut remarquer que c'est la plus-value comparée à ce qu'était l'immeuble au moment de la réparation, non à ce qu'il aurait pu devenir après,

---

(1) Grenier, nº 411. Basnage, chap. 14 des hypoth.
(2) Procéd. civ. part. 4, chap. 2.

et observer, en outre, que le privilége ne porte que sur les frais faits, c'est-à-dire, sur le travail lui-même. Ainsi, pour prendre l'exemple de Pothier, celui qui aurait fait une digue, sans laquelle une rivière aurait emporté tout l'héritage, n'aurait privilége que sur la digue; c'est là, suivant les termes de l'article, la seule *valeur constatée par le second procès-verbal.*

Mais puisque cette valeur est fixée par la plus-value existant à l'époque de l'aliénation, il en résulte que si le travail édifié périt par cas fortuit, l'ouvrier perd tout privilége; que si l'immeuble perd de sa valeur, l'ouvrier devra encore subir les conséquences de cette diminution.

Ainsi, en résumé, non-seulement les formalités requises pour obtenir le privilége établi par l'art. 2103, en rendent l'obtention impraticable, mais encore le résultat en est mal assuré, comme le dit Grenier. Il faut reconnaître que la réglementation de tout privilége immobilier est une chose délicate; mais à l'état actuel, le privilége dont nous venons de nous occuper est, dans la pratique, comme s'il n'existait pas, et il appelle une réforme.

V. *Privilége général établi par l'article 540 C. Com.*

265. — Certains industriels doivent être considérés comme contractant des engagements civils; d'autres, tels que les manufacturiers, les fabricants et même les entrepreneurs dans des conditions déterminées, doivent être considérés comme effectuant des actes de commerce (1). Il en résulte que ces industriels peuvent se trouver en état de faillite. Aussi l'art. 549 C. Com. réformé en 1838, prévoit-il ce cas et accorde-t-il de la manière la plus opportune, un privilége aux ouvriers du failli.

« Art. 549. — Le salaire acquis aux ouvriers employés par le failli pendant le mois qui aura précédé la déclaration de faillite, sera admis au nombre des créanciers privilégiés,

---

(1) P. Mollnier. Loc. cit.

au même rang que le privilége établi par l'art. 2001 C. N.
pour le salaire des gens de service. Les salaires dus aux
commis pour les six mois qui auront précédé la déclaration de
faillite, seront admis au même rang.

Ce privilége, comme ceux établis par l'art. 2101 C. N.,
porte sur tous les meubles du failli, et, aux termes de l'article 2104, subsidiairement sur ses immeubles.

266. — Nous ferons remarquer que l'article que nous
venons de transcrire, établit une distinction parfaitement
tranchée entre les ouvriers d'une part et les gens de service
de l'autre.

La jurisprudence dans quelques arrêts, et quelques auteurs, ont voulu admettre que l'on devait comprendre parmi
les gens de service, les ouvriers payés à l'année; mais outre
que cette opinion n'a aucun texte qui puisse lui servir de
base, elle nous paraît complétement détruite par les termes
de notre article (1).

Les gens de service sont les serviteurs attachés à la personne du maître ou au service de la maison, tels que cochers,
domestiques, valets de chambre, etc.; les ouvriers sont toutes
les autres personnes dans le travail desquelles la part du corps
l'emporte sur celle de l'esprit.

Nous avons ainsi épuisé la série des priviléges établis par
nos Codes en faveur des ouvriers. Nous ne nous occuperons
pas des priviléges établis par des lois spéciales ; de pareilles
recherches ne rentrent pas dans le cadre de cette étude, consacré seulement aux dispositions générales de la loi.

VI. *Du rang qu'occupent les divers priviléges des ouvriers en concours avec les autres droits de préférence.*

267. — Les priviléges étant des droits de préférence, il ne

---

(1) C'est dans ce sens que se prononçait Pothier, auquel l'article 2101 a
été emprunté; il disait (louage, pag. 197) : Nous avons oublié de parler d'un
privilége que l'on accorde à Paris aux domestiques de ville pour une année
de leurs gages.

suffit pas de savoir qu'ils priment les créances purement chirographaires, il est encore essentiel de connaître quel rang ils occupent lorsqu'ils se trouvent en concours entre eux ou avec d'autres droits de préférence. C'est ce que nous allons étudier par rapport à chacun des privilèges précédemment énumérés.

268. — A. *Privilège général établi par l'article* 549 C. Co. Nous avons vu que ce privilège est le plus important de tous ceux qui ont été accordés à l'ouvrier; nous allons voir qu'il est aussi le premier par le rang qu'il occupe. C'est pour cela que nous avons voulu en parler tout d'abord.

Ce privilège peut se trouver en concours, soit avec d'autres privilèges généraux, soit avec des privilèges spéciaux immobiliers, soit avec des privilèges spéciaux mobiliers.

Quant aux privilèges généraux, il n'y a point de difficulté; l'article 2101 dit qu'ils doivent s'exercer dans l'ordre adopté par son propre texte. Il en résulte que le privilège général des ouvriers en cas de faillite sera primé : — par les frais de justice; — par les frais funéraires; — par les frais de dernière maladie. Mais il primera les fournisseurs de subsistances, maîtres de pension et marchands en gros. Quant aux gens de service, les ouvriers devront procéder vis-à-vis d'eux comme ils procèdent entre eux, c'est-à-dire qu'ils viendraient au même rang et seraient payés au marc le franc, si l'actif ne suffisait pas à les satisfaire tous.

La loi du 12 novembre 1808 et celle du 28 avril 1816, art. 76, établissent en faveur des frais de contributions mobilière, des portes et fenêtres et des patentes, et en faveur des droits de timbre et amendes pour contravention à ce relatives, des privilèges généraux qui doivent, disent ces lois, s'exercer par préférence à tous autres. La même chose s'applique aux frais pour contributions indirectes, auxquels on ne préfère que les frais de justice et les sommes dues pour six mois de loyer. (Art. 47, L. 1. germinal an XIII). Bien que ces derniers privilèges ne soient pas contenus dans le Code

Napoléon, nous avons cru devoir en parler à cause de leur importance et de la généralité de leur application.

Le privilége général qui nous occupe, peut encore se trouver en concours avec des priviléges spéciaux immobiliers. Dans ce cas, les ouvriers devront nécessairement être préférés (art. 2105). Il résulte de cette règle une conséquence bizarre que nous retrouverons lorsque nous nous occuperons du privilége établi en faveur des ouvriers constructeurs ou réparateurs d'immeubles, par l'art. 2103-8°.

A l'égard du rang que les priviléges spéciaux mobiliers doivent occuper, par rapport au privilége général dont nous parlons, tous les auteurs ne sont pas d'accord. Nous admettons, quant à nous, avec MM. Malleville (1), Grenier (2), Tarrible (3), Favard de Langlade (4) et Troplong (5), que l'on doit admettre la priorité des priviléges généraux sur les meubles comme sur les immeubles.

La raison tirée de l'analogie entre les priviléges spéciaux mobiliers et immobiliers, est corroborée, à notre avis, d'une façon péremptoire, par cette autre raison que l'on doit, pour classer les priviléges, rechercher la faveur qui est due à la cause qui les produit, et que les priviléges généraux sont établis en faveur des frais les plus nécessaires.

En résumé, le privilége général établi par l'art. 549 C. Co. est primé : — par les frais de justice; — par les frais pour contributions personnelle mobilière, portes et fenêtres et patentes; — par les droits de timbre et amendes de contraventions à ce relatives; — par les droits de contributions indirectes; — par les frais funéraires; — par les frais de dernière maladie. — Mais ils priment tous les autres priviléges généraux et spéciaux.

---

(1) Esprit du Cod. civ., tom. 4, pag. 250.
(2) Hypothèques, tom. 2, pag. 208.
(3) Répertoire, v° *Privilége*.
(4) Répertoire, v° *Privilége*.
(5) Des Priviléges, n° 75.

269. — B. *Frais faits pour la conservation d'une chose mobilière.* Nous savons que le privilége en faveur des frais faits pour la conservation de la chose, est un privilége spécial mobilier. En conséquence, il sera d'abord primé par les priviléges généraux. Nous n'avons donc qu'à rechercher son rang parmi les priviléges spéciaux dont il fait partie.

La doctrine s'est placée à un double point de vue pour classer le rang du privilége attribué au conservateur de la chose, d'après la faveur qui est due à la créance qu'il garantit. Elle considère d'abord l'utilité de l'obligation contractée à l'égard du débiteur, ensuite l'intérêt des autres créanciers de ce même débiteur. Il résulte de ce dernier principe, que si les frais faits pour la conservation de la chose ont profité à tous les créanciers, le conservateur de la chose leur sera préféré. Sous ce rapport, le privilége qui nous occupe a quelque analogie avec les frais de justice. Si donc, pendant qu'un objet est en gage, un ouvrier est appelé à le réparer, cet ouvrier sera préféré même au créancier gagiste à qui il a conservé sa garantie. C'est en vertu de ce même principe, que si plusieurs personnes ont travaillé successivement pour la conservation de la même chose, on doit attribuer la préférence au dernier qui a travaillé, parce qu'il a conservé la chose au propriétaire et le gage à tous les autres créanciers.

270. — C. *Privilége sur la récolte et les ustensiles agricoles.* Le privilége spécial établi par les ouvriers qui ont travaillé à la récolte, sera préféré au privilége du propriétaire qui réclame le montant du fermage ou son loyer; mais il sera primé d'abord par les priviléges généraux, ensuite par ceux des ouvriers qui ont contribué à la conservation de la récolte. On peut supposer encore que la récolte ayant été voiturée et mise en dépôt chez un aubergiste, le voiturier et l'aubergiste fassent valoir leur privilége. L'un et l'autre passeront avant l'ouvrier, parce qu'ils sont considérés comme

munis d'un gage. Il y a, à leur égard, une sorte de détention(1) : *In pari causa, melior est causa possidentis.*

Ainsi, les ouvriers agricoles seront primés : — par les privilégiés généraux ; — par l'ouvrier qui a conservé l'objet du privilège spécial ; — par l'aubergiste qui le détient ; — par celui qui l'a voituré. — Mais ils primeront les vendeurs de semences et le locateur.

Ce que nous venons de dire des récoltes, s'applique également aux ustensiles agricoles.

271. — D. *Privilège des Ouvriers sur le navire.* Le classement de ce privilège ne donne lieu à aucune difficulté, car d'une part nous savons qu'il sera primé par les privilèges généraux, et l'art. 549 C. Co. indique la place qu'il doit occuper parmi les privilèges spéciaux.

272. — E. *Privilège des Ouvriers constructeurs et réparateurs sur l'immeuble.* Ce dernier privilège donne lieu à de nombreuses difficultés aussi bien en ce qui concerne le rang qu'on doit lui assigner, qu'en ce qui concerne les formes auxquelles il est soumis et les objets sur lesquels il porte.

Et d'abord, il est hors de doute que les privilèges généraux sont préférés à celui qui nous occupe et qui est un privilège spécial sur l'immeuble, puisque l'art. 2105 se prononce formellement à cet égard. Il résultera de là une conséquence pratique assez singulière et que nous avons annoncée plus haut, dans le cas où celui qui a fait travailler est tombé en faillite. Il arrivera que les ouvriers qui ont travaillé pendant les deux derniers mois pour le failli, primeront les ouvriers antérieurs même sur la plus-value résultant de leurs travaux, et malgré les difficultés qu'ils auront surmontées pour obtenir leur privilège. Il n'y a au reste aucun doute sur ce point.

Il n'en est pas de même en ce qui concerne le rang que doivent occuper les divers privilèges spéciaux immobiliers,

---

(1) Troplong, privil. n° 63.

soit entre eux, soit par rapport aux hypothèques. L'ouvrier peut se trouver en concours avec le vendeur, avec le copartageant, du moins selon l'avis de certains auteurs, et avec des créanciers hypothécaires.

De nombreuses et longues discussions se sont élevées sur ce point. Quelques-uns, tels que MM. Malleville (1) et Pigeau (2), veulent que le vendeur soit préféré à l'ouvrier; ils basent leur opinion sur l'ordre adopté par le Code.

Mais nous ne pensons pas que l'on puisse soulever de difficultés de ce genre, au moins si l'on se place dans l'hypothèse suivante : « Lorsque le vendeur ou ses ayants cause, dit M. Grenier (3), et les architectes concourent sur le prix de la vente des bâtiments vendus et ensuite reconstruits ou réparés, il s'est souvent élevé des difficultés pour savoir ce qui devait revenir à chacun d'eux sur le prix. Mais l'art. 2103-4° est rédigé avec une telle précision, que les obstacles sont aplanis. » Ce que dit M. Grenier du vendeur, nous pourrons le dire du co-partageant qui a fait édifier ou reconstruire, sur l'immeuble de la succession qui sert de gage aux autres copartageants. Dans ces deux cas, nous ferons observer, avec M. Grenier et M. Tarrible, que le privilège du vendeur et du copartageant, portent sur un objet parfaitement distinct de celui qui est affecté à la garantie des ouvriers.

Supposons, par exemple, qu'une maison a été vendue dix mille francs, somme qui n'a pas été payée lors de l'acquisition; l'acquéreur fait faire pour cinq mille francs de réparations et l'immeuble se revend quinze mille francs. Le vendeur primitif exercera son privilège sur les dix mille francs, prix de son immeuble, et les ouvriers sur les cinq mille francs, plus value provenant de leurs travaux.

C'est d'après cette règle générale que l'on doit procéder. Si l'immeuble, malgré les réparations, n'a pas été payé un prix

(1) Tom, 4, pag. 253.
(2) Tom. 2, pag. 269.
(3) Tom. 2, n° 411.

supérieur à celui de la première vente, le droit des ouvriers tombera, celui du vendeur s'exercera seul, puisque les ouvriers n'ont privilége que sur la plus-value.

Que déciderons-nous en ce qui concerne les hypothèques? L'art. 2110 paraît avoir résolu la question en déclarant que le privilége prendra rang à partir de la date de son inscription. Malgré les doutes qui avaient été élevés sur ce point (1), le système de publicité des garanties immobilières qui tend à s'établir et qui a reçu sa consécration de la loi du 22 mars 1855, montre clairement que l'on doit entendre l'article en ce sens que les hypothèques inscrites sur l'immeuble, réparé avant que le premier procès-verbal de l'expert ait été inscrit, devront passer avant le privilége des ouvriers (2) Cette solution est d'ailleurs parfaitement d'accord, quelque rigoureuse qu'elle soit pour les ouvriers, avec le principe posé dans l'art. 2133 C. N. : l'hypothèque acquise s'étend à toutes les améliorations survenues à l'immeuble hypothéqué.

Mais, nous devons remarquer que cette faveur faite à l'hypothèque, ne s'étend qu'à l'égard des travaux effectués avant l'inscription du premier procès-verbal. Il faut admettre, en effet, que cette inscription ne doit pas avoir d'effet rétroactif. Mais en ce qui concerne les travaux effectués depuis l'inscription de ce procès-verbal, elle doit attribuer aux ouvriers un droit de préférence sur tous les autres créanciers hypothécaires ; leur privilége en effet ne porte que sur des valeurs auxquelles ils donnent naissance ; et que les créanciers hypothécaires précédents ne pouvaient compter au nombre de leurs gages. L'art. 2133 lui-même ne saurait s'opposer à cette solution, car celui qui l'invoquerait ne pouvant se mettre à l'abri derrière le défaut de publicité du privilége des

---

(1) MM. Tarrible, Grenier et Favard disaient que l'on ne devait attribuer à l'art. 2110 que la portée attribuée par eux aux termes de l'art. 2108, et en conséquence préférer le privilége même aux hypothèques antérieurement inscrites.

(2) M. Troplong, qui écrivait avant la loi de 1855, avait admis cette même solution.

ouvriers, serait repoussé par ce principe tiré de l'art. 2175,
que le tiers qui a réparé l'immeuble hypothéqué, peut répéter
ses impenses et améliorations jusqu'à concurrence de la plus-
value résultant de ces améliorations.

CHAPITRE SIXIÈME.

DES PREUVES DU PAIEMENT ET DE LA PRESCRIPTION
DU SALAIRE DES OUVRIERS.

Sommaire.

273. — Objet de ce chapitre. — Nous n'avons pas à revenir sur les formalités
nécessaires à l'existence des contrats dont nous avons déjà parlé.

273. — Après avoir achevé l'étude des divers droits conférés
aux ouvriers, nous devons terminer notre travail par l'interprétation des règles spéciales que la loi a établies relativement
aux moyens de constater ou d'établir l'existence de ces droits.

Les mesures que la loi a prises en ce qui concerne la prescription du salaire des ouvriers, se rattachent évidemment à
l'objet qui va nous occuper. Ces mesures, en effet, ont pour
but de déterminer dans quel cas le juge doit considérer comme
probantes les allégations verbales du maître. C'est pour cela
que nous avons renfermé l'étude de la prescription spéciale
aux ouvriers dans ce chapitre.

Indépendamment des règles spéciales concernant les preuves du payement, dans les engagements du travail, la loi
s'est encore occupée des ouvriers et des artisans dans l'article
1326, relatif au mode de preuve des obligations en général.
Elle a voulu, dans cet article, faciliter pour les gens peu
instruits, le moyen de constater leurs accords par actes écrits;
mais cette mesure n'a rien de spécial aux ouvriers, qui font
l'objet de notre travail, elle s'étend indistinctement à toute
la classe pauvre et illettrée; c'est pourquoi nous n'en ferons
pas ici l'objet d'une étude particulière.

Nous ne reviendrons pas non plus sur ce que nous avons dit à l'égard de l'article 1793, de l'art. 15 de la loi du 22 germinal an XI, et de la loi du 22 juin 1854 sur les livrets.

La première de ces dispositions est particulière aux entrepreneurs, et se rattache à un système de responsabilité spéciale organisé en faveur des propriétaires, système que nous avons dû étudier dans son ensemble. Il nous suffira donc de faire mention de cet article, et de renvoyer, pour son développement, à ce que nous en avons déjà dit plus haut (1). Quant à l'article 15 de la loi du 22 germinal an XI, il ne devait pas trouver ici son développement. La rédaction écrite des engagements dépassant la durée d'un an, exigée par cet article, n'est pas seulement un moyen de preuve, mais une formalité requise pour l'existence de l'engagement lui-même. Il en est de même de la loi du 22 juin 1854. Nous avons déjà donné les développements de ces dispositions lorsque nous nous sommes occupé des formes requises pour certains engagements (2).

Nous devons maintenant nous borner à l'étude des règles édictées par les articles 1781, 2271, 2272 du Code Napoléon.

Parlons d'abord, dans une première section, de l'art. 1781; dans la seconde nous nous occuperons de la prescription établie par les art. 2271 et 2272.

---

(1) *Supra*, chap. 3, sect. 1, § 2.
(2) *Supra*, chap. 2, sect. 2, § 2.

SECTION PREMIÈRE.

De l'affirmation du maître (art. 1781 C. N.)

Sommaire.

274. Plan de cette section. — 275. Fondements sur lequel l'art. 1781 a été établi. — 276. Par le mot *affirmation*, il faut entendre le serment. — 277. Le juge ne peut recourir ni à l'enquête ni à l'expertise. — 278. Mais l'affirmation ne pourrait prévaloir contre la preuve écrite ou les livres du patron. — 279. Sur quels faits porte l'affirmation du patron. — 280. Faut-il distinguer le cas où le maître est demandeur de celui où il est défendeur ? — 281. L'art. 1781 ne s'applique qu'aux ouvriers au temps. — 282. Qu'est-ce que la loi a entendu par le mot *maître ?* — 283. Des héritiers du maître. — 284. Résumé et conclusion.

274. — Art. 1781. « Le maître est cru sur son affirmation, pour la quotité des gages, pour le payement du salaire de l'année échue, et pour les à-comptes donnés pour l'année courante. »

Cet article frappe tout d'abord l'esprit par sa rigueur; aussi, quoique nous soyons loin d'approuver la teneur de ces termes et de lui reconnaître une utilité quelconque dans la pratique, avons-nous hâte de présenter les raisons qui ont pu amener le législateur à l'insérer dans le Code Napoléon. Nous rechercherons ensuite ce que l'article a entendu par le mot *affirmation*, quelle est la portée de cette affirmation, et quelles personnes sont comprises dans les termes de l'art. 1781.

275. — L'idée première de cet article, comme nous l'avons vu, remonte à l'ancien Droit, quoiqu'elle n'y fût pas de beaucoup aussi rigoureuse que dans le nôtre, du moins en ce qui concerne les ouvriers. Les motifs qui l'ont fait adopter sont, que les faits compris dans les termes de l'article 1781, sont rarement constatés par écrit, qu'il fallait établir une règle à laquelle le juge pût se rattacher en cas de doute. On ajoute que l'importance relative du litige étant toujours moindre pour le maître que pour l'ouvrier, on doit compter plutôt sur la sincérité du premier ; que d'ailleurs l'ouvrier n'offre pas les mêmes garanties d'éducation que le maître. Enfin on entrevoit un danger d'entente, si l'on a recours à la preuve testimoniale, entre tous les ouvriers du même maître, seuls témoins qui aient pu assister à l'accomplissement des faits compris dans l'art. 1781.

276. — On a conclu de là, que l'affirmation du maître devait être considérée comme probante. Mais comment doit-on entendre ce mot *affirmation ?* A cet égard, la jurisprudence et la doctrine sont unanimes ; il faut que le maître prête serment (1). Il ne pourrait en être autrement ; sans cela, il aurait été plus simple et plus logique de supprimer les difficultés entre maîtres et ouvriers, la demande ou la résistance du patron contenant toujours implicitement une affirmation de sa part.

277. — Mais cette affirmation contient une présomption *juris et de jure* contre laquelle ni la preuve testimoniale, ni les autres *preuves morales* ne peuvent prévaloir, ainsi que l'indiquent les travaux préparatoires du Code Napoléon. « M. Lacurée demande, disent les procès-verbaux du Conseil d'Etat, si les preuves morales seront écoutées : par exemple, l'ouvrier ou le domestique produira des témoins, en présence desquels le maître se sera expliqué sur la quotité ou le payement, soit du salaire, soit des gages ; y aurait-il encore lieu de lui déférer l'affirmation ? M. Treilhard répond, qu'on ne pourrait avoir recours à des preuves de cette espèce, sans ouvrir la porte aux fraudes ; les ouvriers ne pourraient-ils pas se servir de témoins entre eux ? » Il est donc hors de doute que l'article 1781 a été établi pour proscrire la preuve testimoniale, et que la promesse du patron eût-elle été faite en présence de personnes nombreuses et recommandables, le démenti du pa-

(1) Merlin, Répert. v° *Affirmation* ; Toullier, tom. 10, n° 453 ; Duranton, tom. 17, n° 236 ; Duvergier, tom. 2, n° 305 ; Marcadé, art. 1781 ; Troplong, art. 1781, n° 883. M. Toullier, dit ce dernier auteur, est seul d'un avis contraire.

tron devrait toujours l'emporter sans que le juge puisse invoquer d'autre témoignage que le sien. Le juge ne pourrait pas non plus recourir à l'expertise. Les termes de la loi sont exclusifs.

278. — Il nous paraît cependant incontestable que l'affirmation du patron ne pourrait prévaloir contre des preuves écrites ; et que l'ouvrier pourrait l'emporter s'il prouvait que cette affirmation est en contradiction, soit avec les livres du maître, soit avec des écrits émanant de sa main (1).

279. — L'affirmation du patron suffira donc, à défaut d'écrit, pour établir les trois faits dont parle la loi ; 1° la quotité des gages ; 2° le salaire de l'année échue ; 3° les à-comptes donnés pour l'année courante. Mais la mesure est assez exorbitante du Droit commun pour que l'on considère l'énumération comme limitative ; il faudra donc admettre que toutes les difficultés portant sur d'autres points que ceux énoncés dans l'art. 1781, seront soumises aux règles ordinaires du Droit.

Le maître pourra donc établir par sa seule affirmation, la quotité des gages ; mais cette affirmation ne pourrait suffire pour établir la durée de l'engagement, ou les autres points sur lesquels a porté le contrat, tels que la nature du travail ou de la matière à fournir.

Le maître pourra établir, en outre, qu'il a payé le salaire qui lui est demandé pour l'année échue, et qu'il a donné des à-comptes pour l'année courante. En faisant porter son affirmation sur ce qu'il a donné et sur la quotité des gages, il pourra prouver sa libération, et l'on peut dire que sa parole vaudra quittance. Il est inutile, d'ailleurs, de nous préoccuper du point de savoir si les gages demandés dépassent ceux de l'année échue ; car, dans ce cas, le maître n'aurait encore qu'à affirmer qu'il a payé, en invoquant l'article 2272 que nous étudierons dans la prochaine section. Le maître peut donc établir qu'il est libéré, soit qu'il ait fait des avances, soit qu'il

---

(1) Cette précision était faite par Ferrière, sur la coutume de Paris.

ait fourni des denrées en nature, à titre de payement. Le juge n'a point à entrer dans ces détails; il n'a qu'à constater l'affirmation du maître, sans se préoccuper sur quels faits se base cette affirmation.

Plusieurs auteurs se sont demandé si l'article 1781 devait être appliqué lorsque l'ouvrier réclame, non plus son salaire, mais des effets qu'il prétend avoir apportés dans la maison de son maître. La plupart ont répondu négativement, en déclarant que le texte de la loi est limitatif (1). Cette opinion nous paraît incontestable; elle devrait être maintenue, même pour le cas où l'ouvrier réclamerait ses outils. Les arguments tirés de l'ancien Droit en cette matière, ne sauraient nous autoriser à étendre l'art. 1781 au delà de ses termes.

280. — Au reste, nous ne pensons pas qu'il y ait lieu de distinguer les cas où le maître est demandeur, de ceux où il est défendeur. La loi ne fait aucune distinction. Elle établit une règle générale; mais nous considérons l'art. 1781 uniquement comme un moyen de libération; ce serait, pensons-nous, aller au delà des intentions du législateur, d'autoriser le maître à se baser uniquement sur son affirmation, pour se constituer créancier de l'ouvrier. Le maître pourra établir qu'il a donné des à-comptes à raison du travail déjà effectué; mais son affirmation ne suffirait pas pour établir qu'il a fait des avances, et pour lui donner droit au remboursement.

281. — Les termes de la loi, que nous venons d'examiner, se réfèrent uniquement au salaire de travaux faits au temps; aussi pensons-nous que l'art. 1781 ne doit s'appliquer qu'à des ouvriers engagés dans ces conditions. La place occupée par cet article dans le Code nous confirme d'ailleurs dans notre opinion.

---

(1) Duranton, Duvergier, Aubry et Rau sur Zachariæ, Marcadé, Clamageran, Cassat, 22 frim. an IX.

On pourrait, au premier abord, reprocher à cette solution le tort de soustraire à l'application de l'art. 1781 la plus grande partie des ouvriers de fabrique qui travaillent à la façon. On pourrait dire que ce sont précisément ceux à l'égard desquels la loi a dû prendre des mesures pour éviter les ententes frauduleuses contre le patron, que nous mettons à l'abri de ces mesures. Mais nous ferons observer que ces ouvriers, en même temps qu'ils sont payés en raison du travail qu'ils effectuent, sont encore, le plus souvent, soumis à des engagements au temps, et qu'ils touchent leur salaire à des époques déterminées. Cette complication, commune à presque toutes les industries manufacturières, où les travaux sont effectués à la façon, ramène les ouvriers de fabrique sous l'application de l'art. 1781.

Mais cet article ne saurait s'appliquer aux ouvriers qui travaillent seulement à leurs pièces ou à l'entreprise. Les liens de pareils contrats sont moins resserrés que ceux des engagements du travail au temps ; l'ouvrier occupe un degré plus élevé que dans ces derniers genres de travaux : la loi doit se montrer moins défiante. C'est, du reste, ce qui résulte de la discussion du Code au Conseil d'État. « On ne s'en rapporte pas, disait M. Defermon, à l'affirmation d'une personne qui a confié des travaux à un maçon ou à un couvreur. » C'est dans ce mot *confié* que l'on doit chercher l'esprit de l'art. 1781. C'est la confiance du maître, la latitude laissée à l'ouvrier pour le temps du travail et le mode d'exécution, qui doivent déterminer le rôle de ce dernier sous le point de vue qui nous occupe en ce moment. Ainsi l'ouvrier engagé au temps est seul soumis aux prescriptions de l'art. 1781. Le sous-entrepreneur, l'ouvrier aux pièces, l'entrepreneur et les ouvriers qui lui sont assimilés par l'article 1799, ne sauraient en subir les conséquences (1).

----

(1) Troplong, p. 318. — Féraud-Giraud, Législation des ouvriers. Cass. 12 mars 1831. J. P. tom. 1, 1835, pag. 185.

282. — Quelle est la portée que l'on doit donner au mot *maître* employé par l'article? Il nous paraît certain que ce mot ne devrait pas s'entendre seulement de celui qui fait effectuer le travail pour son compte, mais aussi de son mandataire. Dans les grandes entreprises, celui qui aura pour fonction d'embaucher les ouvriers et de les payer, pourra représenter le maître, et donner pour lui l'affirmation qui doit libérer celui qu'il représente. C'est ce qui aurait lieu, notamment, lorsque l'entreprise étant entre les mains d'une société, cette société est représentée par un délégué spécial auprès des ouvriers.

283 — Mais les héritiers du maître ne sauraient invoquer l'art. 1780 contre les ouvriers de leur auteur. Cette disposition, dit M. Troplong « repose sur des raisons de convenance et de subordination qui cessent complétement lorsque l'autorité du maître n'est pas engagée dans le débat.

284. — Nous disions, en commençant cette section, que l'article 1781 frappe tout d'abord l'esprit par sa rigueur. Malgré les motifs qui ont pu décider le législateur à le faire figurer dans nos Codes, le sentiment que nous signalons est parfaitement fondé.

Pourquoi la loi a-t-elle privé le juge du droit de s'éclairer comme il l'entend? Est-ce donc qu'une enquête ou qu'une expertise le lie? Et s'il y a du danger à l'emploi de ces moyens de preuves, le juge n'est-il pas le premier à l'apercevoir? On a dit qu'il fallait terminer promptement des affaires de peu d'importance. Mais, outre que le salaire est toujours une chose très-importante pour l'ouvrier, que c'est là souvent son unique ressource, il faut apprendre aux classes pauvres le respect de la justice ; et ce n'est pas par des dispositions comme celles de l'art. 1781 que l'on réveillera chez elles ou que l'on secondera les sentiments honnêtes et les saines idées (1).

_____

(1) Cet article fut vigoureusement combattu en 1840, 1850 et 1851, devant l'Assemblée législative, mais la réforme que l'on proposa n'eut pas de suite.

SECTION DEUXIÈME.

De la Prescription du salaire.

———

Sommaire.

285. Plan de cette section. — 286. Fondement de la prescription. — 287. Conditions requises pour qu'elle puisse être invoquée. — 288. Personnes contre lesquelles elle peut être invoquée. — 289. Du maître d'apprentissage. — 290. Quand commence le délai de la prescription. — 291. Les héritiers du maître peuvent l'invoquer.

285. — Nous suivrons pour l'étude de la prescription la même marche que nous avons suivie pour étudier l'affirmation du payement par le patron. Nous étudierons donc les bases sur lesquelles repose la prescription, les conditions nécessaires à son existence, sa portée et les personnes qui ont le droit de l'invoquer.

286. — La prescription se rattache à des principes d'utilité générale assez connus pour que nous n'ayons pas à en reproduire ici l'exposé. La prescription du salaire, dont nous avons à nous occuper en particulier, repose, comme toutes celles comprises dans la section IV du titre de la *Prescription*, sur une présomption de payement. Cela résulte des termes des articles 2274 et 2275 C. N. Les ouvriers sont supposés par la loi se faire payer immédiatement, ou peu de temps après leurs travaux. Les usages, la situation même des ouvriers, le veulent ainsi d'ordinaire ; c'est ce que la loi pose en fait, sauf les preuves contraires qu'elle détermine.

287. — L'art. 2271 porte ces mots : «..... L'action des ouvriers et gens de travail, pour le payement de leurs journées, fournitures et salaires, se prescrivent par six mois. » L'art. 2272 ajoute : « L'action des maîtres de pension, pour le prix de la pension de leurs élèves, et des autres maîtres pour le prix de l'apprentissage, se prescrivent par un an. »

Pour que la prescription dont il est parlé dans ces deux articles soit considérée comme libérant le patron, il ne suffit pas que six mois ou un an se soient écoulés depuis le jour où le travail a été terminé : il faut premièrement, comme le dit l'article 2274, qu'il n'y ait pas de compte arrêté, cédule, obligation ou citation en justice, qui soient intervenus, soit avant, soit pendant ou après le travail. Il faut, en second lieu, aux termes de l'art. 2275, que le maître prête le serment qu'il a payé l'ouvrier, ou, si c'est le maître d'apprentissage qui réclame, il faut que l'apprenti ou son représentant légal prête serment de sa libération.

Ce sont là des conditions qui n'ont rien de particulier aux ouvriers ; c'est pourquoi nous n'avons pas à donner des développements en ce qui les concerne ; mais nous devons étudier spécialement l'étendue des dispositions que nous avons transcrites ci-dessus.

288. — Si les mesures édictées par l'art. 2271 en particulier ne portaient que sur le salaire des ouvriers employés au temps, il faut bien reconnaître qu'elles seraient complétement inutiles. Nous avons vu, en effet, qu'à cet égard le maître n'a besoin d'invoquer aucune espèce de délai, que son affirmation suffit pour qu'il doive être considéré comme libéré. Mais il faut reconnaître que les termes de l'art. 2271 sont plus étendus que ceux de l'art. 1781.

Ainsi, tandis que l'art. 1781 s'applique uniquement au payement du travail au temps, l'art. 2272 comprend aussi le payement des fournitures. De plus, ce dernier article s'applique encore au payement des travaux faits à la façon, sans qu'il soit intervenu d'engagement en ce qui concerne le temps pendant lequel le travail doit être fourni. Ce n'est pas sans but, en effet, que l'article a parlé d'abord des journées, et ensuite des salaires.

L'art. 2272 devrait s'appliquer encore à des ouvriers qui ont d'autres ouvriers sous leurs ordres, si le payement est effectué en raison du travail fait, sans qu'il y ait un engage-

ment d'effectuer un ensemble de travaux *per aversionem* (1).
Mais, dans ce dernier cas, l'ouvrier prendrait le caractère
d'entrepreneur, et ne serait plus soumis aux termes de l'article 2272. Son action vis-à-vis de l'entrepreneur ne se prescrirait que par trente ans, et même celle de l'entrepreneur vis-à-
vis du propriétaire.

L'art. 2271 ne s'appliquerait pas non plus dans le cas où
l'ouvrier fournirait toute la matière. L'ouvrier, en effet, effec-
tuerait dans ce cas une vente. S'il fournissait l'objet à un particulier non marchand, son action se prescrirait par un an
(art. 2272); s'il fournissait à un commerçant, son action ne
se prescrirait que par trente ans. C'est ce qu'a jugé le tribunal
de cassation le 19 prairial an **v**; en décidant que la prescription d'un an ne pouvait être applicable aux fournitures faites
par un marchand teinturier à un marchand bonnetier.

Il nous paraît d'ailleurs certain que l'on ne saurait appliquer aux ouvriers employés à l'année la prescription d'un an
que l'art. 2272 accorde aux domestiques. Ce mot *domestique* a
un sens que nous avons déterminé, et qui ne saurait permettre
d'y comprendre aussi les ouvriers qui nous occupent.

289. — La seconde prescription dont nous avons parlé est
celle qui est particulière aux maîtres d'apprentissage, pour le
prix de leur apprentissage. Il ne faudrait pas appliquer la
même disposition à l'apprenti, pour les sommes qu'il a pu
gagner chez le maître. Malgré son état d'apprenti, on devrait
le considérer comme ouvrier, et le soumettre soit à l'affirmation, soit à la prescription de six mois.

290. — L'art. 2274 ajoute cette précision : « La prescription,
dans les cas ci-dessus, a lieu, quoiqu'il y ait eu continuation
de fournitures, livraisons, services et travaux. » Il faut bien
préciser que les salaires ne commenceront à se prescrire que

---

(1) Merlin, v° *Prescription*, sect. 2, § 3. Rouen, 11 janv. 1841. Bruxelles,
22 oct. 1817.

du jour où ils seront devenus exigibles ; que, pour que les livraisons ou continuation de travaux ne suspendent pas la prescription, il faut qu'elles résultent d'engagements distincts et postérieurs à ceux dont le salaire est réclamé. La même précision s'applique aux travaux à la façon. M. Troplong dit à cet égard : « Je pense, au reste, que lorsque l'ouvrage se compose d'un certain nombre d'articles, de comptes liés entre eux, ces articles doivent être pris en bloc, et qu'on fausserait la pensée de notre article si on les divisait entre eux.

291. — Enfin, il existe une dernière règle contenue dans l'art. 2275, qui distingue la prescription de l'affirmation du patron : c'est que, tandis que le maître ou son mandataire peuvent seuls se retrancher derrière le bénéfice de l'art. 1781, tous les héritiers et ayants-cause du maître peuvent se prévaloir de la prescription (1). C'est ce qu'indique la disposition suivante : « Le serment pourra être déféré aux veuves et héritiers, ou aux tuteurs de ces derniers s'ils sont mineurs, pour qu'ils aient à déclarer s'ils ne savent pas que la chose soit due. » Enfin, ces prescriptions courent même contre les mineurs, aux termes de l'art. 2278.

---

(1) On peut voir les beaux développements donnés par Ferrière à l'article 113 de la Coutume de Paris.

POSITIONS.

DROIT ROMAIN.

I. De tout temps, à Rome, les Pérégrins ont eu un droit de propriété, ne différant que très-peu de la propriété spéciale aux citoyens romains.

II. Si un même fait renferme les éléments de plusieurs délits privés, toute partie lésée a le droit d'exercer une action pénale particulière à raison de chacun de ces délits.

III. Le consentement suffit pour le mariage romain, sans aucune tradition.

IV. Le sénatusconsulte d'Antonin Caracalla, sur la confirmation des libéralités entre époux, s'étend à toutes les donations, même à celles encore non exécutées.

ANCIEN DROIT FRANÇAIS.

V. L'autorisation maritale d'ester en justice et de s'obliger devait en principe être considérée comme nécessaire à la femme dans le Droit coutumier, depuis le moment des fiançailles.

VI. Le droit de retour établi dans le Droit coutumier en faveur des ascendants donateurs, ne faisait pas de ceux-ci des héritiers différents des autres, et le bien sujet au retour ne devenait pas l'objet d'une succession distincte et séparée.

DROIT CIVIL FRANÇAIS.

VII. Tous les actes réguliers du tuteur sont aussi valables que s'ils eussent été faits par le mineur lui-même en état de majorité.

VIII. Les biens donnés par un ascendant sont soumis à la réserve légale qu'un ascendant plus proche a le droit d'exercer dans la succession du donataire.

IX. L'article 1408 sur le retrait d'indivision s'applique, même lorsque la part de la femme provient d'une adjudication, ou d'une donation faite à la communauté en vertu des termes de l'art. 1405.

X. Dans une instance judiciaire, les créanciers hypothécaires ne sont pas représentés comme les créanciers chirographaires par leurs débiteurs.

XI. La femme dont l'immeuble dotal a été vendu sur saisie immobilière, est-elle recevable, même après l'adjudication, à revendiquer cet immeuble contre l'adjudicataire? — Oui.

PROCÉDURE.

XII. Le jugement de validité de saisie-arrêt, notifié au tiers saisi, attribue-t-il un droit de préférence à celui qui l'a obtenu, sur ceux qui font des saisies-arrêts postérieures à la notification dont nous venons de parler? — Oui.

XIII. Les causes intéressant les mineurs émancipés sont toujours dispensées du préliminaire de la conciliation.

DROIT CRIMINEL.

XIV. La réforme opérée sur le Code pénal, en 1863, autorise a admettre que celui qui, après avoir été condamné à plus d'une année d'emprisonnement, se rend coupable d'un crime punissable correctionnellement, soit par suite de négation de circonstances aggravantes, soit par suite d'admission d'excuse et même de circonstances atténuantes, peut obtenir aux termes de l'art. 463 C. P., l'atténuation de la peine correctionnelle qu'il a encourue.

XV. La Cour d'assises appelée à juger un non militaire et un militaire, à raison de la complicité, ne sera pas obligée de se déclarer incompétente, si avant les débats le non militaire vient à mourir.

DROIT ADMINISTRATIF.

XVI. C'est aux Conseils de Préfecture, non aux Tribunaux ordinaires, qu'il appartient de juger les difficultés relatives aux dommages même permanents occasionnés par les travaux publics.

XVII. Dans une ville ou il n'y a pas de plan général d'alignement, le Maire peut, par l'alignement qu'il donne, obliger un particulier à reculer sa maison.

Vu par le doyen,

DELPECH.

Vu par le Président de la Thèse,

A. RODIÈRE.

Vu et permis d'imprimer :

Pour le Recteur en tournée, l'Inspecteur d'Académie délégué

CAHUZAC.

TABLE DES MATIÈRES.

Toulouse, Imprimerie de CHARLES DOULADOURE.

2ᵉ Janvier 77